·国家社会科学基金"十二五"规划 2015 年度教育学一般课题"'互联网 +'背景下个性化教师培训研究"(BCA150024)

·特别鸣谢河南师问源培创新教育科技研究院的大力支持

杜志强 ■ 著

"hulianwang+"beijing xia gexinghua

jiaoshi peixun

『互联网+』背景下个性化教师培训

中国社会科学出版社

图书在版编目（CIP）数据

"互联网+"背景下个性化教师培训／杜志强著.—北京：中国社会科学
出版社，2022.4

ISBN 978 - 7 - 5203 - 9583 - 0

Ⅰ.①互…　Ⅱ.①杜…　Ⅲ.①师资培训—研究　Ⅳ.①G451.2

中国版本图书馆 CIP 数据核字（2022）第 020975 号

出 版 人　赵剑英
责任编辑　刘　艳
责任校对　陈　晨
责任印制　戴　宽

出　　版　中国社会科学出版社
社　　址　北京鼓楼西大街甲 158 号
邮　　编　100720
网　　址　http://www.csspw.cn
发 行 部　010 - 84083685
门 市 部　010 - 84029450
经　　销　新华书店及其他书店

印刷装订　北京君升印刷有限公司
版　　次　2022 年 4 月第 1 版
印　　次　2022 年 4 月第 1 次印刷

开　　本　710 × 1000　1/16
印　　张　19.25
插　　页　2
字　　数　297 千字
定　　价　108.00 元

前　　言

几年前，因为冯小刚的一部电影，"私人订制"的概念被炒得火热。而在教师培训领域，与"私人订制"相似，量体裁衣式的"个性化定制"培训也将引领着教师培训的未来。因为从互联网教师培训一诞生，就为个性化教师培训注入了势不可当的新血液，甚至可以说使个性化教师培训拥有了所向披靡的潜力，所以有学者称互联网时代是教师个性化培训的最好时代。

当互联网引领时代，当"互联网＋教育"为全民所接受，当互联网教师培训成为一种趋势，个性化教师培训势必会上升为国培计划战略层面，"互联网＋"背景下个性化教师培训的时机就成熟了。本书是国家社会科学基金教育学一般课题"'互联网＋'背景下个性化教师培训研究"（BCA150024）的成果之一。

本书首先从教师培训的个性化诉求出发，通过调研教师培训实效性不高的原因，以分析当前教师培训的弊端所在，进而探索"互联网＋"背景下，建构个性化教师培训的理论、内容、模式、技术手段等。

与教师共性化培训的社会本位培训思想不同，本书以人为本的思想落实在个性化教师培训中。"互联网＋"背景下的个性化教师培训以教师发展为本的服务至上培训理论，是对参训教师人性的最大限度的尊重，是对参训教师体验的敬畏，是对参训教师的创造性发挥的重视。

与教师共性化培训的社会本位培训目标不同，个性化教师培训旨在促进参训教师成为学生发展的促进者、教学实践的反思者、专业发展的行动者，最终拥有自己个性化的教学风格。

与教师共性化培训的社会本位培训内容不同，个性化教师培训旨在促进参训教师教育教学能力、教育科研能力个性化提升和自主学习能力的个性化养成。

与教师培训社会本位的培训路径不同，个性化教师培训旨在规避班级授课制的不足与局限，在模式上采取项目菜单模式、课程超市模式、课证融合模式、在线社区模式、师徒模式、"影子教师"模式、私人定制模式与个人成长空间等。在师资培训方法上强调网络环境下任务驱动教学、基于P2P的自主协作学习以及基于网络名师工作室的导师制。

一言以蔽之，本书是个性化思维与互联网思维融合的实践成果。"互联网＋"背景下个性化教师培训研究，与"互联网＋"只是教师培训的工具与手段的观点不同，不是简单的互联网和教师培训两者相加，而是个性化教师培训借助于移动互联网、云计算、大数据等现代信息技术，实现互联网与教师培训的深度融合，满足参训教师个性化的培训需求，通过培训思想、内容、模式、方法、技术手段的变革，进而创造教师专业发展新的生态。

值得声明的是，教师个性化培训与教师共性化培训是教师培训相互补充的两种模式，在互联网时代，教师共性化培训虽然不会退出时代的舞台，但其必将面临着转型的挑战，而个性化教师培训初现端倪，必然方兴未艾。

目　　录

第一章　回眸：个性化教师培训的历史嬗变 ······················· （1）

　　第一节　师徒制：个性化教师培训的发轫阶段 ·············· （1）

　　第二节　集中授课培训：个性化教师培训被边缘化 ·········· （9）

　　第三节　"互联网＋"教师培训：个性化教师培训

　　　　　　踏上快车道 ································· （16）

第二章　传统教师培训的反思与审视 ······················· （26）

　　第一节　传统教师培训的现状 ····················· （26）

　　第二节　反思：传统教师培训的弊端与挑战 ·········· （42）

　　第三节　审视：新形势下的个性化教师培训 ·········· （51）

第三章　"互联网＋"背景下个性化教师培训可行性分析 ······ （70）

　　第一节　"互联网＋"背景下个性化教师培训技术

　　　　　　可行性分析 ························· （70）

　　第二节　"互联网＋"背景下个性化教师培训政策

　　　　　　可行性分析 ························· （96）

　　第三节　"互联网＋"背景下个性化教师培训实践

　　　　　　可行性分析 ························· （109）

第四章　"互联网＋"背景下个性化教师培训视角与目标 ··· （120）

　　第一节　理论来源 ························· （120）

　　第二节　培训视角 ………………………………………（129）

　　第三节　培训目标 ………………………………………（133）

第五章　"互联网＋"背景下个性化教师培训内容 …………（137）

　　第一节　"互联网＋"背景下教育信念与责任的

　　　　　　培养 …………………………………………（137）

　　第二节　"互联网＋"背景下教育知识与能力的

　　　　　　学习 …………………………………………（147）

　　第三节　"互联网＋"背景下教育实践与体验的

　　　　　　获得 …………………………………………（156）

第六章　"互联网＋"背景下个性化教师培训模式 …………（168）

　　第一节　个性化教师培训模式的理论依据 ……………（168）

　　第二节　个性化教师培训模式的设计框架 ……………（178）

第七章　"互联网＋"背景下个性化教师培训方法 …………（191）

　　第一节　网络环境下任务驱动教学 ……………………（191）

　　第二节　基于P2P的自主协作学习 ……………………（202）

　　第三节　网络名师工作室 ………………………………（211）

第八章　"互联网＋"背景下个性化教师培训"金课"

　　　　　建设 ……………………………………………（222）

　　第一节　"互联网＋"背景下个性化教师培训"金课"

　　　　　　建设的逻辑理路 ………………………………（222）

　　第二节　"互联网＋"背景下个性化教师培训"金课"

　　　　　　教学境界 ……………………………………（233）

　　第三节　"互联网＋"背景下个性化教师培训"金课"

　　　　　　建设质量保障机制研究 ………………………（249）

第九章　"互联网＋"背景下个性化教师校本培训建设 ……（258）

　　第一节　个性化教师校本培训的理念与模式 ……………（258）

　　第二节　个性化教师校本培训的方式和方法 ……………（267）

　　第三节　个性化教师校本培训的组织与管理 ……………（277）

参考文献 …………………………………………………………（287）

后记 ………………………………………………………………（300）

第一章　回眸：个性化教师培训的历史嬗变

> 如果个性化教师培训的历史犹如一条长河，"互联网＋"时代则是长河中最为波澜壮阔的一段。
>
> ——笔者

克罗齐（Benedetto Croce），意大利著名的哲学家、历史学家。1915 年他在学术著作《历史学的理论与实际》中提出了至今都被学界认为是最著名的历史哲学命题："一切的历史都是当代史。"

历史就是过去与现在无休止的对话。例如，我们在现实世界中，想了解当今个性化教师培训为什么会这样，想知道世界未来个性化教师培训可能会有怎样的发展，了解教师培训历史是必不可少的。

第一节　师徒制：个性化教师培训的发轫阶段

师徒制教师培训在西方可以追溯到"贝尔—兰开斯特制"（Bell – Lancaster System）和"见习教师制"（Pupil – teacher apprenticeship），它们运行近一个世纪的漫长岁月。它们共同的特征是：其一，"师傅"带"徒弟"，即"徒弟"被"师傅"手把手地进行指导；其二，"徒弟"具有"学生"与"教师"的双重身份。

一　师徒制勃兴的背景

17 世纪，英国的羊毛织布业发展起来，城市也随之兴起，圈地运动逐渐增加。贵族们用暴力把居民从土地上赶走，拆毁他们的房屋，圈占他们的土地。特别是在1688年以后，英国政府颁布了大量的法律公开支持圈地运动，使圈地运动有了合法的形式，规模不断扩大。据不完全统计，英国有600多万英亩的土地被圈占兼并。英国著名的空想社会主义者托马斯·莫尔在他的名著《乌托邦》里写道："你们的绵羊原来是那么温顺，吃一点东西就心满意足了，现在据说变得非常贪婪和暴虐，甚至吃人……"

随着英国圈地运动的深入发展，产业的空间集聚和结构转型，越来越多的农民失去了土地，这为英国商人提供了大量具有各种技能的廉价劳动力。因此，集中的手工工厂逐渐发展起来，导致了城市人口的聚集。英国的人口增长速度如此之快，以至于托马斯·马尔萨斯开始担心食物的算术增长将赶不上人口的几何增长。人口的增加导致了17世纪20—30年代英国的经济萧条、失业现象严重。随之而来的流动人口子女教育问题日益成为城市中一道不和谐的风景，流动人口家庭化日益成为英国社会底层人口流动的主流趋势，更多的穷困儿童需要教育。流动人口子女教育问题已不再是一个区域性的问题，已经成为了一个严重的社会问题。

为了帮助英国社会底层家庭的孩子接受教育，英国发起了一场教育运动，即把泛爱主义与原有的慈善教育相结合。17世纪末，基督教会建立了许多社团，帮助穷人接受基督教教育，教授他们知识和阅读。1698年成立的基督教知识促进会（Society for Promoting Christian Knowledge，SPCK）就是其中之一。该会在成立大会上决定了"追求并敦促在伦敦及其附近地区每一所教区建立教义问答学校——慈善计划"①。该计划很快得到了伦敦及周边教区的响应，一些慈善家纷纷加入。根据这项计划，许多教区开始为无力负担教育费用的贫困儿童设立慈善性质的教育问答学校。学校条件虽然很差，但收费低、内容广泛。除了学习圣经和教义问答外，还有写作、计算和手工艺的基础课程。一些学校甚至招收女孩，教她们家政、纺织和烹饪方面的知识

---

① ［英］邓特：《英国教育》，杭州大学教育系外国教育研究室译，浙江教育出版社1987年版，第7页。

和技能。因为学校适应了当时社会的发展，所以学生的数量是非常可观的，不仅有大量的儿童入学，而且有很多成年人跟班听课。慈善学校在 18 世纪开始流行起来，从伦敦蔓延到周边地区，不仅在英国的许多地方得到推广，在美国也是如此。[1]

慈善学校的增加意味着对教师的更多需求。因此，教会面临的一个更大的问题就是缺少大量的"合适"教师。因为当时的教师主要来自教会的神职人员，不仅质量有限，而且数量不足，工资也很低。全体教职工中，"一个年龄在 25 岁以上，性格温和，品行端正，能写一笔好字、有一定算术基础的男老师就是令人非常满意的"[2]。女教师的要求则更少，只要她们受过一点教育，会读英文圣经，会教一些烹饪、编织和家务就可胜任。面对现状，协会的领导不得不考虑如何提高教师的质量。在此期间，欧洲的教师教育开始发展。在此过程中，法国于 1681 年在兰斯建立了第一所教师培训学校。1695 年，德国的弗兰克（A. H. Francke）也在哈雷创建了教员教养所。因此，基督教精神协会也计划建立一所教师培训学校，但糟糕的经济和对贫困家庭学生的低学费迫使该计划停滞不前。但他们从未放弃培训教师的想法，开始使用师徒制方法帮助新入职者成为称职的教师。

二　师徒制勃兴的经验主义哲学思想

经验主义哲学思想诞生于古希腊，距今已有 2400 余年的历史。经验主义是一种认识论学说，认为人类的知识来源于感觉，建立在对感觉的感知之上。经验主义哲学家代表主要有培根、洛克、贝克莱、休谟。师徒制培训理念秉持了经验主义哲学思想的内核。

从经验主义历史本身出发来看，经验主义哲学产生于资本主义蓬勃发展、资产阶级革命运动频繁爆发的英国。随着资本主义和资产阶级革命的迅速发展，英国的科学文化随着整个欧洲的科学文化而发展和繁荣。特别是实验科学，得到了前所未有的发展机遇。人们越来越

---

① ［英］邓特：《英国教育》，杭州大学教育系外国教育研究室译，浙江教育出版社 1987 年版，第 7 页。

② H. C. Dent, *The Training of Teacher in England and Wales* (*1800 - 1975*), Hodder and Stoughton, 1977, p. 1.

重视观察和实验，强调感官经验对人们认识事物的重要性，这为经验哲学的产生和发展提供了土壤和现实的动力。

与师徒制勃兴受同时代经验主义影响的哲学家有培根、霍布斯、洛克。弗朗西斯·培根（Francis Bacon，1561—1626 年），英国文艺复兴时期的哲学家、英国唯物主义哲学家、实验科学的奠基人、近代归纳法的奠基人、科学研究程序的逻辑组织的先驱。他的著作包括《新工具》、《论科学的增进》和《学术的伟大复兴》。培根最大的哲学贡献是提出了一系列唯物主义经验论的原则，并形成了系统的归纳逻辑。马克思、恩格斯称他为"英国唯物主义的奠基人"和"整个实验科学的真正始祖"。

培根的唯物主义经验论从认识论的角度将"感性认识"与"理性认识"区分开来，提出了认识的对象是自然，知识来源于感觉，感觉是可靠的。认为真正的知识只能从经验中获得，知识是存在的反映，人对存在的反映始于感觉经验。知识是由经验获得和证明的。知识是人类经验的产物。培根所说的"经验"，必须满足以下四个条件：

（1）经验必须具有"确实性"；（2）经验丰富、数量足够；（3）经验必须全面；（4）必须充分估计科学实验在认识中的意义和作用。他也一直强调实践的目的，"把真理用到获取人类的善上面，始终是关注的目标"，培根虽然是经验主义者，但并没有完全忽视理性的作用。他主张在经验的力量和理性的力量之间建立一种真正合法的"婚姻"。他认为早期从事机械技术的人尽管笨手笨脚，但他们很快就获得了新的能力和才能。古代哲学生机勃勃，但后来就分崩离析了。对于这种相反的情况，最好的解释是，机械技术往往是许多人共同努力的单一结果，而哲学往往是一个人才摧毁了许多人才。许多人都服从于一个人的领导，所以他们不能做出任何新的贡献。因为哲学如果脱离了使它成长的经验，它就会变成一个"死东西"。但是，如果我们把实验和理性这两种机能更紧密、更精确地结合起来，我们就会有很大的希望。他认为，科学知识不是像蜘蛛那样从肚子里钻出来的，也不是像蚂蚁一样只知道收集简单、零碎的事实经验，而是应当像蜜蜂收集、处理和消化花园里的材料一样。只有这样，我们才能揭示事物的本质，才能从个别事物上升到普遍规律，才能获得真正的知识，才能强调感性与理性的统一。

培根在批判和继承旧逻辑的基础上，提出了以观察实验为主要特征的科学发现方法——归纳逻辑。培根意义上的归纳逻辑是古典归纳逻辑的一种形式。培根称之为"获取知识的新工具"。他认为，科学试图发现的原因或规律是"形式"，这些形式可以通过三种归纳法发现：（1）存在表即所谓的"肯定例证"。（2）差异表即所谓的"否定例证"。（3）比较表即要靠对比它在同一对象中增加或减少，或者在不同对象中的程度。培根的归纳法是欧洲归纳法逻辑史上的一个重要阶段，为近代"科学归纳法"奠定了基础。

培根的归纳法是建立在经验和科学实验的基础上的，它既关注积极的例子，也关注消极的例子，比简单的枚举法更加丰富和深刻。他认为，虽然归纳法所建立的一般原理或公理具有可靠性，但以普遍命题形式表达的一般原理或公理是否具有普遍可靠性，其可靠性的程度如何，仍然值得怀疑。因为这些一般原理或公理只是从一定数量的特殊情况中归纳出来的，所以它们在这个范围内是可靠的。如果超出了这一数字范围，就必须用新的例子加以审查和研究，以确定它们是否"只是在它们所延伸的特定实例的范围内形成的，或者它们是否比这些实例的范围更大更广"。可以看出，培根意识到从经验中总结出的原则和公理的可靠性有两个方面，即确定性和不确定性。在特定案例的范围内，它的可靠性是肯定的，超过这个范围，它的可靠性就不确定了。普遍形式的原则和公理可以帮助人们避免将知识局限于已知事物的范围，但也可能导致人们产生不切实际的幻想。因此，他主张不断地对新的实验和例子进行检验。

培根的经验论鲜明地指出了人的中心地位。但是，同时培根的经验论又都是过于朴素的，把经验等同与科学实验的做法虽然在一定程度上具有科学价值，但如此简单地等同，对于哲学与自然科学的差异性无疑是有所偏颇的，而机械地把自然与社会叠加多少也是有些过于急功近利的，总之早期的经验论萌芽于人文主义富饶的土壤中，以人为认识的主体，以人的经验为知识起源的思想，对于笼罩在宗教经院哲学中的欧洲有着划时代的意义，也为后期经验论的发展指明了方向。

托马斯·霍布斯（Thomas Hobbes，1588 年 4 月 5 日—1679 年 12 月 4 日），英国哲学家。他创立了机械唯物主义的完整体系，指出宇宙是所有机械的运动着的广延物体的总和。一切物体都在按照必然的因果规律运动，国家作为"人造的物体"也受因果规律制约，这种规律就存在于人类的心灵之中，通过观察可以看到。万物都可以通过运动进行解释：人性、精神世界、国家以及物理性质都可以进行机械解释。

这些原则从何而来？我们的知识如何产生？感官是我们所有思想的来源，通过感官，我们获得了知识起源于感觉印象。那么什么是感觉？它是如何引起的？通过感官，我们获得了不同的感觉：颜色、声音、味觉和触觉等。这些过程是由于外部事物作用于感觉器官而引起的。运动在器官中产生，并通过神经被输送到大脑，并通过大脑进入心脏，随之产生了反应（向外的反应）。这样感觉就是大脑、精神和头部的某个内在物质的运动。感觉或影像或颜色就是物体在大脑中引起的运动，震荡或者改变着的一种表现和幻想。感觉并不是事物自身的性质，而是我们自身的运动。既然只有运动，才能产生运动。那除了运动外，外在的世界不存在其他东西。所有的感觉都是想象，但引起感觉的原因是真实的物体。在感觉的原因和感觉或表象之间，不存在相似性。外在世界的实在性是运动的，我们将其感觉为声音颜色，我们会通过感觉而获得世界图像并不是真实的世界。这是完全的唯物主义。但是，当霍布斯将精神过程说成运动的表象，或者幻想和心灵的偶性，而与运动并不相似时，他修正了自己的唯物主义，在这里，意识的状态不再是运动，而是运动的结果。这种观点被近代作家称为"附带现象论"：意识与表象。

那么我们如何才能知道世界的性质呢？霍布斯并没有回答这个问题，因为这个问题并没有困扰他。他和同时代的科学家一样，独断的假设，世界是一个处于运动中的物质世界。尽管霍布斯与笛卡尔都持有类似的唯理论知识经验，但他和培根一样，在知识的来源论上是一个经验主义者。

洛克作为英国经验论的集大成者，也是白板论的提出者。

"白板"一词是拉丁文的意译，本意是未经刀和笔刻写过的白蜡板，因为古希腊人亚里士多德最早用蜡板做记事牌。后来，指尚未接受外界事物影响或刺激的心灵。洛克在批判天赋观念之后，对白板的思想加以发挥，论证了认识起源于经验的基本原则。他认为，最初的心灵像一块没有任何迹象或想法的白板，所有这些都来自后天的经验。在它上面"没有一切标记，没有一切观念"①。他说："我们的一切知识都是基于经验，最终来自经验。"② 观念分为两种：感觉的观念和反思（reflection）的观念。感觉来自感官对外部世界的感知，而反思来自心灵本身的观察。与理性主义者不同，洛克强调这两种观念是知识的唯一来源。洛克也把观念分为简单观念和复杂观念，但没有提供一个适当的区分标准。我们唯一能感知的是简单的观念，而我们自己可以从许多简单的想法中形成一个复杂的想法。洛克的《教育漫话》一书就是他对于如何教育这种空白心灵的大纲；他认为，教育是人类最重要的部分，或者更根本地说，心灵开始作为一个"空柜"，他还说："我想我会说在我们所遇到的人之中，其中有九成的人的好坏或是能力高低，都是取决于他们所受到的教育。"

洛克还认为，"我们在婴儿时期得到的任何微不足道的印象都会对我们以后的生活产生相当大而持久的影响"。他认为，一个人在年轻时形成的联想比后来形成的更重要，因为它们是自我的根源——在白板上留下的第一印象。洛克在《人类理解论》还提出了一个例子，例如我们不应该让一个"愚蠢的女仆"告诉孩子在晚上会有"小妖精和鬼魂出没"，否则"夜晚将永远与这些可怕的念头联系在一起，他永远也摆脱不了它们"。

洛克是"外铄论"的典型代表人物，他开创的经验主义被后来的乔治·贝克莱以及大卫·休谟等人继承发展，成为欧洲的两大主流哲学思想。

三　师徒制勃兴的贝尔—兰开斯特制

1791 年，贝尔在印度马德拉斯的兵士孤儿学校中，计划用沙盘

---

① ［英］洛克：《人类理解论》，关文运译，商务印书馆 1959 年版，第 68 页。
② ［英］洛克：《人类理解论》，关文运译，商务印书馆 1959 年版，第 366 页。

来教学生练习书写，一些教师拒绝帮助。于是，他选择年长学生来帮助他教其他学生，这种方法通常被称为"马德拉斯制"。1795年他回英国，1798年出版小册子《一个教育实验》，介绍自己的思想和具体做法，但没有引起人们的注意。1798年，兰开斯特在伦敦的巴勒路自办了一所学校，由于学生人数太多，又没有钱去请人帮助，他设想先教一些年长而成绩好的学生，然后再由他们去教其他学生。这时，他发现了贝尔所写的小册子，并从中吸取了一些观点，于1803年出版了描述自己计划的名为《教育的改良》的著作。这样，导生制便引起了英国社会和广大公众的注意。贝尔与兰开斯特在实施导生制的具体方法上有着不完全一致的主张和做法。1805年，贝尔和兰开斯特见面相识，他们就实施导生制交换了意见。贝尔—兰开斯特制在使用导生制的学校里，一间大教室里有一长排课桌，每排有十几个学生，其中包括一个高年级学生。老师首先教这些导生，然后他们和一排学生围成一圈，把他们刚学的知识传授给其他学生。后来，这些学生还将接受导生的检查和测试。有了导生作为教学助理，教师通常可以在一个教室里教数百名学生。这种组织形式最初仅限于阅读和教理问答，但很快扩展到写作和算术，后来被用于高年级课程的教学。

实行导生制教学促进了初等教育的发展，在当时的英国受到了欢迎。英国国王乔治三世曾保证对实行导生制的学校给予经济上的资助。1808年，英国成立了"皇家兰开斯特协会"；1811年，又成立了推行贝尔教学方法的"全国贫民教育促进协会"。1810—1830年，导生制在英国极为流行。贝尔于1827年曾为此出版了一本《教育指南》。但是，因导生制存在着把教学变成呆板、机械的训练等缺点，从1840年起它逐渐丧失了原来的声望。

导生制曾遍及欧洲大陆。法国到1828年已成立了大约600所导生制学校。大约在1809年，导生制被介绍到美国，1818年兰开斯特还亲自到美国宣传和推行导生制，1840年前导生制在美国极为流行。

然而，随着工业化的发展，导生制的教师培训方法也越来越不能顺应时代的潮流。第一，这些"小导师"只接受短期的培训，在几天或几周的时间里，对学生的教学多是现学现卖，机械呆板，"只可教授，不能教育"①。显然，一个班级竟然信任一个十几岁的少年去管理，不仅贬低了教师的地位，也贬低了学习者的地位，轻视学习者的行为和能力。第二，学生"导生"年龄较小，他们也正处于生理和心理的发育期，一方面他们自身也需要不断学习，另一方面还要教授其他学生，无论是在学业还是教业上都不能得到充分发展。况且学生和他们的年龄相符，正处于活泼爱动的年纪，自己很难"以身作则"，也很难在学生中建立"权威"，使学生信服。第三，培训效率低下，每个教师所培训导生人数较少，难以应对实现普及教育和大众素质提高的事实。这种缺陷导致导生制退出了历史的舞台，集中授课培训便应运而生。

第二节　集中授课培训：个性化教师培训被边缘化

集中授课教师培训是继导生制之后培训教师的主导模式，已经盛行了几个世纪，而且这种培训模式至今沿用不衰。集中授课教师培训的特征可用班级和课时来概括。班级：把参训教师按照学科和知识水平分别编成固定的培训班级，培训教师同时对整个班集体进行同样内容的教学。课时：把培训内容以及实现这种内容的培训手段、培训方法展开的培训活动，分成许多小的课时，一课接着一课地进行培训。课时与课时之间有一定的间歇和休息。

集中授课教师培训具有以下优势。第一，把相同或相近水平的参训教师组织在一起，培训教师可以同时教授许多学员，全体参训教师可以在培训教师的指导下共同培训。而且，在培训中，参训者彼此可以相互交流、相互学习。第二，培训可以按规定的课时安排培训内容，培训可以有条不紊地进行，有利于预定培训任务的顺利完成。第三，按照国家规定的培训课程标准确定教学培训内容，可以保障参训者基础教学胜任力的实现。第四，集中授课教师培训有利于分科教

---

① David Wardle, *English Popular Education 1780 - 1975*, Cambridge University Press, 1976, p. 86.

学，培训教师可以系统讲授规定学科，参训教师也可借此获得系统的知识技能。

一　集中授课教师培训的溯源：班级授课制

集中授课教师培训可追溯到 17 世纪欧洲班级授课制。集中授课教师培训实则是班级授课制在师资培训中的广泛推广。

班级授课制兴起于 17 世纪乌克兰的兄弟会学校（它是世界上第一家），在 1632 年捷克教育家夸美纽斯出版了《大教学论》后，形成了班级授课制的系统化理论。他在《大教学论》中说："这种教育不费力，而是非常轻松。每天只有四个小时的课堂教学，一个先生可以一次教数百名学生。而所受的辛苦则比现在教一个学生少 10 倍。"[①] 他倡导"节约时间和精力"、"大量生产"的教学方式——班级教学组织；提出了依据年龄分班，各学年分别设置不同学科的方案。他之所以倡导这种教学方式，除了上述理由外，还有一个理由就是，学生在集体中受教，可以相互激励，提高教学效果。他说"青年人最好还是一同在大的班级里面接受教导，因为把一个学生作为另一个学生的榜样与刺激，是可以产生更好的结果与更多的快乐的"[②]。

班级授课组织形成之后，在学校教育中的普及经历了极其缓慢的过程，从产生到普及经历了将近两个世纪的时间。而以班级授课制为蓝本的集中授课教师培训，在 20 世纪中叶以后在走走停停中也迎来了自己的春天。以英国为例，19 世纪随着师范学校的大量出现，教师培养逐渐脱离任职学校的母体，纳入专门的培训机构、师范学校或大学之中，以"导生制"或"见习教师制"为主要方式的"教师"在职培养模式走向终结。这种情况延续至第二次世界大战之后。第二次世界大战使得教育呈现百废待兴的局面。教师的急需已经是摆在英国教育面前的一个明显而迫切的问题，那么究竟需要多少教师？这些教师应该从哪里来？又将采取何种方法进行培训？正规的职前教师培养显然难以满足教师之需。以班级授课制为蓝本的集中授课教师培训

---

① ［捷］夸美纽斯：《大教学论》，傅任敢译，人民教育出版社 1984 年版，第 65 页。
② ［捷］夸美纽斯：《大教学论》，傅任敢译，人民教育出版社 1984 年版，第 50 页。

摆脱教师的职前培养，走上沿自己发展路径的"充电"教育。

当今，集中授课教师培训主要有以下培训形态：

（1）普通培训：主要培训内容是教学技能和少数实用性教学内容，常常借助专家的讲座与讲授实现，其主要目的在于改进参训教师的课堂教学表现。

（2）证书培训：按教育主管部门认可的教学计划实施教学，参训教师完成学业后，由培训方颁发证书。其目的在于丰富参训教师的专业知识。

（3）基于标准的培训：依据学区与教育行政部门制定的教师专业发展标准组织教师培训活动，其培训目的在于"达标"，这种培训一般具有较强的系统性与规划性。

（4）喷流式培训：这是一种节约资源的培训方式，其做法是定期由培训专家或辅导教师对全校教师进行集中培训，其培训意图在于短期内提高教师的整体专业素养。

二 集中授课教师培训的思想渊源：科学主义与防教师课程

科学主义是对科学的迷信与崇拜。科学主义始于 17 世纪的科技革命，以及随之而来的工业革命。科学的巨大力量，迅速扩大到人类社会的政治、经济和思想领域，极大地改变了人类的思想观念和思维方式。科学的成功，不断提高人们对科学的希望。越来越多的人开始相信，只有科学知识才是可靠的知识，自然科学可以回答一切问题。科学知识狂飙猛长，不仅可以促进我们财富的增长，也使一些人开始异化，科学主义开始盛行。在科学主义者眼里，科学，就是神灵，就是万物的尺度。诚如拉普拉斯（P. L. Laplce）所言："整个世界的过程都可以在一个简单的数学公式中表现出来，从一个联立微分方程式的巨大系统中，宇宙的每个原子的运动位置、方向、速度都可以在任何瞬间计算出来。"[①]

在技术理性的统治下，人们的思维是一种纯粹的"技术之思"，其特征是"普适化"和"效率化"，追求"控制"与"征服"。"技

---

① 林德宏：《科学思想史》，江苏科学技术出版社 1985 年版，第 218 页。

术时代的人们蜂拥般追求技术带来的个别、外在的利益。在使一切都成为机器的功能的道路上奔跑，于是，在我们看来，人现在真正可以做到自我遗忘了，这就是说，今天的人们已经丧失了自己。"① "技术逻各斯被转化为持续下来的奴役的逻各斯。技术的解放力量——事物的工具化——成为解放的桎梏，这就是人的工具化。"②

在技术理性的文化背景下，教师培训呈现出了工具主义倾向，人们更多地视培训为一种控制和训练教师的工具。正如日本学者池田大作与英国学者阿诺德·约瑟夫·汤因比（Arnold Joseph Toynbee）对现代教育的评论，"在现代技术文明的社会中，不能不令人感到教育已经成了实利的下贱侍女，成为追逐欲望的工具"③。"工具理性"的膨胀，导致教师培训成为生产唯科学主义的"工厂"，培训课程也成了生产唯科学主义的"工具"。

科学主义对教育的规训不仅是表面现象，还导致防教师课程开发受到工具理性倾向的浸染，以借鉴自然科学为研究方法，致力于寻求课程开发的理性化程序开发的研究范式被派纳称为防教师课程范式。

美国学者博比特（F. Bobbit）拉开防教师课程的"幕布"。他认为，教育是一个塑造的过程，就像造钢轨一样。通过这个塑造过程，人格将被塑造成理想的形式。当然，人格的创造比轨道的创造更加复杂，涉及更多的非物质因素，但过程是一样的。在博比特的研究中，课程编制首先必须进行"人类经验的分析"，把人类经验分成各个主要的领域；然后在此基础上进行工作分析，进一步把各个领域分为更具体的活动；接下来把具体的活动分析为课程目标；再把那些复杂的、无法在儿童的社会生活中自然获得的能力确定为学校教育的目标；最后，设计达到课程目标所需要的各种活动、经验和机会。这些为每一年龄或年级的儿童制订的每天活动的详细计划即为课程。

美国学者泰勒（Ralph W. Tyler）则完备地确立了课程开发的

---

① 夏基松、段小光：《存在主义哲学评述》，江苏人民出版社1987年版，第143页。

② ［美］赫伯特·马尔库塞：《单面人》，左晓斯等译，湖南人民出版社1988年版，第136页。

③ ［英］汤因比、［日］池田大作：《展望二十一世纪：汤因比与池田大作对话录》，荀春生等译，国际文化出版公司1985年版，第61页。

"目标模式"。他认为："课程开发是一种实践性的事业，而不是一种理论性的研究。他努力去设计一种达到教育目的的系统，而主要不是试图解释一种现存的现象。"① 因此，泰勒在其《课程与教学的基本原理》一书中开宗明义地指出，课程与教学的基本原理是围绕如下四个基本问题运作的：

1. 学校应该达到什么样的教育目标？

2. 为了实现这些目标，可以提供什么样的教育经验？

3. 如何有效地组织这些教育经验？

4. 如何才能确保实现这些目标？

泰勒把上述四个问题看作是课程编制过程的四个步骤或阶段：（1）确定目标；（2）选择经验；（3）组织经验；（4）评价结果。其中确定目标最为关键，因为其他步骤都是围绕目标展开的。所以，泰勒原理被称为"目标模式"。②

防教师课程深受科学主义的影响，也与20世纪初在美国工业界盛行的"科学管理的原理"——泰罗（Frederick Winslow Taylor）主义密不可分，把教育与工业生产过程相比拟，把泰罗的"效率取向"、"控制中心"等原理推衍到课程领域，学生就成了学校这架机器加工线上的原料，教师则是加工线上的工人。教师仅仅把课程材料灌输给学生，其工作就好像要钻进坚硬的岩石一般把教材钻进学生的脑子。教师被剥夺了介入课程理解的权利，就像游泳的动作与水分开一样，只能按照预定的材料、严密的操作步骤、详细的教师指南来实现课程设计者的意图。这样，教师被排斥于课程之外，只能奴性地在课程目标之后"亦步亦趋"。防教师课程实质上抑制了教师的主体性，堵塞了教师回旋喷涌的思辨力，压抑了教师的创造性，教师成了课程设计者思想的跑马场。在课程开发范式者看来，教师既不需要思想，也无须生机，扮演着"思想搬运夫"的角色。

从本质上看，防教师课程是科学主义和行为科学从工业领域向教

① Taler R. , *Specific Approaches to Curriculum Development* , Giroux：H. A. ，Penna, A. N. &Pinar, W. F, *Curriculum&Instuction.* McCutchan Publishing Corporation，1918，p. 18.

② 施良方：《课程理论——课程的基础、原理与问题》，教育科学出版社1996年版，第13页。

育领域蔓延和渗透的产物。结果之一,教师培训教育就深受其影响。这样一来,教师培训遮蔽了对参训教师个体知识的解读和实践智慧及人格的追求,造成了培训中个性化培训的陨落。教师所做的,不过是执行他人的目的和计划,从事他人提出的活动。这种忠实取向的培训要求培训忠实地执行培训方设计者的意图,以便达到预定的培训目标。

三 集中授课教师培训的不足与变革

集中授课教师培训极富有生命力,时至今日,它依然是占主导地位的教学组织形式,但也存在着不足和缺陷。首先,集中授课教师培训在某种意义上是应工业——科技文明提高效率的需求而在实践中占统治地位的,所以,这种组织形式容易走上"效率驱动、控制本位"的极端。其次,集中授课教师培训不利于照顾参训教师的个别差异,容易"一刀切"。最后,集中授课教师培训尽管便于培训教师发挥主动性,但也使培训学员的主体地位受到一定的限制,参训学员的自主性、创造性不易充分发挥。而且,这种组织教学形式容易导致以知识为中心,忽视培养参训教师的实践智慧。这种模式本质上是"排斥参训教师",因此在教育实践情境中培训的实效是十分有限的。培训方提供详尽解决问题的方略,而在具体教育情境中参训教师往往束手无策。

可以说,几乎集中授课教师培训刚刚在教师培训中流行开来的时候,人们就意识到其缺陷,并尝试用种种更能适应参训教师的个别差异,尊重参训教师个性的教学组织形式来弥补。

1. 道尔顿制变种的教师培训

道尔顿制(Dalton plan),一译"道尔顿计划",是美国教育家帕克赫斯特于 20 世纪初创行的一种个别化教学形式。帕克赫斯特(Helen Parkhurst)1887 年生于美国威斯康星州一个小城市牛戈。1920 年,到马萨诸塞州一个小城市道尔顿中学进行了实验。同年,在纽约创立私立"儿童大学"(大学一词是在学生按自己的意志进行学习的意义上使用的),对 1—8 年级的 150 名学生试行实验室计划,后来把此校改名为"道尔顿中学"。1920 年 2 月,英国教育新潮先驱伦尼（B·Rennie）女士到道尔顿中学进行参观。她回伦敦后在《伦敦泰晤士报》教育副刊上登载关于道尔顿制实验室的简评。帕克赫斯特恐她的实验室制被人误解，特称它为"道尔顿实验室制"（以下简称道尔顿制），自此之后遂沿用此名。道尔顿制的主要内容有：（1）在学校里废除课堂教学，废除课程表和年级制，代之以"公约"或合同式的学习。即把各科一年的课程划分为分月的作业大纲，学生以公约的形式确定自己应完成的各项学习任务，然后学生根据自己的需要自学。学习进度快的学生可提前更换公约，能力差的学生不必强求一律。（2）将各教室改为各科作业室或实验室，按学科的性质陈列参考用书和实验仪器，供学生学习之用。各作业室配有一名该科教师负责指导学生。（3）用"表格法"来了解学生的学习进度，既可增强学生学习的动力，也可使学生管理简单化。

道尔顿制是 20 世纪初美国进步教育运动的一种产物。进步教育思潮是以自然主义和儿童中心主义为原理的。道尔顿制不仅对当时美国进步教育、欧洲新教育以及日本等一些国家教育改革产生很大的推动作用，还被推广至一些国家的教师培训领域。在教师培训领域，道尔顿制变种的教师培训强调道尔顿制原则：一是自由，即参训教师自己计划自己的培训，自己克制自己的活动，以此培养参训教师自我教育的能力；二是合作，即打破集中授课的界限，强调培训团体活动中的合作和交互作用，以使参训教师在民主合作的氛围中得到发展。道尔顿制变种的教师培训是个性化教师培训的雏形，尽管其依然保留着集中授课的形式，但却是集中授课的重要超越。

2. 文纳特卡制变种的教师培训

文纳特卡制（Winnetka Plan）是指美国进步教育运动中出现的一种教学制度，由教育家华虚朋在道尔顿制的基础上提出。从 1919 年起在伊利诺斯州文纳特卡镇公立学校进行实验。文纳特卡制将课程分为两部分：（1）指定作业。为适应未来生活的需要，所有学生均需掌握"共同的知识或技能"（包括读、写、算等）。教学按学科进行，以学生自学为主，适当进行个别辅导；要求每个学生按自己的能力和可能的进度拟订学习计划，并在工作簿上记录进展情况；最后以考试形式检验学生学习结果，并由学生自己根据考试成绩决定下一步的学

15

习方向。（2）团体活动与创造性活动。由文化的和创造性的经验组成，分小组活动或施教，目的是发展儿童的社会意识。通过手工劳动、音乐、艺术、运动、集会以及商业、编辑、出版等团体活动随机进行，无一定程序，也不考试。1943 年实验停止。

20 世纪 20 年代末 30 年代初被变革后应用于一些国家的教师培训领域。文纳特卡制变种的教师培训也分两部分：一是课程培训；二是实践活动培训。课程培训完全打破集中授课教师培训的模式，是一种彻底的个别化教师培训，教师可以根据自己的意愿自由选择培训的课程或项目，实行自主套餐课程，适应了参训教师的共同知识和个别化的需求；实践活动培训则是参训教师自己设计、自己进行，培训方加以指导。文纳特卡制变种的教师培训矫正了集中授课教师培训的弊端，适应了参训教师的个别需求，直接影响到个别化教师培训思想的发展。

3. 分组学习的教师培训

小组合作学习是集中授课背景下的一种教学方法，分组教学出现在 19 世纪末。由于工业生产的快速发展和资产阶级自由竞争的需要，不仅需要培养大量的教师，而且要求培训应满足参训教师的个人需求，于是出现了分组学习的教师培训。所谓"分组学习"，是把集中培训的教师分成许多小组，以小组为单位进行自主学习。分组学习的教师培训强调在共同的框架内实现参训教师个性化的自主学习。教师以学习小组为重要的教学组织手段，通过指导小组成员展开合作与交流，参训教师共同地、自主地解决教学问题，借此提高解决教学问题的能力，形成"组内合作、组间竞争"的学习模式，发挥群体的积极功能，提高个体的学习动力和能力，达到完成特定的培训任务的目的。

第三节 "互联网＋"教师培训：个性化教师培训踏上快车道

当人类步入以网络为主要特征的互联网时代时，网络不仅仅单纯以更新的技术为手段，更以一种新思维和新理念介入了教师培训。"互联网＋"教师培训将充分发挥互联网的优势，将互联网与教师培训深度融合，创造新的教师培训生态，也使个性化教师培训踏上了快速发展的道路。

一 "互联网＋"介入教师培训：在线教育备受青睐

近年来，基于网络发展的新型教育形态正在风靡全球，其快速发展也获得了互联网巨头和资本市场的青睐。随着碎片化、多样化学习需求的增加，在线教育越来越为用户所接受。在中国，微教育、网易公开课、百度教育、腾讯微课、YY 教育等，都在网络教育领域一显身手。

（一）"互联网＋"是什么

中国"互联网＋"的概念可以追溯到 2012 年 11 月于扬在易观第五届移动互联网博览会上的演讲。易观国际董事长兼首席执行官于扬首先提出了"互联网＋"的概念。他说："未来，'互联网＋'模式应该成为我们行业的产品和服务。我们可以沿着这些思路找到其中的一些想法。如何在你的行业找到'互联网＋'是公司需要考虑的问题。"

2014 年 11 月，李克强总理在出席首届世界互联网大会时指出，互联网是"大众创业、万众创新"的新工具。其中，"大众创业、万众创新"是本次政府工作报告的重要主题，它被称为提高中国经济质量和效率的"新引擎"。

2015 年 3 月，全国人大代表马化腾提交了《关于以"互联网＋"为驱动，推进我国经济社会创新发展的建议》，对经济社会创新提出了自己的建议和看法。他说："我们需要继续以'互联网＋'为动力，鼓励产业创新，促进跨境融合，造福民生，促进中国经济和社会的创新发展。"马化腾说，"互联网＋"是指利用互联网平台和信息通信技术，将互联网与包括传统产业在内的各行各业结合起来，在新领域创造新生态。他希望这一生态战略能被采纳为国家战略。

2015 年 3 月 5 日上午，李克强总理在十二届全国人大三次会议的政府工作报告中首次提出"互联网＋"行动计划。在政府工作报告中，李克强总理提出了制订"互联网＋"行动计划，整合移动互联网、云计算、大数据、物联网与现代制造业，促进电子商务、物联网和互联网金融（ITFIN）的健康发展，并引导互联网公司拓展国际市场。

2015年7月4日，经李克强总理签批，国务院印发《关于积极推进"互联网＋"行动的指导意见》这是推动互联网由教师培训领域向生产领域拓展，加速提升产业发展水平，增强各行业创新能力，构筑经济社会发展新优势和新动能的重要举措。

2015年12月16日，第二届世界互联网大会在浙江乌镇开幕。在"互联网＋"论坛上，中国互联网发展基金会与百度、阿里巴巴、腾讯共同发起成立"中国互联网＋联盟"的倡议。"中国互联网＋联盟"的意思是"互联网＋各个传统产业"，但这并不是简单的两者相加，而是利用信息通信技术和"互联网＋联盟"的联网平台，使互联网与传统产业深入融合，创造新的发展生态。

（二）"互联网＋"介入教师培训的现状

一所学校、一名教师、一间教室，这是传统的培训景象。一个教育专网、一部移动终端，百万学员，学校和教师任你选，这就是"互联网＋培训"。"互联网＋"教师培训有别于传统的培训模式，它将会使未来的培训活动都围绕互联网来进行，培训教师通过网络进行授课，参训教师在网上进行个性化学习，资源在互联网上流动，知识在互联网上成型。回顾互联网介入教师培训的现状，大致可分为两个阶段。

第一阶段：2008年开始的教师培训慕课建设

"慕课"这个词是由加拿大爱德华王子岛大学互联网传播与创新主任、美国国家应用人文与教育技术研究所高级研究员于2008年提出的。在由阿萨巴斯卡大学技术增强知识研究所副主任与国家研究委员会高级研究员设计和领导的一门在线课程中，为了响应号召，Dave Cormier与Bryan Alexander提出了"慕课"这个概念。George Siemens与Stephen Downes设计和领导的这门课程名叫《连通注意与连通知识》，这门课程有25位来自曼尼托巴大学的付费学生，还有2300多位来自世界各地的学生在线免费参与了这门课程的学习。所有的课程内容都可以通过RSS feed订阅，学习者可以用他们自己选择的工具来参与学习：用MOODLE参加在线论坛讨论，发表博客文章，以及参加同步在线会议。从 2008 年开始，包括玛丽华盛顿大学的吉姆·格鲁姆（Jim Groom）和纽约城市大学约克学院的迈克尔·布兰森·史密斯（Michael Branson Smith）在内的一群教育工作者采用了这种课程结构，并成功地在世界各地的大学开设了自己的大规模在线公开课程。最重大的突破出现在 2011 年秋天，当时来自世界各地的 16 万人报名参加了斯坦福大学的塞巴斯蒂安·特龙（Sebastian Thrun）和彼得·诺维格（Peter Norvig）开设的免费"人工智能入门"课程。之后，包括 Udacity、Coursera 和 edX 在内的许多主要项目启动，有十多所世界领先的大学参与其中。

第二阶段：2014 年开始爆发的教师培训互联网转型商业模式

这次转型爆发的外因是传统师资培训机构内部组织、供应链体系制约了师资培训个性化需求。线下培训受到师资、班级、成本等因素影响，教师个性化培训需求不能被满足。与此同时，外部市场中，网易、微教育、百度教育、腾讯微课堂、YY 教育、淘宝同学、超星、智慧树等，都想在线上教师培训领域一显身手。

1. 网易与高教社"爱课程网"合作

网易与高教社"爱课程网"合作推出的大型开放式网络课程学习平台慕课（MOOC），旨在提供最优质的课程和教学资源以及最完整的学习体验，让每一个愿意提升自己的用户都能学习到最好的大学课程并获得认证。该平台由网易和高等教育出版社共同建设，网易负责平台研发和互联网运营，高教社负责课程建设和高校运营。它的定位是承担教育部国家精品开放课程任务，收集中国高质量的最好的大学的课程（"985"大学，包括北京大学、浙江大学、复旦大学等高校课程），这是我国官方承认的唯一的中文慕课平台。它的愿景是创造在线教育的"中国梦"，成为中国最好的慕课课程平台，免费将优质高等教育资源更广泛地传播，以改善中国教育资源不平等的状况。

中国大学慕课将积极响应教育部号召，利用其先进的技术、稳定而高效的服务、强大而完善的功能，为高校师生和社会学习者提供优质高效的全方位或个性化服务。网易与高教社"爱课程网"的教师发布系统是实现在线教师培训的重要功能，其为教师和助教提供了强大的教学功能。它包含高效简洁的课程内容发布系统，多样化的教学工具，强大的数据反馈、分析和管理功能。

2. 微教育

微教育是新浪微博在线教育平台。凭借新浪微博巨大的客户流量引入和强大的品牌公信力优势，微教育致力于通过互联网技术来解决中国教育资源供给和需求不平衡的区域分布等问题，精心打造集教育信息发布、录播视频教学和直播互动教室、校园互动平台于一体的大型 B2C 教育服务平台。

3. 百度教育

百度教育是中国优质的互联网在线教育资源平台，含有 2 亿专业文档，20 万 + 正版图书资源，5 万 + 精品课程资源。据悉，这是在推出百度文库和百度学习之后，百度在教育培训领域的又一次探索。百度教育目前界面还相对简单，上半部分是课程搜索，下半部分是培训课程展示，涵盖英语培训、建造师培训、会计培训、摄影培训等 12个板块，英语培训频道课程最多，数量已经达到 1400 多门，其余类型的课程在一二百，有些课程点击后，仍然是直接链接到所在机构的官方网站上。

4. 网易公开课

2010 年 11 月 1 日，网易门户网站正式推出"世界名校视频公开课"，通过 CC 协议翻译发布世界名校课程。随后，网易正式加入国际开放课件联盟，分享更多世界著名高校的课程资源。网易初期，用户的基本需求是观看和下载视频。经过一段时间的使用，用户在内容和功能两个方面提出了建议，因此网易引入了 TED、可汗学院、BBC等内容，并增加了笔记、分享、字幕可选和翻译，以及移动设备的观看和下载等功能，另外还针对用户对实用技能的学习需求推出了"网易云课堂"。2013 年 10 月，网易正式与 Coursera 合作，为 Coursera 课程建立了一个互动式中文学习社区。目前，网易公开课课程累计13000 余集，日均使用约 100 万人。其中，人文艺术、经济管理、计算机科学、心理学等课程比较受欢迎。

5. 北大清华加盟慕课

2013 年 5 月 21 日，清华大学和北京大学正式加入全球著名的

MOOC 平台 edX，标志着"中国在线教育慕课元年"的到来。2013 年 5 月 21 日，美国在线教育平台 edX 在亚洲发展了第一批会员，包括清华大学、北京大学、香港大学和香港科技大学等。7 月 8 日，上海交通大学和复旦大学也与 Coursera 签署协议，正式加入慕课大家庭。随后，北京大学的 7 门课程和清华大学的 2 门课程先后在 edX 上线，并向全球网民开放注册。

二　"互联网＋"教师培训：重塑教师培训的新型生态

"互联网＋"教师培训以其商业模式、服务体验和极端思维，正在颠覆传统的教师培训服务体系。"互联网＋"教师培训不是将互联网作为一种工具实现转型升级，而是要基于以互联网为核心的大量新技术如物联网、大数据、云计算、人工智能等重塑教师培训新生态，从而提高效率、降低成本。简而言之，"互联网＋"不是要把所有东西都加进去，而是要在"重塑"上给力。

（一）教师培训平台化：提升参训教师的活跃度、黏度

"互联网＋"教师培训旨在消除培训的边界，打破封闭的堡垒，把教师培训变成一个平台生态系统。依托互联网消除企业边界，主动将信息掌握在用户手中，用户可以轻松点击鼠标来比较商品品牌的质量和价格。因此，在互联网时代，培训机构努力构建一个并行平台生态系统，即将用户与企业并行连接起来，在这个平台上创造价值，实现企业的平台化。从"培训无边界"到"培训平台化"，现代培训机构不再扮演"产品中心"的角色，而更多地扮演"资源中心"的角色，通过拆除组织中的"隐形墙"，实现资源的有效整合，提升参训教师的活跃度，满足教师的个性化需求。

（二）教师培训云服务 API：降低了在线培训的开发成本

首先，一个 API 可以同时得到多个培训机构的支持，培训机构也为参与教师提供了更大的功能拓展自由度。因为当从一个培训组织转移到另一个培训组织时，或者在同一时间与多个培训组织合作时，对应用程序的主要更改很少，这使得这一点更容易实现。其次，API 得到了社区开发人员的广泛支持，供应商能够构建一个完整的具有配套服务和功能的生态系统。目前，由 Amazon Web 服务与应用（AWS）

和 Vmware 云计算产品提供的 API 周围已形成庞大的生态系统，其中包括管理工具（如 enStratus）、监控和管理工具（如 Cloudkickh 和 RightScale）以及形成其完整云服务的其他服务。Vmware 本身不提供云服务，但是不同的供应商使用 Vmware 的堆栈和 API，特别是 vCloud，例如 Terremark 和 Savvis。

（三）大型培训机构开始架设私有云

近年来，教师培训市场竞争非常激烈，甚至大型培训机构也开始节省成本，因此需要云服务。虽然要求公共云服务提供商遵守行业规则，但大型培训机构往往会建立私有云网络，因为为了行业和客户隐私而不可能将重要数据存储在公共网络上。私有云的运作方式与公共云类似。然而，构建私有云是一项重大投资，大型培训机构需要设计自己的数据中心、网络和存储设施，并拥有一支专业顾问团队。大型培训组织的管理必须充分考虑使用私有云的需要，以及是否有足够的资源来确保私有云工作。

（四）培训师的创客化：依托培训师拉近与参训教师的距离

在传统的培训结构中，培训组织的领导者很难触及教师的脉搏。然而，在互联网时代，培训机构的培训师都可以成为"创客"。"创"就是创新，通过互联网把各种想法、创意变成现实，让每一位培训师都能直接面对学员。在传统的培训机构中，科层制的组织结构曾经给培训带来了惊人的"执行力"。然而，随着培训机构的发展壮大，科层制的组织模式也反映出"过程长、决策慢、创造力差"等弊端。而互联网＋教师培训能以"自组织"方式激发培训师的潜能，让每个人成为创新主体，依托培训师拉近与参训教师的距离。

（五）参训教师的个性化：实现一个全流程的交互、体验

在"互联网＋"教师培训中，培训师和受训者可以在培训平台上参与整个流程的设计、研发，并在培训机构的动态网络组织中不断变换角色。在培训机构，所有的利益相关者，包括培训教师、参训教师、管理人员共同组成一个利益共同体，打破传统垂直串联的供应链，全部并联起来直面参训者，让参与者从一开始的设计、研究和开发就参与进来，实现整个过程的互动。传统的线性课程供应链正在被"按需设计"、"按需开发"、"按需提供"的现代供应链取代。只有让

学员参与培训课程的开发，才能更好地满足学员多样化、个性化和层次化的需求。

三　"互联网＋"教师培训的精神气质：个性化的培训取向

"互联网＋"教师培训旨在把握互联网技术的快速迭代和现代信息通信技术与传统教师培训深度融合的趋势，打造以智慧培训为核心的教师培训生态，以促进教师培训业务的开拓，增强教师培训的个性化服务。

（一）满足了参训教师需求，使教师培训具有互动性

在传统的教师培训模式中，培训方根据自身对教师培训和参训教师培训需求的了解，设计培训内容和方法。在这种传统的培训模式下，参训教师是培训服务的被动接受者。与此同时，由于技术、资金等方面的限制，培训方很难满足参训教师的个人需求。但在"互联网＋"背景下的教师培训模式中，互联网为参训教师和培训机构建立了一个快速、实用的互动平台，供给方直接与需求方打交道，通过平台数据供给方与需求方直接对话，互联网使得个性化教师培训"私人订制"成为可能。通过互联网，参与教师可以直接向培训方提出自己的个性化需求，并参与培训课程的开发。培训机构根据参训教师对课程、课堂等方面的要求，提供个性化的培训服务。可以说，"互联网＋"间接推动了培训服务个性化趋势的形成，参训教师个性化需求成为培训内容和课程开发的出发点和落脚点。这种互动性不仅体现了一种个性化的模式，也代表了未来教师培训的发展方向和趋势。

（二）优化了培训课程结构，使培训更具有个性化

在一个教师稀缺的时代，一个地区甚至整个国家同时追求千人一面的培训模式和课程是很常见的。随着教育的进步和发展，参训教师不再满足于单纯的教育学、心理学和教学方法的课程培训。相反，他们需要更具有特色化、趣味化、个性化的培训课程，网络教师培训正好满足了参训教师的此种需求。当参训教师身处资源丰富的网络世界时，不仅可以借助互联网参与方便快捷的培训，还可以选择聆听大师和专家的声音，与之互动。互联网逐渐培养了参训教师享受快速选择的舒适感，参训教师也逐渐习惯了互联网提供的"唾手可得"、"包罗万象"的个性化培训课程。同时，互联网信息技术有助于实现空间离散与时间错位之间的供求匹配，为参训教师的培训时间提供了便利。

（三）扩展了培训范围，使未来教师培训具有无边界性

传统的教师培训受到时间和空间的限制，在教师培训内容、培训时空上都有客观条件的制约。由于互联网技术的成功运用，传统教师培训的时空局限性趋于消失，未来将形成一种无边际的教师培训模式。首先，参训教师的培训服务选择没有限制。目前，各培训机构在互联网上开发了多种课程，特别是为参训教师提供了大量个性化的非标准化课程。在互联网技术蓬勃发展的背景下，互联网可以以无限的课程来满足参训教师的个性化培训需求。其次，网络教师培训突破了空间的限制。随着互联网在全球普及范围的逐步扩大，参训教师可以享受到世界各地的课程服务，互联网提供了超越国家和地区边界的能力，互联网教师培训没有了边界限制。再次，参训教师的培训效率得到充分提高。随着网络技术的不断创新，教师培训的各种配套技术，包括课程搜索、培训支付等都得到了充分的发展，能够充分满足参训教师便捷地获取个性化课程的需求。最后，互联网提供的信息是无边界的。网络技术的发展使得参训教师获取了各种各样的培训信息，信息的传播不受时间和空间的限制，同时，使用大数据技术使教师培训课程的偏好、学习习惯等也被归纳总结。这些信息数据也可以很好地帮助培训方为参训教师提供更完善的课程服务，最终促进整个互联网教师培训个性化的稳步发展。

（四）改变了教师培训行为，使教师培训具有分享性

随着互联网技术的不断发展，参训教师成为自媒体的代言人。他们可以随时随地分享自己的信息，与他人分享自己的教育经验和培训经验。正是因为参训教师自主"搜索"和"分享"行为的普遍，所有的培训信息将以互联网为中心聚合扩散，产生成倍的传播效果，对参训教师自主选择培训课程带来了颠覆性的变革，这就使得参训者能直接接触到网络中由其他参训者分享的培训服务等各式各类信息。同时，互联网的时效性、综合性、互动性和使用便利性使得参训者能方

便地对培训的课程、教学方式、培训感受进行分享，参训者"货比三家"的困难程度被大大降低。这种信息体验对教师培训模式个性化转型发挥着越来越重要的作用。

（五）丰富了培训信息，使参训教师具有自主选择性

"互联网＋"时代下培训者不愿意被动地接受培训课程和培训服务，他们更喜欢选择流行、个性、前沿的课程来满足自己的学习需求。这种偏好是由于互联网连接课程、教学方法、培训信息和服务，使培训者的"搜索引擎"有了"库"和"源"。如果学员需要培训，他们可以很容易地找到类似培训的信息，并根据培训经验和其他教师的培训评价来决定是否参加培训。也就是说，"互联网＋"时代的教师培训，最大限度地增加了培训增量，盘活了培训存量，强化了参与者自由选择、自主培训的权益。

第二章 传统教师培训的反思与审视

使学生对教师尊敬的唯一源泉在于教师的德和才。

——爱因斯坦

第一节 传统教师培训的现状

随着改革开放的不断深入和社会的持续发展，我国的政治、经济、文化和教育等领域都发生了重大的改变。在教育领域，素质教育的提出和新课程改革的进行迫切需要高水平、高素质的教师，而教师培训是一项促进教师改变、引领教师专业发展的极为重要的工作。然而，当前教师培训仍以传统教师培训方式为主，忽略了教师的特殊性及其自身的发展，效果不尽如人意。

一 传统教师培训观念

教师培训观念可以说是教师培训行为的先导。《中共中央国务院关于深化教育改革，全面推进素质教育的决定》明确指出："在新的形势下，由于主客观方面的因素，我们国家的教育观念、教育体制、教育结构、人才培养模式、教育内容和方法等相对滞后，对青少年的全面发展产生了消极的影响。"我国实施素质教育成效不显著，首先是教育思想观念的不适应，而教师培训观念的滞后则是影响基础教育改革的重要影响因素。

自 20 世纪 50 年代以来，对教师专业发展和教师教育起主导作用的话语是技术理性话语。所谓技术理性，就是把专业知识作为一种科学理论，在技术上应用于具体的专业实践。当前教师教育的核心理念是培养教学技术人才，其背后的认识论基础是技术理性。技术理性假设教育理论和技术是普遍有效的。作为教学技术人员的教师，其主要任务是向学习者传授客观知识。教师知识水平反映了教师的专业发展水平。因此，教师在技术理性话语下的教学过程实际上是一种机械化的操作活动，教师是知识的搬运工和操作者。此外，教师的专业能力是由学科知识和教育学、心理学的科学原理和技术决定的。

技术理性话语下教师的专业形象为技术熟练者，[①] 这源于实证主义。实证主义认为经验知识是唯一正确的知识，个人的情感、态度和价值观没有合法的存在空间，而理论是普遍适用的。因此，在教育领域，教师专业化体现在确定性、技术性和操作性的专业知识和技能上。要给学生一杯水，教师必须有一桶水。扎实的专业知识是教师教育教学工作成功的基本保证。因此，在传统培训过程中，过分强调知识基础，将本体知识传授给受训教师或师范生是教师培训的主要和中心任务，并试图通过嫁接的方式把科学知识、先进的技术灌输给教师，并希望教师在教学工作中以同样的方式"复制"给学生。在教师教育培训课程中，主要分为两个不相连的阶段——理论知识学习和实践体验，先将大量的教育学、心理学等理论型知识灌输给教师，再将之应用于实践。这种教师培训观念源于对传统教学的理解，即认为教学就是指教师把具体化的教材内容传授给学生，使学生掌握一定的知识和技能。这种观念认为教学的知识和技能可以通过简单的模仿活动来获得，它是非情景化的，可以进行程序化设计。

然而，教学活动既是一门科学，又是一门艺术，如果通过机械化、大批量系统训练，教师就可以成为合格"授业者"的话，那么"传道者"所需的教学艺术却并非通过简单的知识积累就可以形成。教师培训的目标如果只定位于知识的积累、技能的发展，而忽视教师作为个体的自我反思力、创新能力，那么它必将走向极端，不仅阻碍了教师的良性发展，也扼杀了教师的创造性。

---

① 魏建培：《教师专业发展理论与实践》，科学出版社 2016 年版，第 18 页。

二 传统教师培训内容

（一）教师培训基本内容

在我国，教师培训的内容已经规范化、系统化，也初步形成了基本的培训内容。教育部《中小学教师继续教育规定》指出中小学教师继续教育的内容应包含以下几个方面：①

1. 思想政治教育与师德修养

在教师培训内容中，对教师进行的思想政治教育与师德修养培训内容是一项重要的基本内容。唐代韩愈在《师说》中说："师者，所以传道授业解惑也。"即教师的主要任务在于对学生进行道德教育和传授知识。教师要履行教书育人、传道授业的伟大职责，必须以教师具备更高的道德水准为前提。因为教师的政治态度与职业素养将直接影响到学生正确价值观、道德观的养成，影响到我国新时期教育方针的具体实施。因此，在教师思想政治教育与师德修养方面，主要包括如下培训内容：对教师进行马列主义基本理论、毛泽东思想和邓小平理论、三个代表等重要思想教育，坚定教师共产主义信念，加强教师建设有中国特色社会主义的使命感和责任感；对教师进行马克思列宁主义唯物论和无神论的教育，使教师自觉抵制各种封建迷信、唯心主义的侵袭，树立正确的世界观、人生观、价值观，并在教育教学工作中做到言传身教；对教师进行爱岗敬业、为人师表、热爱学生的教育，使教师热爱自己的工作，增强教师的人格魅力，在学生心中树立起良好的榜样；对教师进行法律法规教育，强化教师法律意识，做到依法施教；对教师进行心理健康教育，使教师保持良好的心理状态，从而培养出身心健康、全面发展的新一代青年。

2. 专业知识的更新与扩展

在信息时代条件下，知识更新迭代速度加快，学校教育中的知识体系也在一定程度上进行着相应的调整，这意味着教师也必须紧跟时代发展的步伐，及时更新自身专业知识，顺应知识发展潮流。另外，

---

① 中华人民共和国教育部：《中小学教师继续教育规定》，1999 年，http：//www.moe.gov.cn/srcsite/A02/s5911/moe_ 621/199909/t19990913_ 180474.html，2020 年 6 月 30 日。

随着各地教学改革项目的火热进行，对教师自身专业知识也提出了更高要求。因此，必须通过培训及时更新教师专业知识，使教师充分利用现代信息通信技术，加大学习资源和学习空间，及时了解最新专业发展动态，注重与其他教师的合作交流，以适应教育改革的浪潮。专业知识的更新与扩展内容繁多，主要指对教师进行现代信息技术、本学科知识的更新及心理健康教育课、社会课等科目的培训，使教师在信息化教育改革浪潮中不被时代淘汰。

3. 现代教育理论与实践①

加强对教师现代教育理论与实践的培训是为了让教师对当前我国普遍开展的教育改革有初步的了解，以提高教师教育专业化水平，使其更好、更快地适应教育迅速发展与变革所带来的各项挑战。目前，我国教师培训所培养出来的人才还不能完全顺应社会发展的需求，其重要因素就是教师的教育思想和观念落后，不能紧跟时代步伐，导致在教育学生过程中也灌输着旧有的观念。因此，在现代教育理论与实践内容的培训中，应始终以辩证唯物主义和历史唯物主义为指导思想，对教师进行现代教育理论的培训，具体来说，包括各类教育思想及各种教育理论的历史渊源、主要观点、教育思想与学科教学研究、教育理论前沿研究、现代教育观念与思想、中外课程与教学模式述评、中外教育史专题、当代教育改革与发展趋势、学生身心发展特点研究、教育测量与评价、教育与心理咨询知识、课程开发和教学方法、道德指导方法、就业与升学指导、教育现代化进程、新世纪教育展望等。

4. 教育科学研究

教育科学研究主要是以教育科学理论为工具，对教育领域中的问题和现象通过一定的科学研究方法，有计划、有目的地探索教育规律的创造性活动。简言之，教育科学研究是教师在一定的教育理论基础上研究教育现象和教育问题的一种科学实践活动，它是教师探索新的教育规律和教育方法的有效途径。随着社会发展的要求，教师不仅要教书育人，而且要不断走向职业化、专业化，这就需要教师由之前单

---

① 张豪锋、张水潮：《教育信息化与教师专业发展》，科学出版社 2008 年版，第 288 页。

纯的"教书匠"向学者型和专家型教师转变，成为教学和科研的综合型、复合型教师。另外，新课程改革的全面推进和信息化时代的到来显露出诸多需要重新审视和解决的新研究课题，这也是对教师科研能力的新挑战。因此，在教师培训内容中，除基本的教育教学基本内容外，还应加强教育科学研究方法等内容的培训。一方面，通过培训使教师更加科学、规范地进行教育教学相关研究；另一方面，鼓励教师把教育教学过程中的许多宝贵实践经验进一步提升为理论，形成自身研究成果并加以推广，这样才能做到教学与科研并重，不顾此失彼，合理协调二者关系。

5. 教育教学技能训练和现代教育技术

教育教学技能是教师的一项基本功，也是教师素质高低的基本体现。在课程目标的要求下，教师不仅应传授给学生知识，承担培养学生智力、全面提升学生素质的任务，还应注重学生动手实践能力和创新精神的培养。因此，现代教育理论认为教师培训应通过各种形式和环节提高教师的教育教学技能，通过教师教学技能的提高保证教学质量，使学生在课堂中能够真正获取知识，学以致用，促进学生的全面发展。另外，在教育信息化不断推进的进程中，信息技术的飞速发展使得现代科学技术也不断引入到教育工作中来。近年来，幻灯片、录音录像、计算机、远程教学等技术手段使教育面临了一场新的革命，也对教师传统的教学方式和手段提出了新的挑战。在 21 世纪，教师知识不仅要通过黑板加粉笔来进行单向的传递，还要通过现代多媒体教学满足新时期教育教学工作的实际需要。这些多媒体技术的广泛使用大大增加了课堂教学活动的信息量，也丰富了传统的教育教学内容，提高了教学工作的效率。总之，教师培训的重要内容应涵盖教育教学技能训练和现代教育技术的培训，这些都是教师提升教育教学水平、顺应时代发展的要求。

6. 现代科技与人文社会科学知识

现代科技和人文社会科学知识也是教师知识构成的主要组成部分。在 20 世纪 60 年代，新技术革命对社会生活的各个领域影响深远，在可以预见的未来，人类社会所面对的各种程度的难题，在很大程度上都将依赖于科学技术的发展。因此，在信息技术飞速发展的今天，对教师进行科技教育，提高其科学意识，是新时期教育的首要任务。另外，国力的强弱、社会文明程度的高低也依赖于全民族的科学知识和精神文化素养。1972 年，联合国教科文组织在《学会生存》这一教育发展研究报告中，就明确提出了"科学的人道主义"，这一命题强调了实行具有人文理想的科学教育和具有科学精神的人文教育的重要性。而在当前的教师培训中，现代科技教育占的比重较大，科学人文方面教育内容则相对较小。在当前教师培训内容体系上，应加大人文社会科学知识方面的培训力度，加强教师教育新理念的培训，在提升我国教师科学素养和人文修养的同时，提高我国教师的职业认同感、归属感，最终全面提高教师的教育素质。此类课程的开设形式主要包括当代最新科技发展成果的专题讲座以及科学、人文素养类课程，比如文史哲门类的经典著作等内容的培训。①

（二）教师培训内容的层次②

教师培训内容的层次根据培训的目的、要求不同和教师素养状况等可分为三个层次：国家和省（自治区、直辖市）级的培训、地（市）级培训、县（区）级培训。

1. 国家和省（自治区、直辖市）级的培训

新时期，为提升教师队伍整体素质，加强教师培训工作，国家实施了国家级教师培训计划，简称"国培计划"，这是提高中小学、幼儿园教师特别是农村教师队伍建设的有力举措，也是保障教育公平、提高我国整体教师队伍建设的重要内容。

目前，"国培计划"主要分以下几项内容：中小学教师示范性培训项目（"示范性项目"）、中西部农村骨干教师培训项目（"中西部项目"）和幼儿园教师国家级培训计划（"幼师国培"）三项内容。"示范性项目"主要通过集中培训和远程培训的方式进行，培训对象为全国中小学学科骨干教师、幼儿园骨干教师、骨干班主任教师、紧缺薄弱学科教师和骨干等；"中西部项目"培训方式多样，主要有短期集中培训、远程培训和置换脱产研修等，培训对象为中西部农村义

---

① 张豪锋、张水潮：《教育信息化与教师专业发展》，科学出版社 2008 年版，第 288 页。

② 熊焰：《校本培训：教师专业发展》，广东高等教育出版社 2006 年版，第 6 页。

务教育学校的骨干教师；"幼师国培"同样通过短期集中培训、转岗教师培训、置换脱产研修等多种方式培训农村幼儿园教师。

国家和省（自治区、直辖市）级的培训内容主要包括以下几个方面：知识的更新与扩展、信息技术应用课程模块、现代教育理论学习、师德修养教育等。在知识的更新与扩展上，应重点让教师了解各个学科的新进展、新成果和学科发展前沿，使教师了解学习学科发展过程中的创新思维，提高教师人文社会科学知识。在信息技术应用课程模块上，重点培养教师信息技术素养。现代教育理论的学习和师德修养教育也是一名优秀教师所必须接受的培训内容，为此，省（自治区、直辖市）级以上教师培训的政治思想教育内容，应以深入学习国家发展战略为主线，在社会发展的高度上，理解党和国家制定的教育发展方针、政策。而师德修养教育应以反思、更新、研究为主线，在学习过程中使教师树立新时代的教师观。

2. 地（市）级培训

地（市）级培训应同样包括对教师的政治思想和师德修养教育，对此，可采取多种形式如自我教育、相互学习等，可通过学习思想政治理论、教师职业道德、教育政策法规等课程提高教师的政治素养，促进教师的成长。在其他培训内容上，教师学习的核心包括更新传统教育观念、认识改革方向、掌握现代的学科教育理论。对参加地（市）级培训的教师，知识的更新与扩展应帮助他们了解学科的发展前沿，除此之外，还应重点更新和补充教师专业知识。随着课程改革的不断推进，新教材和新课程标准需要教师改变传统的教育思想和观念，这就要求他们能够深刻领会当前先进的教育思想在课程教材改革中的具体体现，并学会如何贯彻新课程理念，从而创造性地实施课程改革方案。在信息技术与现代教育技术应用培训方面，地（市）级教师培训应重点以与课程和教学有关的多媒体技术、软件的应用等为主要内容，力图提高教师现代教育技术的应用水平和能力，形成一支符合时代发展需要、掌握现代教育技术的新型教师队伍。

3. 县（区）级教师培训

县（区）级教师培训的对象主要为青年教师，他们虽然学历达标，但有相当一部分没有接受过本科教育，专业水平和技能有所欠缺，外出学习的机会也少之又少。对此，在对县（区）级教师的培训内容中，应重点在更新其教育观念的基础上，改变并充实其原有的知识结构，扩充学科知识，提高其教学水平。另外，除专业知识内容的课程外，还应更注重培养教师对教师职业的崇高感和使命感，加强对他们的思想政治教育和师德教育。县（区）级教师培训的对象大多为农村教师，他们在基础教育工作中起着重要的基石作用，但由于农村教育条件差，教师福利待遇相比城市教师有很大差距，导致大多师范毕业生不愿去农村任教，这也是导致农村教师流动率高的重要原因之一。对此，在教师培训工作中，应激发教师自身从事教育教学工作的内在动力，把朴实的对工作负责的思想升华为热爱学生、无私奉献的职业精神。

三　传统教师培训方式

（一）在校培训

在校培训主要指教师结合教育教学工作在本校组织的活动中进行学习，这是在职教师进修方式中最经常、最普遍的方式。学校和教研室组织教师在课余时间进行业务学习，通过专题讲座、经验交流、随堂听课等方式安排经验丰富的老教师对新教师进行培训，并鼓励新教师制定学习规划，以不断提高自身文化业务水平。教师在任职学校边教边学，一方面可以保证学校教学工作秩序的正常开展，学校不必为无人顶替其岗位而发愁。另一方面可以利用课余时间给自己充电，新老教师的情感互动与学习交流也可以增进同事之间的感情，为学校后续教学工作的顺利开展打下基础。但同时，这种方式也有其局限性，学校内部的学习资源毕竟有限，教师还应通过更高层次的培训来实现自身专业化的发展。

（二）离职进修

离职进修也是传统教师培训的主要方式，这种培训一般以短期进修为主。离职进修主要指由承担培训任务的机构如教育学院、教师进修学院、教师进修学校、各级各类教师培训中心、师范院校等对有培训需求的教师通过组织各种类型的短期教师培训班或研讨班进行培训。各学校各学科承担不同教学工作的教师，按照工作的实际需要和个人条件参加短期培训，在离职进修的过程中，其所承担的工作任务由其他教师代替，等进修结束后再返岗工作，以更好地完成教学工作和任务。另外，离职进修也有时间较长的，这种进修一般为学校根据教学改革和学校教师队伍建设的需要，选派优秀教师到高等学校参加教师进修班，以提高其学历层次，培养新一代学科教学带头人。

（三）函授学习

函授学习即函授教育，我国的成人高等函授教育，始于 20 世纪 50 年代，被称为第一代远程教育。函授教育创办于新中国成立初期，当时我国的通信技术还不发达，处于起步阶段，信函是远距离交流的主要方式。而当时的中国各行各业面临着人才紧缺的现状，为此国家倡导有条件的高等学校展开以信函为主要手段的函授教育。1951 年，刘少奇批示要创办中国人民大学高等函授教育，这是我国最早的通过函授形式举办正规高等教育办学模式的开端。这种办学模式的主要媒介为信函，借助此通信手段，学校将学习资料发往全国各地的学员手中，规定其要在一定时间内完成，自学和作业完成后，学员通过信函的方式把作业邮寄到学校进行批改。在完成教学计划规定的课程后，学员要参加各门课程的结业考试，合格后才算正式完成学业。随着学校规模的扩大，招生人数也逐渐由几十人扩大到几百人。为了更加方便学员学习，学校在学员集中的地方设立函授站，定期派教师进行面授，逐渐形成了以自学为主、函授为辅的函授学习模式。

1987 年，国家教育委员会发布《普通高等学校函授教育暂行工作条例》，该条例指出：举办高等函授教育是国家高等教育的重要组成部分。高等函授教育有多种教学形式，如自学、面授、辅导答疑、实践实习、作业、考试、毕业论文（设计）及答辩等。每种教学形式各有其特点和地位，其中自学是学习者接受高等函授教育的基础，其在所有组织形式中所占比重也最大，学生以《自学指导书》为根据，按照课程教学大纲研读教材，阅读辅导材料，最终自选练习，完成作业，掌握所学专业的基本理论和基础知识；面授是学员在自学的基础上接受教师系统培训的一种形式；辅导答疑主要指针对学员在学习过程中碰到的难题，教师进行有针对性的指导和帮助；实践实习指在课程结构中，需要学生进行实践操作的课程，学生要进行实践实习环节的学习；作业是学员巩固知识的一种有效形式；毕业论文是最后学员课程结束后，在结业考试时对其进行的一种考核，并要通过论文答辩的环节。这些形式紧密配合，是学员接受函授教育、保障教育质量的有效方式。

1993 年 3 月 12 日，国家教育委员会发布《函授教学过程实施要点（试行）》，指出函授教育的课程安排自学要占函授学习的 60%，面授占 30%，其他环节如辅导答疑、作业、实验实习、考试考查、毕业设计等是辅助环节，它们有的包含于面授教学中，有的被安排在自学中进行。凡经所在学校单位批准，根据国家规定考录的在职函授生，按教学计划要求，参加面授、考试、实习等所占用的时间，其所在单位照发工资，函授生在完成规定的课程内容后，若考试考查成绩通过，由学校发给其毕业证书，国家承认其学历，并对符合条件的函授生授予相应的学位。国家教育委员会也制定了一系列文件，如《关于试行中学教师进修高等师范本科七个专业教学计划的意见》《小学教师进修中等师范教学计划》等使中等和高等师范的函授教育走上正轨，大批中小学教师就是通过函授学习提高自身学历水平，以实现自身专业水平的发展的。

（四）卫星电视教学

随着视听技术的逐步发展，20 世纪 70 年代逐渐兴起了卫星广播电视教育，这是一种以广播电视技术为核心、以多媒体技术为特征的新型教学模式。与之前的函授教育不同，广播电视教育主要通过广播电视手段将教师的教学活动在空间上扩大，也被称为第二代远程教育。1987 年，为适应普及九年义务教育，加快我国师资培训的步伐，国家建立了中国电视师范学院和中国教育电视台（CETV），其主要任务是通过卫星电视教学，培训中小学教师。这种培训方式主要招收具有高中文化程度但没达到师专毕业的初中教师和具有初中文凭但没有达到中师毕业的小学教师。与函授教育相同，广播电视教育中学员必须在规定时间内修完相应课程，经考试成绩合格后，颁发毕业证书或结业证书。

另外，为充分发挥广播电视教育的作用，国家教育委员会积极倡导卫星电视师范教育与函授、自学考试、业务学校等教育形式的相互沟通，并规定普通师范专科学校和教师进修院校主要承担培训在职中小学教师的任务，教学计划、教学大纲和教材等采用电视师范学院、师专、中师的体系。另外，凡是按照规定经过成人教育的大中专学校统一入学考试的学员，并参加函授、业余学校或电视师范教学的，应互相承认其学习成绩。自行收看卫星电视教育课程的中小学教师，自学考试内容按照电视师范学院的教学大纲和教材进行，考试合格后，可获得电视师专或中专的课程合格证书，并承认其相应的学历。

（五）业余进修

除有学习需求的教师通过自学提高外，业余进修主要指高等师范院校和教师进修院校等举办的业余进修班、业余学校、夜大学等，此种类型的进修班为中小学教师进修创造了有利条件。一般情况下，业余进修主要指具有中等和高等文化程度的在职成人利用业余时间进行的不脱产、不离岗学习，包括各级各类如专科、本科、研究生学历学习和一些岗前培训、技能培训、转岗培训等。这种学习方式主要是成人利用业余时间通过刊授、夜校、电大、网络大学等进行的学习，同样，它是一种以业余自学为主、业余面授为辅的学习方式。业余进修的学员分布各地，在工作之余开展自学活动，自学时间占据总学习时间的绝大部分。如夜大学就是一种业余进修的重要方式，夜大学是改革开放初期的叫法，主要指利用夜晚或周末上课的一种成人教育形式。夜大学招收具有高中文凭的学员，通过参加成人高考，择优录取。它的学习形式为业余，每周授课一定课时，利用晚上时间在普通高校空闲教室开展学习。专科教育一般在三年内完成，本科教育则安排在五年内完成。另外，业余进修面授时间不长，仅占整个学习进程的四分之一或三分之一，因此在课堂中学员没有空闲时间进修预习、复习或写作业等，这都需要学员在平时完成，以保证整个学习过程的完整性。这种利用业余时间进修的方式，不会影响在职教师的正常工作，而又充分利用业余闲暇时间提高充实自己，做到了学习工作两不误，是一种具有很强适应性和生命力的学习形式。

四　传统教师培训模式

我国传统的教师培训模式大致可分为三类：第一类是教师进修学

校等进行的短期集中培训，此类培训一般由培训机构或学校各级教育
学院负责；第二类是以教师所在学校为基地的校本培训；第三类是基
于电视及互联网等传播媒体进行的继续教育培训模式。这三类培训模
式主要以课堂教学为主，被称为传统教师培训模式。虽然它们经过不
断地实践与探索已具备相对成熟与完善的管理与运行模式，但由于其
本身固有的缺陷，在新时期已无法满足教师培训的新要求。

（一）集中研修培训模式

集中研修培训模式主要指在大学或教师培训机构中，中小学教师
以脱产或半脱产式进行的集中培训研修活动。长久以来，集中研修培
训作为我国中小学教师参加继续教育的主要形式，在不断的实践过程
中已逐渐形成了较为成熟的培训体系，在教师培训方面发挥着其他培
训模式不可替代的重要作用。

1. 培训对象

在教育部《中小学教师继续教育规定》中，中小学教师继续教育
主要是对已获取教师资格的中小学在职教师进行的培训。中小学教师
继续教育有两种，一种是非学历教育，另一种是学历教育。其中，非
学历教育包括新任教师培训、教师岗位培训和骨干教师培训三种。新
任教师培训主要是为新入职教师在试用期内适应教育教学工作需要而
设置的培训；教师岗位培训是为教师适应岗位要求而设置的培训；骨
干教师培训是对有一定培养前途的中青年教师按教育教学骨干的要求
和对现有骨干教师按更高标准进行的培训。而学历教育主要是对具备
合格学历的教师进行的提高学历层次的培训。[①] 因此，在培训对象上，
集中研修培训参与对象主要是已取得教师资格的在职教师，既包括新
入职教师，也包括骨干教师。

2. 培训内容

在培训内容上，集中研修培训内容广泛，不同时期、不同学习对
象培训内容也有很大区别，主要是培训者在结合培训对象的特点和需
求及近期教育研究成果、教学方法的基础上以系统专题形式进行的培

---

① 中华人民共和国教育部：《中小学教师继续教育规定》，1999 年，http：//www. moe.
gov. cn/srcsite/A02/s5911/moe_ 621/199909/t19990913_ 180474. html，2020 年 10 月 3 日。

训。在全员集中培训中，培训内容广泛，包括教学基本功培训（理解课程标准和把握教材的基本功、备课的基本功、运用教学语言的基本功、设计板书的基本功、应用现代教学技术的基本功、学科专项基本功、组织教学基本功、教学评价基本功）、优质课设计、计算机培训、论文写作等教学常规培训。同时，在骨干教师（学科带头人）的培训中，也设置如国培计划、省培计划等集中培训项目以提升教师综合素质。总之，集中培训在一定程度上有利于培训机构和专家对参训教师进行理论的正确引导，拓宽教师视野，使教师能够结合现代教育理论把握教育教学基本规律，树立正确的教育观念。

3. 培训形式

在培训形式上，主要有讲座式培训和参与式培训两种，其中讲座式培训是各种培训中最常见的方式。在讲座式培训尤其是被动型讲座培训中，培训者在课堂上滔滔不绝地传授知识，参训教师则是信息的接收者、受训者，信息传递呈现出单向性传递的特点。但随着教师培训理念的不断创新，参与式培训也逐渐成为集中研修培训模式的重要培训形式。在参与式培训中，培训者与参训者在角色扮演中发生了一定的改变，培训者不再完全主导课堂，而是转变成参训教师的"协作者"和"合作者"，与他们共同参与学习研究、共同提高。参与式培训重在让教师在参与中提高，通过相互讨论、教学观摩、经验分享等形式树立一种和谐、平等的师生关系。

（二）校本培训模式

1. 校本培训的含义

20世纪70年代中期，校本培训计划作为"教师在职培训的新概念与新策略"在英国、美国首先发起，它是在对当时已有的各种教师培训模式的批评和反思的基础上进一步提出的。"校本"与校外相对，在形式上主要以任职学校为载体，强调教师在其任职学校所在的空间内接受培训。在我国，校本培训主要有两层含义：一是指培训地点，校本培训完全是在教师所在中小学内进行的在职培训活动；二是指培训内容，校本培训是学校围绕教师在教育教学实践中出现的实际问题组织安排培训，教师通过参与学校内部开展的培训活动来提高自身的专业发展水平。

因此，"校本"的实质意义不是单单局限于学校空间，就其本义而言，"校本"更是一种理念，体现在对学校内在价值和主体性的尊重。校本培训具有明确的指向性，它也表现为充分利用学校内部的各种实体资源，是以教师任职学校为基地，以学校内部教育资源为条件，以教师教育教学过程中出现的经常性问题与教学经验为主要学习内容的教育模式。在理念层面，校本培训体现出教师继续教育过程中对学校主体价值的尊重，也是对学校自身存在教育价值的认同。在实体层面，校本培训模式以教师所在学校为培训空间和基地，它强调教育的民主性、开放性与参与性，主张教师在自身价值认同的基础上积极参与到校本培训中。

2. 校本培训的内容①

与传统的以高等院校为基地的教师继续教育模式不同，校本培训模式的主要学习内容不再是单纯的理论学习和科学研究，而是聚焦于教师在教育教学过程中存在的具体、实际问题，并在解决问题的过程中总结实践经验，加以推广。因此，校本培训在内容的选择上，以"问题"为中心，着眼于学校改革发展和教师专业发展中的现实问题，进行有针对性的培训。

具体来说，我国中小学教师校本培训的主要内容包括以下几个方面：

（1）现代教育理念的培训

现代教育理念的培训学习主要是为了帮助教师改变传统的课程和教学观念，建立与新课程改革相适应的现代教育观念，帮助教师运用大教育观和学习观反思教育行为，并在新课改的理念指导下探索新的教学行为。

（2）教育教学专业能力的培训

校本培训主要注重教师在教育教学工作中遇到的实际问题，如基本教学技能的培训、教学设计的能力和学业检查与评价等。另外，为丰富和发展教师的教育智慧，校本培训可提升教师处理偶发事件、与家长和学生有效沟通的能力，并让教师学会如何引导和强化学生积极

---

① 耿文侠、苏国安：《教师的专业素质》，河北人民出版社2006年版，第254页。

思考、学会正确沟通与表达。

（3）现代信息技术应用的培训

信息技术的培训在教师培训工作中是必不可少的一部分，通过此类培训，使教师掌握教育教学工作所必须的计算机和网络技术，提高其利用网络收集、处理、利用和整合教育信息资源的能力，实现信息技术与教育教学实践的融合，提高教学效率。

（4）教育科研方法的培训

课堂是研究的主阵地，教师科研水平的提高同样离不开教育教学实践。在校本培训工作中，应培养教师良好的教学研究意识，从教师为什么需要研究、如何研究、常用研究方法有哪些等多个方面提升教师的研究能力，使教师形成科学的思维方式，提高其教学研究水平，成为一名合格的研究者。

3. 校本培训的形式[①]

（1）技能型培训

技能型培训主要指对教师进行各种教育教学技能的培训，主要包括教育教学基本功训练、说课训练、现代教育技术培训、微格教学训练、班主任工作培训等培训方式。这种培训的主要目的是让教师熟练掌握各种技能的操作要点，并实现技能的自我训练。

（2）实践型培训

实践型培训则是对本校教师进行教育教学实践能力的培训，有多种培训方式如老教师带教、校际教师交流、教育教学研究等。

（3）评价型培训

评价型培训主要是指学校教育教学中对教师评价能力的培训，主要通过听评课、课堂教学评优、主题班会观摩等形式对教师所学理论和文字表述进行评价，并根据评估目标自觉地鼓励教师改善教学。

（4）理论型培训

理论型培训主要指通过专题讲座培训、自修反思等培训形式对教师进行的新理论、新观念、新成果、新信息等理论知识传播的培训。

---

① 熊焰：《校本培训：教师专业发展》，广东高等教育出版社 2006 年版，第 59 页。

（5）研究型培训

研究型培训侧重提升教师的教育教学科研能力，在培训中，通过微型课题的研究帮助教师在真实的学校教育环境中开展科研活动。

（三）传统远程培训模式

远程培训主要指利用广播电视、录音录像、计算机网络等作为媒介进行的一种教育培训活动。自 20 世纪 80 年代初开始，为实现优质培训资源的共享，满足学习者跨时空学习的需求，远程培训开始受到广泛的重视和关注。我国的远程教育大致经历了三个阶段：通信型阶段、广播电视阶段、计算机网络阶段。通信型阶段时间较长，从 19 世纪末持续到 20 世纪 50 年代，主要是通过信函进行书面作业的指导和教学。20 世纪 60 年代初，广播、电视、录音录像技术开始引入远程教育领域，极大地方便了人们的学习。在教师培训中，这种远程模式可以把学者、专家的教学视频录制成电视录像带，再通过广播电视技术和卫星微波传输技术实施远距离教学。到了 20 世纪 80 年代，计算机和网络通信技术取得了飞速的发展，多媒体、课程软件等成了远程教育培训的主要媒介，这种培训成本低廉、效率较高。然而，这种远程培训模式虽实现了利用现代网络技术使课堂从物理形态转变成虚拟形态，但在本质上，其培训理念和模式并没有发生改变。

随着教师专业化的不断发展，传统远程培训模式的弊端也显露无遗。首先，此种模式呈现出教学的单向化特点，受训教师通过观看视频录像等接受培训，培训者和参训教师之间只是单向的知识传授，双方之间缺乏沟通与交流，参训教师的学习进度和学习情况也无法反馈给培训者，培训者也无法真正关注教师的个别化培训需求。因此，这种单向性的培训很容易使参训教师处于被动、消极的地位，教师也无法真正参与到培训工作中来，不利于教师实践性知识的显化。其次，传统远程培训模式使学习呈现非协作性。在该模式中，参训教师之间无法实现沟通，协作学习也就不可能发生。最后，传统远程培训忽略了教师的个别化差异。教师专业发展的阶段性和参训教师的个别化需求决定了教师培训的差异性，这就需要在教师培训过程中针对个体教师和不同的发展阶段采取有针对性的培训方案。然而，传统远程培训模式单向的、一对多的传播机制使培训者无法做到满足参训教师不同专业化发展阶段的需要，更无法对参训教师进行个别化指导。

第二节　反思：传统教师培训的弊端与挑战

虽然传统的教师培训工作在教师学历层次的提升和教师的专业知识发展上取得了巨大的成就，但仍存在着诸多的弊端：

一　传统教师培训的弊端

（一）培训方式

1. 重视"授课式"培训，忽视"互动式"培训

目前，中小学教师培训的常态主要为短期集中研修，这种研修培训的方式主要是课堂讲授。课堂集中授课虽然能在固定的时间内完成大规模的培训工作，表面上看这种方式提高了培训的效率，实则不然。中小学教师培训工程浩大，培训的组织和实施虽要有统一的计划与安排，但在培训过程中，若采用"人海"战术，满堂灌、上大课，就会忽视教师学习的特点，忽视教师的个性发展。虽然目前教师培训也有一些其他形式，但大多流于表面，效性不强。另外，"授课式"培训多为单向性的，参训教师无法真正参与到培训活动中来，通常只是被动的接受。成人学习研究表明，成人学习中与教师的积极互动必不可少，也就是说把学与教的过程看作参训教师和培训者双方共同的责任，目的是激发参训教师主动参与学习过程，而把培训者的角色定位在"帮助者"身份上，以利用自身的专业素养帮助和促进教师有效学习而不是由培训者单独承担学习责任。因此，只有尊重参训教师的主体地位，将讲授与其他培训方式有机结合，重视互动式培训，教师培训工作才能充分发挥其实效性。

2. 培训形式务虚，缺乏与培训内容的有机整合

在教师培训中，参与式培训中小组合作与交流是一种逐渐流行的方式，它因被视为尊重教师主体地位、教师培训的特色而受到推崇。而现实情况是，真正切实有效的小组合作学习并不多见。一方面，集中研修培训模式教师人数较多，小组规模也十分庞大，成员

之间的深入交流与互动无法真正实现。另一方面，教师培训过程中充当助手的人员在质量和数量上都无法满足培训需求，这使得小组之间的合作交流得不到正确的引导。笔者在参与一次国家级教师培训项目后也深有其感，培训过程中培训者课堂气氛看似活跃，小组间合作与交流也看似火热，然而在课下与参训教师的交流过程中，他们觉得并未在参与式培训中有什么收获。大多数教师也体会不到培训过程中互动活动的价值，参与时应付了事，不积极主动地进行思考。有些参训教师甚至认为，"参与式培训不就是带领参训教师玩几个游戏吗"。而参与式培训本该让参训教师在参与中有所收获、有所反思，如果它最终只是让参训教师感觉多做了几个游戏、多结识了几个朋友，而最为关键的内容却游离在形式之外，这样的培训形式显然是无法得到参训教师的认可的，因为对于大部分参训教师而言，他们花费时间和精力参与教师培训的真正目的是希望培训能够为其教育教学工作带来帮助。

3. 重视"线下培训"，忽视"线上培训"

在知识经济时代，知识的广度和深度都在迅速加深，教师面对的学生和教育状况也越来越复杂化，这对教师的教学智慧提出了巨大的挑战。而现有的培训形式大多为集中线下培训，培训时间结束，参训教师各自回到自身工作岗位，在实际教学过程中碰见问题，教师还是不知道如何应对，也没有途径与专家交流。线下培训也无法进行后续的学习跟踪，教师在实际工作中能否把培训的理论应用于实践也不得而知。而随着信息技术和多媒体网络的不断发展，"学校才是教育的唯一场所"、"教育方式固定化"的传统模式必将结束，利用现代信息技术手段开展网络线上培训势在必行。有资料显示，采取网络学习，学习新知识的时间是传统面授的40%，对知识的记忆力保持则提高了25%—60%，学习所接受的信息量比传统模式增加了56%，培训时间则减少了30%，此外，这种方式还大大降低了知识传授过程中的偏差。[1]

---

① 王悦：《医药人力资源管理学》，中国中医药出版社2009年版，第212页。

（二）培训内容

1. "一桶水"式培训，难以满足参训教师个性化需求

在传统的教师脱产集中培训中，不管是培训时间还是培训地点，抑或培训内容大多是由上级教育行政主管来统一决定，培训学校和培训教师大多是处于被动接受的地位，这就导致培训出现一些问题，脱产集中培训往往由培训者通过资料的大量收集，通过课堂讲授等方式来进行，这种培训注重的是教育思想、经验和行为的传播，也就是重视教师"一桶水"的作用。这种培训在提高参训教师的教育教学实践水平上起到了一定的修补作用，但其培训内容与中小学教育实际有着一定的差距，加上培训专家大多为高校教师、专家等，他们的一线教学经验不足，所提供的培训内容也无法照顾到参训教师的实际需求，只能通过一些共性课程内容去贯穿培训始终。虽然传统的集中培训内容也一直致力于使培训更加具有针对性、实效性，但在信息化时代，培训内容很难满足参训者的个性化学习需求。

2. 理论与实践脱节，培训内容无法切实提高教师教育教学水平

在传统教师脱产培训中，讲授式培训作为主要培训形式虽有其现实意义，但在信息传递上，主要为教师单向式传递知识。近年来，在关注教师自我发展、关注教师精神、关注教师实践的培训模式下，小组教学、案例教学、问题探究等形式在一定程度上有所增加，但受传统集中培训本身具有的单一性、封闭性的影响，在与中小学教学工作结合的紧密度上，集中培训始终有其制约性。对参训教师来说，他们参加培训的最主要目的是希望培训内容能为自身的教学实践来服务，但大多数教师在接受完培训后感觉收获较少，学一套，用老套，学的东西一时用不上，实际需要真正解决的问题又不能切实解决。另外，现有教师培训在倡导先进教育理念的同时，其培训形式与内容却与这些先进理念相违背，比如培训的主要内容为积极参与学习动机的讲授，但培训本身却仍根据预先设定的培训内容照本宣科，参训者也没有积极参与到学习中来。这种培训观念与方式违背不仅不利于转变教师原有的教育观念，反而会强化教师原有的错误教育观念。这种理论与实践的脱节使得教师也不会在真正的教学活动中自觉运用，更不可能切实提高教师教育教学水平。

3. 顾此失彼，培训内容不利于教师全面发展

近年来，我国教师教育在充分借鉴国外先进理论的基础上，对教师的专业化培训进行了大量深入的理论研究，教师的自我发展、教师精神与幸福等受到社会的关注，尤其是随着教师培训理论和实践研究的不断深入，培训目标由原来过度关注理论知识开始向有效教学、注重实践进行转变。这种转变在教师培训中有了一定的积极效果，培训也不再只是理论的空讲，培训参与度低的状况有了一定的缓解，但这种转变却容易走向另一个极端，产生新的问题，培训虽然聚焦实践、关注问题了，但在目标定位上，却过于狭窄，对教师全面、长远的发展不利。一方面，参训教师"头痛医头，脚痛医脚"，教师培训忽视了教育前沿理论的指导和引领作用，教师举一反三、类比迁移能力不足，在新的教育情境中不能触类旁通，活学活用。另一方面，教师培训在关注教学和课堂问题的同时，忽视了影响教师成长的其他因素，如教师学习的思维方式、反思研究能力、精神需求等，而这些才是一个优秀教师持续发展的关键因素。

（三）培训管理

1. 教师培训管理忽视了对教师培训者的管理

在现有的教师培训方案中，培训对象主要是各学科教师，大多数培训并没有把对培训者的管理纳入教师培训管理的范围内，而培训者素质的高低直接影响到教师培训的质量。目前，我国中小学教师培训的主要师资队伍由高等师范院校的教育理论工作者、教师进修学校的教师、教育局教研室的教研员和一线优秀教师。教育理论工作者大多为理论专家，他们虽然能通过理论诊断出教育中存在的问题并提出一些建议，但由于缺乏实践教学经验，他们很难提供操作性强的技术和方法。而那些一线教师通常能从教学实践经验出发，提供具体的建议，但又无法站在一定的理论高度进行深入剖析。因此，培训师资队伍素质普遍存在结构性缺失，导致教师培训的低效，制约了教师自身的发展。

2. 教师培训管理忽视对参训教师的入口管理

大多数的教师培训，层次不同，对参训教师的要求也不同，特别是层次越高的培训对教师的要求也就越高。这样的安排主要是因为培

训资源的有限性，更为重要的是，这样的培训设计在理论上更有利于培训实效性的发挥。而在传统的教师培训中，大多数教师培训忽视了对参训教师的入口管理。据笔者了解，部分教师视培训任务为额外增加的学习负担，因此在有机会去接受培训后，他们大多不情愿，也不积极。如有些针对骨干教师的培训工作，培训对象应该为学校师德修养和专业素质较高的教师，但在具体的培训安排上，学校会让那些入职不久的新教师去参加培训。这样的培训安排容易导致参训教师与培训内容的不平衡，可能出现新教师无法适应高层次的培训任务，培训的效果也就大打折扣。因此，在教师培训管理中，还应加强对参训教师的入口管理，建立多层次、金字塔型教师队伍。

3. 教师培训管理忽视参训教师的情绪情感

教师培训过程离不开一定的制度与管理规范，而在传统的教师培训工作中，单一的、刚性的管理方式使得参训教师的情绪情感被忽视。而在教师培训管理中之所以会出现上述问题，主要原因在于培训管理者的"理性人"的假设。在"理性人"的假设中，教师作为个体的现实被忽视，教师的转变被视为知识与观念的转变，而教师培训工作又被视为使教师发生这种转变的最高形式。因此，在整个教师培训工作中，培训者具有绝对的权威，参训教师只是被动的受训者，教师只需要根据培训计划安排进行针对性的学习、接受培训任务。在这种培训工作中，不需要教师情感的参与，因为教师应该是理性的。然而，成人研究所揭示的成人学习的自我导向性、成人学习对情境的依赖、成人的非正式学习与偶发学习，以及情绪情感在成人学习中的不可忽视的作用等，均向我们展示，成人学习并非"纯理性的"。基于此，旨在提高教师培训实效性的教师培训管理必须突破传统的管理模式，寻找教师培训管理的新思维。[1]

（四）考核评价

在教师培训中，培训的考核评价不仅可以检验培训效果的有效性，还能对参训教师起到促进、示范、激励作用。而现有的教师培训

---

[1] 张二庆、王秀红：《我国教师培训中存在的主要问题及其分析——以"国培计划"为例》，《湖南师范大学教育科学学报》2012 年第 4 期。

考核评价普遍存在以下问题：

1. 评价方式简单化、形式化

评价是教师培训工作中的重要环节，应贯穿于教师培训的整个过程，在培训中起到激励、监督作用。完善的评价机制有利于及时解决教师培训工作中的问题，是教师培训的质量保证。而现有教师培训工作结束后，采取的评价方式主要通过闭卷或开卷考试、提交培训心得或教学案例来进行，以此来考察学员对培训内容的掌握情况。这种评价方式太过于简单化，评价与考核只是局限于表面上，是非常肤浅的。有的在教师培训过程中甚至都没有来上过课，最后结业填写个调查问卷，提交几份作业，就能获得结业证书，有的甚至可以拿到优秀学员证书。因此，培训评价方式形同虚设，在整个教师培训工作中根本起不到激励和监督作用。

2. 注重结果性评价，忽视过程性评价

传统的教师培训评价大多采取终结性的考试形式，这样的评价方式弊端显而易见。首先，培训结束后的考试评价往往只能对参训教师在培训期间所获得的知识进行评价，而参训教师在学习过程中的能力、信念提升或态度转变无法通过考试得以体现。其次，这样的教师培训评价方式，往往具有终结性的性质，关注的是培训后的结果而非过程。虽然这样的评价方式可能对教师接受培训后的结果给予一个整体的评价，但其对学习过程的忽视难以体现参训教师的学习进步与能力发展，在后续跟踪上也无法对教师的继续学习提供指导意见。最后，终结性的评价方式不符合成人学习的特点。成人学习理论研究表明，成人学习过程中记忆力呈衰退趋势，但逻辑思维能力和问题解决能力等却日益增强，因此，对成人的学习评价应呈现出与成人学习特点相符合的方式。因此，以机械的记忆所掌握的认知材料为教师培训的主要目标、以记忆性题型为考核主要手段的评价无法促进成人有效的学习。

3. 教师培训效果的评价缺乏有效的管理机制

教师培训效果的有效评价涉及一系列问题，如谁来评价、评价什么、如何评价等，对培训效果的评价无论是对政府还是对培训的具体管理机构都具有十分重要的意义。通过对培训效果的评估，政府可以了解培训投资的收益，并指导未来培训工作的决策。各级培训机构或学校可以通过评估培训效果来改善培训的教学和管理。就评估主体而言，大多数培训评估工作主要由承担培训任务的学校执行，培训学校既充当教练又是裁判员。在评价方法上，结果性的评价形式是单调的，没有专门的管理部门加以限制。在评估对象上，只有对参训教师的评价，很少有对培训机构以及培训教师等方面的评价。总之，培训效果的评价机制没有完全建立，在评价过程中也缺乏有效的监督。而当前教师培训工作的重要性、紧迫性显而易见，尽快构建科学、客观、有效的评估机制刻不容缓，构建一种新型教师培训评估机制也必将优化教师队伍、提高教学质量，推动我国基础教育的改革和发展。①

二 社会发展对教师培训的新挑战

在社会发展的转型期，教师专业发展同样也面临变革中的诸多挑战。如知识迭代更新快，培训课程内容陈旧、开发速度慢；广泛的信息渠道来源，培训者"知识的传播者"地位受到挑战；灌输式的培训方式，不能真正以教师为中心；课堂专注力越来越低，传统以试卷或问卷为主要形式的评价方式受到挑战。总之，新形势下，教师培训工作面临着诸多现实问题。

（一）知识迭代更新快，培训课程内容陈旧、开发速度慢

在信息技术条件下，教师面对的也是信息技术环境中成长的"数字土著"学生群体，教师陈旧的知识结构已不能满足新时期学生的学习需求。不学习就要落伍，对于教师来讲，如何充分利用并整合信息技术，提升自身知识和素养结构成为新时期教师培训的主要目标。因为在知识大爆炸时代，知识的学习已不再局限于书本、课堂，学生可以通过网络获取各种信息、学习各种学科知识，教师已不再是学生获取知识的唯一途径。但这并不意味着对教师素质要求的下降，互联网信息技术的普及也并没有弱化教师"传道、授业、解惑"的功能，反而对教师的各方面素质提出了更高的要求。在知识迭代更新快的信息化时代，教师不仅要具有丰富的知识储量，还要有较强的信息资源

---

① 张二庆、王秀红：《我国教师培训中存在的主要问题及其分析——以"国培计划"为例》，《湖南师范大学教育科学学报》2012 年第 4 期。

整合能力，并能熟练运用现代教学技术手段，在课程中培养学生的创新精神和实践能力。因此，教师培训课程也应紧跟时代发展的步伐，及时更新培训内容，针对不同类型教师学习需要开发新型课程体系。而现有的一些教师培训课程内容滞后、课程结构不合理，十几年甚至几十年如一日的状况没有根本的转变，与新课程背景下对教师培训课程的要求不符。对此，在教师培训课程的设置中，应灵活设计，真正做到满足教师之所需，按需施训，供需对应。如在教师信息素养的提升培训中，可以增加如可视化思维的思维工具软件、思维导图、概念图等课程的学习，把批判能力、创造性思维、问题解决能力、合作交流能力培养类的课程纳入教师培训课程体系中来。

（二）广泛的信息渠道来源，培训者"知识的传播者"地位受到挑战

纵观古今，教师的社会地位很高，"天地君亲师"，其主要原因是教师是知识文化的传播者。而在信息爆炸的知识经济时代，知识传递方式也在逐渐变化着，学习者获取知识的渠道日益多样化。对于学生而言，他们更倾向于通过网络获取信息，而并非一有问题就向教师请教，教师也不再拥有知识的绝对霸权。同样，在互联网时代，对于参加培训的教师，信息的公开化、去中心化使得他们可以通过网络随时获取想要的信息，而不一定必须通过面对面的集中培训模式。因此，在知识的来源上，网络可以说承担了部分培训者的角色。这使得绝大多数教师对传统的集中培训并不喜欢，他们认为对于有些困难完全可以在网上找到答案，这种培训完全是在浪费时间、浪费精力。另外，培训者之所以成为培训者，是因为在知识的储备上，他们知识面丰富、专业水平高。现有的一些教师培训请的也都是大学教授、专家等，他们虽然在一定程度上知识丰富，但大多数培训教师对中小学教育教学情况不甚了解，在培训过程中理论性知识多、实践性内容少，培训的内容并没有给到教师适切的帮助。一些年纪较大的培训师，对于网络信息技术也不甚了解，他们不再拥有知识的霸权，其积累的教学经验在现有技术条件下也不再适用。即使有些培训会安排类似听课、评课等环节，但也主要是找一两个优秀的一线教师上台授课，然后组织教师讨论。这种方式看似有效，但参训教师对其目标设计、教学技能和效果检测等难以进行全面深入的了解，更重要的是他们缺少不断实践的机会。

（三）灌输式的培训方式，不能真正以教师为中心

目前，大多数培训项目方式单一，依旧是以面对面的课堂教学为主，培训方式单一、缺乏灵活性，而且大多为"满堂灌"，没有给参训教师足够的参与空间，教师在学习过程中缺乏实践锻炼，案例分析和调查研究较少。这种"灌输式"的培训方式陈旧，不具备吸引力和感染力，缺乏科学性和灵活性，不但难以提高教师的学习兴趣，更无法提高其分析、解决问题的能力，导致培训质量较低，学习效果不够理想。现有的培训者常常在倡导自主、合作、探究的学习观念的同时，采用的却是与自己所倡导的观念不符的方式。另外，《2010—2015年中国教育培训市场调查与发展前景分析报告》指出，在知识经济大潮的推动下，终身教育在人们的生活中已成为不可或缺的重要内容，而传统教师培训模式已不能满足教师随时、随地的知识需求和终身学习的需要。随着互联网技术的快速发展，催生了一种新型的教育方式，即在线教育。教师培训内容的设计应从教师的基本需求和兴趣出发，考虑教师的真正诉求，设计出可长期进行的培训课程内容，并在时代发展中及时更新、与时俱进。同时，应借鉴现代培训的教学理念，在传统培训模式的基础上，以教师需求为导向，"按需施教"，注重个性化、差别化的培训，探索适应不同类型教师专业化、多样化、多层次学习需求的教学组织形式，从"灌输式培训"走向"互动式培训"，使培训者在"教"中探索，参训教师在"学"中挖掘潜力，不断进步。

（四）课堂专注力越来越低，传统教师培训评价方式受到挑战

在传统线下教师培训中，出现了这样一个典型的现象：培训讲师在课堂上授课，参训学员在下面看微信、微博、刷朋友圈，只有少数教师能把注意力集中在培训内容上。随着网络的日益普及，这种现象越来越明显，不仅仅在培训上，上班、睡觉、吃饭时间看手机也已经成为新常态。对于很多学校而言，将教师送去培训，往往并非教师的意愿，而是"不得已而为之"，这种强迫参加或分派式的学习，使教师产生了抵触情绪，也有一些教师只是将培训作为一次"免费旅游"

的好机会。这些因素使得教师在培训过程中，专注力低，课堂听课率和出勤率大大降低，培训效果也会大打折扣。另外，培训效果评价是教师培训管理的重要环节之一，它可以对现有问题进行诊断，使培训工作不断改进，也可以督促参训教师重视培训工作，具有调节与反馈的功能。但大多数的教师培训评价仅限于对"反应层"和"学习层"的评估，"反应层"的评估通过"满意度"调查获得，"学习层"的评估通过考试的及格率反映。[①] 这种评价模式以试卷或问卷为主要手段，难以对教师的学习效果做出全面、有效的评价，更不能准确把握不同参训教师个体的发展状况。这种评价模式实际上是一种暂时的、静态的终结性评估模式，重结果性评价、轻过程性评价，如过程性评价多考察教师出勤率等，但这只是流于形式，并不具有真正的约束力，也并未发挥实质性的作用。在培训效果的评价上，多为短期评价，没有建立长效的评价和监督体系。随着信息技术的不断进步和大数据时代的到来，传统的教师培训效果评价存在很多问题，亟待改进。在大数据时代，要求教师培训管理机构搭建大数据采集平台，构建以大数据为支撑的培训评估指标体系，进行全样本、全过程的培训信息收集，以实现对教师培训评估的有效转型。[②]

第三节　审视：新形势下的个性化教师培训

在基础教育课程改革、国家经济转型和教师专业化发展要求的新形势下，个性化教师培训应是当前教师培训的一个总趋势，也是教师适应新课程改革的必要手段，更是素质教育得以落实的重要保证。

一　当前教师培训面临的新形势
（一）新形势一："互联网＋"颠覆传统教师培训体系
"互联网＋"时代的到来，意味着一种全新的教育理念、思维方

---

① 汪文华：《"满意度"高≠培训效果好——教师培训效果评估思考》，《教育科学论坛》2011 年第 9 期。
② 徐建华：《大数据时代教师培训效果评价方式转型》，《中小学教师培训》2016 年第 7 期。

式和教育行为方式，也意味着对教师提出更高的要求，不仅对在职教师，同时也对未来教师——师范生提出了全新的挑战。在新课改的背景下，课程目标的多元化、课程结构的多样化、课程内容的时代性、课程实施的灵活性、课程评价的发展性都是对传统课程理念的根本变革，也必然对当前教师教育带来强烈的冲击和挑战。教师作为新课程的实践主体，他们的素质与能力的高低直接关系到新时期课程改革的成败。因此，教师教育必须适应时代发展的要求，以全新理念为指导，转变落后的教师教育观念，调整教师培养目标，改革传统师资培养模式。

"互联网＋"时代的到来，打破了传统教育的封闭和保守，并引起了教育的"多米诺骨牌"连锁反应。因此，作为中小学一线教师，他们必须在思想理念、技术上适应未来教育的发展需要。与之对应的是，教师培训也应引入"互联网＋"元素。首先，在培训资源整合中强调培训内容的总体规划，并应集中建立高质量的培训资源，如建立专家资源数据库和课程资源数据库，对区域教师教育进行分层和分类规划。其次，重视体验性课程，针对校本研究中的困难，应以解决问题为基础进行案例研究，加强对教师信息应用能力的培训。最后，打破传统的培训模式，将"线上"培训与"线下"培训相结合、校本培训与集中培训相结合、国家培训与地方培训相结合、个人研修与集体学习相结合。

（二）新形势二：国家经济转型期对人才的新需求

随着人类社会进入全球化新时代，资本、技术、劳动力的跨国流动的自由化以及全球经济和贸易的市场化也导致了政治、经济、文化、意识形态和教育的全球化。随着社会的不断发展和网络的不断扩展，知识经济应运而生。同时，现代交通技术的发展逐渐缩小了人与人之间的物理空间和时间，以信息高速公路为载体的信息网络也缩小了人与人之间的心理空间和时间。而目前，我国经济正处于新旧动能接续转换、经济转型升级的关键时期，要推动发展从过度依赖自然资源向更多依靠人力资源和创新驱动转变，使我国经济保持中高速增长状态，并迈向中高端水平。国家经济转型离不开高素质的人才，而教育的根本任务是培养人才，教育和国家经济转型是紧密联系在一起的。作为实施教育的主体，教师在实施创新驱动战略，建设创新型国家中起着关键作用。①

在互联网成为推动我国经济转型的重要力量时，信息和知识在快速倍增，如若不持续学习，及时了解最新行业动态，就有可能被社会淘汰。对于教师而言，终身学习也显得尤为重要，他们需要持续充电以适应教学工作的需要。在教师培训工作中，传统的教师培训已不能满足教师的多样化和持续化的学习需求，这就需要一种新型的、能够满足教师个性化学习需求的教师培训模式。

（三）新形势三：教师专业化发展的要求

20 世纪 80 年代以来，世界各国教育者都在反思教师专业化运动历程，教师的专业发展也成为教师专业化的主要方向。在我国，教师专业发展是推进素质教育的重心，为了顺应历史发展的潮流和促进我国基础教育课程改革的顺利进行，我国也以"教师教育"替代了原有的"师范教育"，以推进教师培养和培训的一体化，实现教师专业发展的整体性、连续性。在知识经济时代，终身学习使教师专业发展各个阶段的学习变得越来越重要，教师的专业发展直接影响他们对社会所期望角色的认识以及他们对角色的践行水平。自身素质较高的教师不但能较快地认同和接受合理的社会期待角色，而且能够创造性地完善社会期待角色，使自我角色和社会角色达到有效的统一。教师个人的专业发展水平也影响着他人对教师角色的期望和评价，这种影响反过来又进一步作用于教师的角色意识和角色行为。② 因此，越来越明显的是，只有不断提高教师的专业水平，才能促进教师的专业发展，使他们的工作成为受人尊敬的职业。

传统意义上，教师大多承担着"教书匠"的角色，教师的专业发展也多注重知识和技能的发展，教师只要具备学科知识、课堂管理能力、教学策略就已足够，教师个人的内在自主性和能动性被忽视。如今，终身学习的观念已深入人心，知识的不断更新、科学技术的飞速

① 申继亮：《新世纪教师角色重塑：教师发展之本》，北京师范大学出版社 2006 年版，第 8 页。

② 申继亮：《新世纪教师角色重塑：教师发展之本》，北京师范大学出版社 2006 年版，第 8 页。

发展以及新方法的层出不穷，这些都对教师的专业发展提出了新的挑战。教师仅依靠学校掌握的知识和技能已不再能适应现实的需要，对此，他们必须不断充实和完善自己，用科学的教育思想武装自己的头脑，扩充和深化自己的知识结构，加强对现代教育技术的运用，才能适应时代和社会的要求。

二　新形势下教师培训发展新走向

在社会形态由工业社会向信息社会转型的过程中，教育改革和发展也有了新的社会基础，同时对教师职业素质也提出了新的要求，而教师培训是促进教师素质提升的主要途径。在新课程改革和创新教育发展的背景下，教师培训也面临着新的发展形势，主要体现在以下几个方面：

（一）培训目标：人性化发展趋势

一直以来，教师作为实现教育教学目标的主要"有利工具"，在教师培训目标的制定中，也更多地关注教师的职业技能，把教师的培训演变成培养"匠工"的活动。在传统的教师培训模式中，被动式的学习、模仿严重压抑了教师的创造性和积极性。但应注意的问题是，教师作为独立发展的个体，应满足其不断成长的个性化需求，尊重教师的主体性地位。近年来，随着对学生自主学习、合作学习的重视与关注，研究者也开始反思在教师的专业成长过程中，教师所处的地位及应扮演的角色。在教师培训中，教师培训的目标除了提升教师的教学技能外，还应该立足于教师专业发展的个性化，促进不同类型教师专业特点和风格的养成。在新的历史发展阶段，培养高素质、专业化的教师队伍是教师培训目标新的诉求，培养骨干教师及领军人物是教师队伍建设的重要内容。在高端教师人才队伍的建设中，必须转变传统培训观念，选择人性化、个性化的培训内容和培训方式，为教师队伍建设保驾护航。

（二）培训内容：标准化发展趋势

随着教师培训目标逐步走向"人性化"，教师培训的内容也将逐步突破传统教师培训内容片面性的局限，由"非统一"走向"标准化"的发展趋势。所谓标准化，并非指教师培训内容的千篇一律、死板化，而是强调重视教师教育标准体系的建设。一直以来，由于教师专业标准的缺乏，不同教育机构在教师培训内容的设置上差别较大，培养出来的教师在各个方面的基本素质也有明显区分，教师的培养质量也难以保证。特别是对于教师的职后培训，由于国家规定在职教师必须经常接受一定量的培训，但对培训的具体内容并没有明确规定，这使得各个地区培训侧重点不同，一些地方培训的内容甚至与教师的专业发展没有必然联系，浪费了时间、精力、财力，也加重了教师的负担。2010 年以后，伴随着《小学教师专业标准（试行）》、《教师教育课程标准（试行）》、《中小学和幼儿园教师资格考试标准（试行）》等国家标准的颁布，教师的培养培训开始进入"标准化"时代。在教师专业标准的指导下，教师的培养方案和教师教育类课程有了一定的依据，不仅规范了教师教育机构培训的内容，还有利于各机构在保证教师专业标准内容的基础上，发挥各自特色，促进教师的职前培养和职后培训质量。目前，国培计划和省培计划中，也将《专业标准》作为培训的重要内容，取得了明显的效果。

（三）培训方式：多样化发展趋势

教育部在《关于大力加强中小学教师培训工作的意见》（教师〔2011〕1 号）中指出：努力改进培训方式。完善教师培训的教学组织形式，倡导小班教学，采取多样化的方式如案例式教学、探究式教学、情景式教学等开展培训。鼓励教师自主选择课程，在培训课程内容、培训时间、培训途径、培训机构等方面，为教师提供个性化、多样化的选择机会，以提高培训的吸引力和感染力。[①] 为鼓励教师在工作中大胆探索、不断创造，教师培训不再是填鸭式、灌输式的讲授，而是综合运用多种方式，如通过案例教学、合作探究等方式增强教师在培训中的参与性与体验性。因此，在教师培训中，培训方式逐渐呈多样化发展趋势。在这些多样化的培训方式中，教师不仅可以向培训者学习专业知识，还可以在与其他参训教师的沟通与交流中共享经

---

① 中华人民共和国教育部：《教育部关于大力加强中小学教师培训工作的意见》，2011年，http：//www.gov.cn/gongbao/content/2011/content_1907089.htm，2020 年 10 月 13 日。

验，并及时发现现存问题，找出有效的解决方案，促进教师专业发展。

（四）培训模式：信息化发展趋势

随着信息技术的发展和教育信息化的不断推进，教师培训模式有了新的发展机遇。如教师教育网联计划是信息技术条件下远程教育所带来的直接产物。"教师网联计划"是"全国教师教育网络联盟计划"的简称，于2003年全面启动实施，它是教育部教育振兴行动计划的重大项目之一。"教师网联计划"旨在以教育信息化带动教师教育现代化，整合各方优秀教师教育资源，吸引社会力量的积极参与，使职前和职后教育一体化、学历教育和非学历教育相沟通，使不同地区、层次的中小学教师都有条件共享优质的教育资源。2010年，教师网联启动三个领域建设：免费师范生培养优质课程教学资源、免费师范毕业生攻读教育硕士远程教育和教师培训优质资源共建共享，有力促进了我国教师教育的发展。2011年，教师互联完成"全国教师教育网络联盟公共服务平台软硬件及云计算基础网络应用服务建设项目"平台验收和"免费师范毕业生攻读教育硕士远程教育"等相关招标需求方案研制。在《教育信息化十年发展规划（2011—2020年）》文件中，指出要深入实施教师教育技术能力建设，一方面应不断完善各级各类教师教育技术能力标准，健全教师资格认证体系。另一方面应加大培训力度，争取到2020年，使各级各类学校教师基本达到教育技术能力标准，推动教师有效应用信息技术，改进教学方法，提升教育教学能力和水平。因此，在网络环境下，远程培训使教师培训组织、教师培训模式发生了巨大转变，也使个性化教育、终身教育成为可能。

三 "互联网+"背景下个性化教师培训

2015年3月，李克强总理在第十二届全国人民代表大会第三次会议上提出了"互联网+"的国家发展战略。7月4日，国务院正式颁布了《国务院关于积极推进"互联网+"行动的指导意见》，其中明确指出，"互联网+"教育的关键行动是探索新型教育服务供给方式，推进教育服务方式改革。9月1日，教育部向各省市发布了《关于"十三五"期间全面深入推进教育信息化工作的指导意见（征求意见稿）》，提出建设"人人皆学、处处能学、时时可学"的学习型社会，培养大批创新型人才，促进学生的全面发展，形成与教育现代化发展目标相适应的教育信息化体系，充分发挥信息技术对教育的革命性影响作用。

（一）"互联网＋"与"互联网＋教育"

1. "互联网＋"

2015 年 7 月 1 日，国务院颁布了《关于积极推进"互联网＋"行动的指导意见》，意见指出："'互联网＋'就是要把互联网的创新成果和经济社会各领域深度融合，以推动技术的进步、效率的提升和组织的变革，增强实体经济的创新力和生产力，并形成新的以互联网为基础设施和创新要素的经济社会发展形态。"[①]

2. "互联网＋教育"

（1）"互联网＋教育"含义

"互联网＋"的兴起，最初主要表现在经济学领域，"互联网＋企业"、"互联网＋产业"、"互联网＋智慧"、"互联网＋文创"、"互联网＋金融"等实现了各行各业所有内容的数字化并融会贯通。随着互联网时代的到来和"互联网＋"思潮涌动，当"互联网＋"与教育相遇时，教育也成为其中的一个"＋"，即"互联网＋教育"，于是有了该词的流行，互联网在教育变革中的作用也很明显。在传统教育模式中，师生处在同一时间和空间，扮演着教育者和受教育者的角色，教师在同一教室内进行授课。而在"互联网＋"时代，只要有一个可以联网的终端，学生就可以在任何地点选择自己喜欢的课程进行网络学习。

而互联网与教育的融合，并非一个完全新兴的互联网产业。早在数年前，一些教育培训机构如新东方就已经将其业务由线下转移到线上，通过把线下资源的整合，以资料的形式放到线上，实现知识的共享。但此种方式只是作为在线教育的一种辅助，没有形成自身独立的应用价值体系，没有彻底的教育变革。随着互联网技术的飞速发展，

---

① 国务院：《国务院关于积极推进"互联网＋"行动的指导意见》，2015 年，http：//www. gov. cn/zhengce/content/2015－07/04/content_ 10002. htm，2020 年 10 月 15 日。

"互联网＋教育"不再是简单地把线下资源复制到线上，在育人理念、课堂模式、师生关系、学习方式上，"互联网＋教育"都实现了不同的创新和不同维度的突破。

如果说"互联网＋"是一种思想和观念，那么"互联网＋教育"就是这种思想的产物，"互联网＋"是其成长的源泉和发展的动力。简而言之，"互联网＋教育"是一种新的教育思想，它主张打破传统教育形式的时空局限，是一种随时随地的教育方式。

（2）"互联网＋教育"的特点

①资源的共享化

互联网的核心是连接、开放与共享，"互联网＋教育"也呈现出资源的共享化特点。在传统教育模式中，优秀的教育资源被限制在少数人或特定人群手中，而互联网时代突破了时空的限制，资源可以向更广泛的人群扩散。无论何时、何地，只要拥有移动终端，学习者便可以实现自主学习。如粉笔网是一个专属于老师和学生的互动平台，老师和学生均可以在网上分享自己的学习资料，如果有疑难问题的话也可以在上面找到答案。除此之外，目前在线教育资源种类繁多、数不胜数，如清华大学学堂在线课程、中国大学 MOOC、可汗学院、果壳网、精品课程资源网等都为学习者提供了丰富多样的学习课程。

②体验的多样化

互联网教育之所以在短时间内能够迅速掀起狂潮、吸引大众的目光原因在于其突破了时间空间的限制，给学习者带来了极大的便利，而学习体验的多样性使"互联网＋教育"更加受用户的喜爱。

首先，互联网时代使得教育娱乐化。在传统教育中，教育和娱乐似乎是两个毫不相干的名词，教育本身就是一件严肃的事情，需要的是专心、认真、踏实，而娱乐则是教育之外人们所生活的一种方式。而"互联网＋"时代由于打破了学习环境的规矩和约束，通过网络的多元活动，推动了教育形式的娱乐化，如各类形式的移动 APP 和在线课程。这种形式的在线教育平台和 APP 多种多样，不仅内容讲解清晰，还十分有趣。如一款英语单词学习软件百词斩，与传统单词记忆方式不同，这款软件通过趣味拼图记忆单词和例句记忆单词相结合，结合当下热点话题，配出幽默的图片和声音让学习者在一种愉悦的氛围下进行学习，大大降低了学习的枯燥性。在校教育平台中，社交化的学习也可以给用户提供全新的学习情感体验。

其次，互联网时代使得学习游戏化。互联网教育为吸引学习者的目光，开发了许多类似网络游戏的学习方式，以激发学习者的学习兴趣。如可汗学院提出了"满十分过关"的学习方式，与网络游戏需要通关一样，学习者在学完一个知识点后，需要马上接受测验，如果没有掌握知识点，就无法继续学习，只能重新学习这一知识点，直到做对为止才能继续下一关。这种通关方式一方面保证了在线教育的质量，另一方面使学习者感受到学习的乐趣，寓学习于游戏，也让学习者更愿意记忆和分享。

最后，互联网时代使得思考可视化。所谓思考可视化，即学习资源可以随时可视，能够分享给他人。伊里奇认为，一个完整的良好的教育系统应该服务于三个目的：它应该为所有想学习的人提供随时随地都可以使用的资源；给予那些想要分享知识的人，发现那些想要向他们学习的人的能力；为所有希望向公众表达意见的人士提供机会。"互联网＋教育"就实现了伊里奇教育体系的三重目的，为学习者带来了更强的体验。[1] 如中国大学慕课网上的视频课程资源，就实现了思考的可视化，学习者可以根据自身的知识水平、学习进度等及时进行反馈，并直观了解抽象的学习材料。

③过程的交互性

在传统教育的生态环境中，"黑板＋粉笔"是课堂教学过程的主要工具，教学也是一种师生之间的单向传播模式。而"互联网＋教育"则对传统模式进行了颠覆，在线教育的交互性就是其重要特点。一方面，互联网时代中在线学习的成功在很大程度上取决于人机交互，人机交互主要指网络学习系统中的评价反馈系统。反馈系统的建立使得系统对学习者的学习特点、学习进度等进行分析，为其提供更为人性化、合理化的学习方案。另一方面，交互性指在线学习师生之间、生生之间的交流与互动协作。在"互联网＋教育"中，教师不再是学习活动的主导者，而是协作者和辅助者，师生之间也是一种教

---

[1]　杨剑飞：《"互联网＋教育"：新学习革命》，知识产权出版社2016年版，第161页。

学相长的关系。教师与学生进行平等对话，针对某一疑难问题进行探讨，实现了互动交流。如在翻转课堂模式中，课上课下发生了翻转，学生在课下自学授课内容，课上针对有争议的问题，师生之间进行交流和讨论，增强了互动。在线视频学习中，学习者也可在线实现课堂内部的互动，通过在线社区和网络留言，可以表达自己真实的学习感受。大数据的辅助也使得教师对学习者的情况有了更全面、更深入的了解，可以更有针对性地进行沟通交流。

④学习的个性化

可汗学院的创始人萨尔曼·可汗曾说："传统的教学法是非人性化的，30 个孩子在课堂上不许讲话、相互配合，一个无论多么优秀的教师，都不得不按一种模式教 30 个孩子。"[1] 在传统教育教学过程中，教师通过采取班级授课制进行大班教学，很难关注到学生的个别差异，也更别说针对每个人的个性化学习特点进行有针对性的教学活动了。而在"互联网＋教育"时代，大数据的运用和资源的丰富性使这种学习的个性化变为了可能。一方面，通过大数据，可以详细分析学生的学习行为和学习特征，或者可以进行一些在线测试来推断他们的学习轨迹。根据数据分析和推测，该系统还可以为学生推送合适的课程或教师，从而真正实现一对一的在线私人订制学习。另一方面，信息时代为网络课程的广泛传播提供了渠道，在线学习资源的丰富性可以满足各类人群的学习需求，学习者也可以根据自己的需要选择合适的学习资源。总之，"互联网＋教育"时代学习的个性化已经变成了可能，并将进一步发展和实现。

3. "互联网＋教育"与传统教育

互联网时代下的新型教育模式可以说为传统教育的变革带来了机遇，也为现代教育的未来带来了新的希望。然而，在全球"互联网热"的时代，我们应如何正视"互联网＋教育"与传统教育的关系？

（1）"互联网＋教育"是对传统教育的巨大变革

"互联网＋教育"深刻影响着人们的生活和学习，也是对传统教

---

[1] 文昌：《本刊执行总编朱敏对话国务院参事汤敏：新工业革命与网络教育 2.0》，《新经济导刊》2014 年第 6 期。

育的巨大变革。首先，互联网使课堂模式发生了变化。在传统的教育环境中，课堂占据主导地位，教师往往是课堂的主人，承担着传授知识、释疑点拨的重大责任。而互联网教育则是对这种传统模式的颠覆，它打开了一种"一对多、多对多"的学习系统。在这个新的系统中，学习者可以通过网络学习自己感兴趣的内容，也可实现在线上的互动交流，而不必一定在教室里接受教育。其次，"互联网＋教育"使教育的界限发生了变化。在传统教育的关系里，无论是基础教育还是高等教育主要通过学校来实现。而互联网媒介使得教育的界限扩大化，教育体系之外的个人或团队也可在网上发布自己的课程，供学习者选择和学习。再次，"互联网＋教育"使学习的时空发生了变化。在传统教育中，学习的时间和空间受到限制，互联网则打破了这种限制，使得学习可以在任何时间、任何地点发生。学习者可以利用自己的碎片时间进行知识的碎片化学习，在地铁上、吃饭时间、上厕所期间等都可以进行知识的学习。最后，"互联网＋教育"使教育创新成为可能。在传统教育模式中，知识的传授为学校教育的首要任务，然而，"授人以鱼"不如"授人以渔"，互联网时代正改变传统的教育思维方式，从知识教育向思维教育转变，更多地承担起"授人以渔"的责任。目前，互联网教育在时代创新的浪潮下，也焕发着勃勃生机，许多在线教育课程也包含着创新思想，对课程进行了精心的设计，以给学习者带来个性化的学习体验。总之，在信息化浪潮的影响下，"互联网＋教育"已不可避免地影响并倒逼着传统教育走向变革，走向新的教育时代。

（2）"互联网＋教育"是传统教育的延伸而非颠覆

在"互联网＋教育"来势汹涌，给传统教育带来巨大冲击的时候，人们不禁思考，互联网教育能够彻底变革并颠覆传统教育吗？答案当然是否定的。互联网教育虽然在各个方面为教育事业、为人才培养带来了机遇，但同时，我们应该正视互联网教育并不是万能的，它不可能解决教育发展中的一切问题，更不可能完全代替传统教育。互联网教育可以为学习者提供优质的教育资源，较之传统教育，互联网教育更为便捷、高效，但同时，我们应看到其还有很多现实中的挑战。首先，互联网教育无法带给学习者真实的学习体验。在互联网教育产品中，无论其课程制作有多么精美、多么完善，其所呈现的只是一个虚拟的时空。而在传统课堂中，一切都是真实发生的，教师在传授知识的同时，还会贯穿德、智、体、美、劳等育人理念，给学生以知识外的熏陶和教育。互联网教育时代就无法实现这种育人功能，更多的是知识与知识层面的交互。其次，互联网教育中知识的碎片化使得学习者专注度下降，难以建立知识的内部系统和框架。在海量的知识面前，如何快速学习大量零碎知识？如何把所学知识建立成知识网络？如何对信息进行加工处理？这些是学习者面临的重要问题。最后，互联网教育弱化了学生的人际关系能力，对学生正确的人生观、价值观的养成有着消极影响。互联网时代，学生可以在网上随意搜集到其想看的内容，虽然方便了学习，但久而久之就容易造成与人沟通能力的下降。特别是对于年龄较低的学习者来说，由于缺乏甄别信息的能力，鱼龙混杂的互联网信息也会造成错误价值观的养成，不利于其身心的健康发展。

（二）个性化教师培训

1. 教师的个性化学习

（1）个性与个性化

①个性

个性译自英文"individuality"或"personality"，最初源自拉丁语"Personal"，主要指具有特殊性格的演员所佩戴的面具。一般意义上来说，个性主要为心理学上的名词，即个性心理的简称。在心理学中，个性指一个人区别于其他个体所表现出来的外显性和内隐性行为模式的相对稳定的心理特征。个性在哲学和教育学意义上也有着不同的含义。哲学意义上的个性与共性相对应，指一类事物与其他事物相比所具有的特殊性质；教育学意义上的个性主要强调促进学生的个性发展，满足学生的个性化发展需求。

对于个性的定义，目前学术界已有很多界定，如美国的卡特尔（R. B. Cattel）认为个性是一个人的内在倾向，可以预测在特定环境下一个人的行为活动，它是与个体外显性或内隐性行为相联系的。而在我国的《心理学大词典》中，个性又称人格，指一个人的精神面貌，是具有一定倾向性心理特征的总和。因此，简单来讲，个性是区别于他人的特质，这种特质是个体在日常活动和交流中所表现出来的稳定的、本质的心理特征。在个体思想和行为活动中，这种个性特质会影响其语言行为、情感方式等。另外，个性并不是永不改变的，随着个体生活的经历，这种特质可能会发生一定的改变。

②个性化

个性化英文即"Personalization"，"化"加在"个性"之后构成动词，指使人具有某种个性特征的行为和活动状态。在教育学的视角上，个性化主要表现为个体在学习目标、内容、方法等方面具有鲜明特征的学习行为和活动。在学习领域中，个性化是与学习者相对应的，主要体现学习者的独特个性。在内外因素如大脑结构、身心发展特征、环境等的影响下，个体形成了某种内在特质或偏好，这种偏好表现在多方面，如对学习内容、学习方式、学习时空的选择，外显为其独特个性的各类实践活动。

（2）个性化学习与个性化教育

21世纪是发展个性的世纪，《学会生存——教育世界的今天和明天》一书中强调教育内容必须个性化，必须尊重个人的多样性和独特性，并指出"教师将来的任务是培养一个人的个性并为他进入现实世界开辟道路"。[①]

①个性化学习

与"个性化"紧密相关的概念即个性化学习，个性化学习是针对传统教育观提出来的，它强调以人为中心，从人的个性出发进行学习。因此，个性化学习主要指根据学习者的个性特质实施的学习活动。个性化学习强调的是以学习者为中心，是对人性的尊重。早在1915年，美国教育家杜威在其著作《明日之学校》中，就对以学生为中心的学习进行了大篇幅的论述，强调了因材施教的教育取向。2006年，新西兰教育部部长史蒂夫·马哈雷在《个性化学习：把学生置于教育的中心》（*Personalized Learning：Putting Students at the Heart of Education*）演讲中，提出了"个性化学习"概念，他强

---

① 联合国教科文组织国际教育发展委员会：《学会生存——教育世界的今天和明天》，华东师范大学比较教育研究所译，上海译文出版社1979年版，第260页。

调教学应围绕不同学生的学习方式来进行，要关注到每个学生学习的需求，并注重发掘学生独特的天资。在这篇演讲中，马哈雷对个性化学习的重要性进行了详尽的描述。随着信息化时代的到来，个性化学习显得尤为重要。

在工业化时代，大规模集体教学造成学生的标准化生产，统一的课程、统一的进度、统一的规格磨灭了人的个性发展，也扼杀了学生的创新精神和实践能力。因为每个学习者能力的差异、学习需求的不同、学习进度快慢不一等现实因素，每个人在学习过程中必然存在不同程度的差异，为提升学习效果，必须针对不同的个体选择适合的学习内容、学习方式等。因此，在信息化时代，必须强调学生的个性化学习，以学习者为中心，针对不同的学习对象区别把握，为他们设计个性化的学习方案。

②个性化教育

个性化教育与个性化学习有着密切的关系，但同时也有着不同的内涵。个性化教育是针对划一性教育而言的，主要指以学生为中心和主体展开的教育，它关注学生的个体差异，强调发掘个体潜能优势，培养全面和谐发展的人。在个性化教育过程中，必须厘清与其他相关概念的关系：

首先，个性化教育与全面发展教育并非矛盾的关系。马克思主义学说认为，人的全面发展指人的体力、智力、道德品质及个性充分自由和谐的发展。因此，全面发展学说不仅强调要使学生在各个方面得到发展，还包含个性的发展，全面发展也不是各个方面平均发展或随意发展，而是要在个性得以发展的前提下实现全面发展目标。个性化教育同样也并非只讲差别性的教育，它还注重共同性，即在培养个性的共同性的基础上去发展其差别性。总之，个性化教育与全面发展教育是统一而非矛盾的对立，个性发展是全面发展的必要条件，全面发展是学生个性得以发展的前提和基础，二者统一于个体成长发展的全过程，不可分割。

其次，素质教育和个性化教育也是统一的。所谓素质教育，是指利用遗传和环境的积极影响，调动学生认知和实践的主观能动性，促进学生生理与心理、智力和非智力的全面和谐发展的教育。[①]
因此，素质教育就是提高学生身体素质、心理素质和社会素质的教育，它以全面提高学生的各方面素质为根本目的，但也并不是各方面的平均发展或齐头并进，而是在考虑到学生发展水平差异的前提下实施的教育。素质教育与应试教育相对应，它也强调学生的个性，注重开发人的身心潜能。在某种意义上，素质教育也是一种个性化教育，两者在本质上是统一的关系。在我国，要想真正实施素质教育，必须打破统一化、标准化的教育教学模式，让学生成为学习的主体，充分考虑学生的个性化发展需求，在培养个性中真正做到素质教育。

最后，个性化教育与创新教育是具有内在一致性的。日本临时教育审议会关于教育改革的第一次审议报告指出："创造性与个性密切相关，只有充分发挥个体个性，才能培养出个体的创造性能力。"[②] 社会学家高夫（H. Gough）也认为个性化品质与个人的创造力呈正相关的关系。[③] 因此，创新教育与个性化教育彼此相互依赖，创新教育以培养学生的创新精神和创新能力为目标，而要培养学生的这种创造才能，必须以学生个性的充分发挥为前提。而在我国传统的教育模式中，培养出的学生大多缺乏创造性，在知识的灌输、机械的练习与考试中，学生的创造性已被磨灭，"听话教育"、"知识教育"、"应试教育"成为教育的常态。为改变这种现状，必须倡导个性化教育与创新教育，使学生在发展个性中提升创新意识、培养创新能力。

（3）教师的个性化学习需求

教师的个性化学习主要指教师在专业成长过程中，由于内在学习欲望驱动和外在社会需要的影响，教师有意识地制订个人学习计划和策略，以提高自身专业技能和素养的学习过程。教师具有个性化学习需求意味着教师在专业成长过程中逐渐走向成熟，也直接影响着教师

---

① 文辅相：《中国高等教育目标论》，华中理工大学出版社 1995 年版，第 57 页。

② 教育发展与政策研究中心：《发达国家教育改革的动向和趋势》，人民教育出版社 1986 年版，第 165 页。

③ 肖起清：《论个性教育与创新教育的统一性》，《复旦教育论坛》2003 年第 3 期。

对事业、对工作的态度和热忱，影响着学校乃至整个国家的教育质量。一方面，对于不同教师所具有的不同专业特长，如有的教师擅长教学管理工作、有的教师喜欢教学工作，或者对于同一专业、同一学科教师的擅长领域，如音乐学科教师擅长乐器、擅长谱曲、擅长唱歌等，学校应对教师的个性化专长提供进一步提升的空间。另一方面，对于教师在教学工作中所不擅长的领域，应重点培训，有针对性地进行学习。因此，对于学校来说，应支持教师的个性化成长需求，发挥教师个体智慧，促进学校教师队伍素质的整体提升。

2. 教师培训中的"个性化"设计

在我国全面启动的中小学教师继续教育工程的实施中，教师培训研究与实践是社会关注的一大热点。随着教师教育研究的逐步深入，以教师发展为本、尊重教师个性化学习需求的"个性化教师培训"模式是社会发展的必然趋势。在个性化教师培训模式中，教师是学习的主体，教师根据自身学习需求和意愿，选择一定的学习内容和培训方式进行学习活动。因此，在教师培训中，"个性化"设计主要体现在以下三个方面：在培训内容的安排上，应重视"分层"，即根据不同区域教师的特点及不同程度水平教师如新教师、经验教师、专家教师等选择不同的培训内容。如一些学校针对新入职的教师开发了课例研讨活动，以区别其他教师群体的学习需求。在培训方式的选择上，应注重灵活多样的培训方式。在互联网时代条件下，基于网络的培训是教师培训的主趋势，这也会成为教师个性化培训的主要形式。在培训实施的过程中，应注重培训的灵活性设计。教师培训作为教师专业成长的重要途径，需要在"质"和"量"上双向把关，因此，培训实施过程中应动态调节各方面需求，切实为教师提供个性化的培训服务。

另外，教师培训的"个性化设计"不仅仅要针对教师个体，考虑分层培训的需求，更应强调培训的持续跟踪与反馈，教师的个性化学习不是短期的过程，应当是长期的、终身的学习过程。在教师的培训中，也应满足教师的个性化学习需求，构建终身学习课程机制。最后，教师个性化培训方案的设计需要以标准化的评价体系为前提，以评价促进教师的专业化成长，否则，这样的"个性化"培训就会缺乏科学性，也不能真正促进教师的专业成长。

（三）"互联网＋教育"与个性化教师培训

在"互联网＋教育"模式下，个性化的学习不再是遥不可及，而是变成了一种可能。在教师培训上，我们也可以通过互联网实现对教师的个性化培训，满足教师的个性化学习需求，促进教师的终身发展。因此，"互联网＋"背景下个性化教师培训主要指借助互联网、大数据、云计算技术，通过培训内容、培训模式、培训方式等的创新，实现"私人订制"式的教师培训。

1. 培训设计：关注教师需要的多元化

教育部规定，每位教师在一个培训周期内应完成一定学时的培训量，若培训学时达不到教育部规定的标准，教师的职称晋升、年度考核评优等将大受影响。在此压力下，大多数教师参加培训的动机为"完成培训学时任务"，培训的效果也可想而知，学校精心安排的培训项目也因教师缺乏热情而效率低下。另外，培训单位为不同学科、不同层次教师安排的"大锅饭"培训项目也必定满足不了教师的多元化培训需求。对此，在培训项目的顶层设计上，应把教师的多元化学习需求放在第一位，真正了解每位教师职业生涯发展所不可或缺的基本技能。如北京市西城区的一位高中教研员就专门针对新入职的教师开发了一种依托教研的课例研讨活动，以更好地满足新教师不同于其他教师群体的特殊发展需求。

2. 分类指导：开展有针对性的培训

新形势下，为满足不同参训教师学习的需求，促进教师专业成长，要求培训应分层次进行，并针对不同层次的教师开展有针对性的培训，构建多种学习平台，使教师个体意识到与他人的差距，从而激发其继续学习的欲望。在教师发展的不同阶段，可从以下方面进行努力：

新教师——指导其"适应教学"。与骨干教师不同的是，新教师并没有完全进入教师的角色，大部分新教师都存在一些问题，如专业信念模糊、学生管理困难、人际关系不好等。为此，新教师培训指导工作的重点是帮助他们站稳讲台，尽快适应工作。如帮助新教师正确理解和掌握教材；合理分配作业；掌握基本的教学方法；

学会基本的管理学生的能力；掌握一定的科研方法，学会思考等等。通过有针对性的指导，使新教师可以提高自己的基本教学技能，如课堂控制技能、教学管理技能、信息技术综合运用技能和教学科研技能。

教坛新秀——指导他们探索教学奥秘。与新教师不同，教坛新秀已具备一定的学科教学经验，他们的长足发展需要有专家型教师的引导。对此，可以采取由特级教师跨地区带徒的运行方式，以专家型教师或特级教师为榜样，带领教坛新秀通过不懈努力提高自身教育教学质量。特级教师带徒制可以通过不同方式实现，如基地访学制度，教师可到导师所在地区学校参观访学，聆听特级教师示范课，与他们近距离接触以感受特级教师独特的人格魅力。另外，由于自身专业特长和兴趣不同，每个教师研究的侧重点也有区别，教坛新秀可以选取适合自身的内容在导师的指导下进行个性化学习。最后，针对教坛新秀的培训工作也可以专题研讨、课堂研修等形式进行，通过同课异构、课题研讨、导师示范、专题讲座等展开学习与研讨。

骨干教师——重视教学风格的养成。学科骨干教师普遍具有较强的学习意识，他们期望向更优秀的教师发展，渴望寻求更多的指导和帮助。为此，需要通过示范课、科研交流等活动，帮助骨干教师实现从纯理论学习到实践经验的转变。培训的重点应该放在理论的内化和实践的转化上，不仅要聘请教育行政部门的领导和课程改革的专家来引领理论的前沿，还要聘请各地中小学的一线特级教师和校长来指导教学实践。在具体培训形式上，可通过讲座式、体验式、参与式、沙龙式等鼓励教师之间展开对话与合作，创设真实的课堂教学氛围，使教师在互动、协作、分享中唤醒自身专业发展意识，也使参训教师、专家型导师、培训机构共同感受着成长的快乐。

3. 关注发展：注重理论与实践的结合

2013 年 5 月 16 日，教育部《关于深化中小学教师培训模式改革全面提升培训质量的指导意见》中强调，教师培训要"以典型教学案例为载体，创设真实课堂教学环境，紧密结合学校教育教学一线实际，开展主题鲜明的技能培训"。① 近年来，为了满足教师个性化培训需求，使培训工作真正接近教师的教学实践，教师在加强理论学习的同时，也不断加强实践训练，这也是新时期教师培训工作的重中之重。为此，可以就近选择不同的中小学作为教师培训实习基地，并根据需要在相应的实习基地进行不同的培训项目的现场教学。另外，为丰富实践性教学环节，可定期开展不同学科的教学展示活动，使骨干教师的课堂教学展示与听课学员的教学反思、交流互动融于一体，让参训教师的教学技能得以切实地提高。

---

① 教育部：《教育部关于深化中小学教师培训模式改革全面提升培训质量的指导意见》，2013 年，http：//www. moe. gov. cn/srcsite/A10/s7034/201305/t20130508_ 151910. html，2020 年 11 月 4 日。

第三章 "互联网+"背景下个性化教师培训可行性分析

凡益之道，与时偕行。

——《周易》

第一节 "互联网+"背景下个性化教师培训技术可行性分析

随着"互联网+"时代的到来，以云计算、大数据、移动互联网为代表的新一代信息技术迅速发展，对包括教师培训在内的教育领域产生了深远的影响。在"互联网+"背景下，云计算、大数据等技术的发展使得个性化培训具备了现实的可能性：云计算辅助教学使培训无处不在，不仅有利于扩大培训规模，而且给教师更大的培训自由和空间，可以根据自己的需求选择培训时间、培训内容和培训方法；教育大数据通过数据挖掘、学习分析和数据可视化技术推动教师教育实现个性化培训；移动互联网与教师培训的跨界融合可以实现优质培训所关注的个性化，从而解决集中培训与个性化、差异化需求的矛盾。

一 云计算搭建教师培训基础架构

（一）云计算

1. 云计算的含义

云计算（Cloud Computing）自 2008 年引入我国后，作为一种新兴的研究领域备受追捧。在传统商业模式中，企业要实现某种服务需要建立一套 IT 系统来为企业服务，而系统的建立需要大量的经费投入，不仅需要硬件、软件的支持，还需要大量专业技术人员进行维护。但这些系统或设备只是用来帮助完成某项服务的，企业真正需要的也不是设备本身。另外，企业需要使用某些软件的话，直接付费购买成本较大，不划算。那么，可不可以有这样一种"租用"服务，即在用户需要时用少量的"租金"购买其所需要的服务。这种想法最终导致了云计算的产生。

因此，云计算本质上是一种新型的共享基础架构，它通过统一管理与动态调度实现资源的整合与共享，它是一种超级计算模式，把存储于各个移动客户端上的大量信息和处理器集中在一起，进行协同工作。① 云计算的关键字为"云"，即在"云端"提供大容量存储和高速计算能力，就像天边的云，服务商可以把各种应用软件放在远程的服务器上，需要时连上网拿来用，不需要时就放在云上。因此，通过云计算，服务提供商可以为有需要的用户提供按需租赁服务，用户可以在不了解技术的情况下方便、快速地访问网络共享池中的可配置资源。云计算的特点可以总结为三点：几乎无限制的计算机资源；不需要长期使用；按需付费。目前，最简单的云计算技术在网络服务中已随处可见，如拥有众多用户的百度云、搜索引擎、网络邮箱等。

2. 云计算的发展阶段

目前，云计算的发展主要经历了电厂模式、效用计算、网格计算和云计算四个阶段：

电厂模式阶段：电厂模式即类似于电厂的规模效应，每家每户都离不开电，但若各家自备发电设备成本太大也无法实现。因此，出现了发电厂，电由电厂集中供应，各家只需按所用电量支付相应的费用，大大节约了资源，方便了人们的生活。

效用计算阶段：在 20 世纪 60 年代，由于计算设备的价格昂贵，大多企业、学校和机构都无法承受，因此很多人开始有了共享计算资源的想法。1961 年，"人工智能之父"麦肯锡首次提出了"效用计

---

① 黄美仪、王玉龙、蒋家傅、马莉、钟勇：《基于教育云的智慧校园系统构建》，北京邮电大学出版社 2016 年版，第 133 页。

算"这一概念，其核心就是借鉴了电厂模式，具体目标是把分散在各地的服务器、存储系统和应用程序整合起来，实现多个用户共享，让用户能够像使用水、电一样方便来使用计算机资源，并且费用较低，按量收费。

网格计算阶段：网格计算即一种分布式计算，是一门计算机科学。网格计算主要是解决一些非常复杂的问题，把需要用巨大计算能力来解决的问题分成许多小的计算部分，然后将这些部分分配给低性能的计算机来处理，最后把这些计算结果进行综合得到最终大问题的结果。

云计算阶段：与效用计算、网络计算相比，云计算也非常相似，都希望 IT 技术能像使用电力那样方便、成本低廉，但在规模和成熟度上，云计算更胜一筹。在运算能力上，云计算能够达到每秒 10 万次，这个强大的计算能力可以模拟核爆炸、预测气候变化和市场发展趋势。另外，云计算与大数据紧密相关，没有大数据的信息来源，云计算的功能也就无用武之地，没有云计算强大的计算能力，大数据的挖掘与分析也不能真正实现，因为对大型数据集的实时分析需要一个分布式处理框架来将工作分配给成千上万台计算机。总之，云计算是充分发挥大数据价值的关键。没有云计算技术的成熟，大数据时代就不会真正到来。[①]

3. 云计算的服务模式

云计算主要有三种服务模式：软件即服务（software as a service，SaaS）、平台即服务（platform as a service，PaaS）和基础设施即服务（infrastructure as a service，IaaS）。

软件即服务（SaaS）是一种通过软件程序来提供服务的，将软件以运营服务的方式提供给用户，用户无须购买，只需要租用。在 SaaS 模式中，提供商包揽企业信息化操作所需的所有网络基础设施及软件、硬件运行平台，并提供维护服务，企业可通过物联网使用软件，省去了购买软硬件、建设机房并招聘专业技术人员维护的费用。

平台即服务（PaaS）是指将应用服务器平台或开发环境即软件开

---

① 康路晨：《一本书读懂大数据时代》，民主与建设出版社 2015 年版，第 9 页。

发平台作为服务，以 PaaS 模式呈现给用户。因此，平台即服务模式是软件即服务模式的一种应用。在此模式中，提供商提供的平台通常包括操作系统、编程语言的运行环境、数据库和 Web 服务器，用户可以在此平台运行自己的应用，但不需要管控底层的云基础设施，只能控制自己部署的应用。

基础设施即服务（IaaS）是指通过网络向消费者提供完善的计算机基础设施，如服务器、存储空间、网络连接、防火墙等，用户在其中部署和运行各种软件，包括操作系统和应用程序。IaaS 对用户在基础设施层面透明，可以控制操作系统的选择、存储空间等，但不需要管控底层的云计算基础设施。根据需要，服务商为客户弹性地提供运算、存储、网络等基础运算资源，使客户可以部署和运行任意软件。①

总的来说，SaaS、PaaS、IaaS 虽服务模式不同，但有其共性，都是把资源作为一种服务租给用户。而其区别，我们可以用一个比喻来进行解释，把云计算比喻成一部手机，那么 IaaS 就是只提供硬件，你要自己写代码、研发系统才能正常使用；PaaS 提供手机系统，你要实现什么功能还是要自己安装各种软件；SaaS 就是硬件＋系统＋软件，你要干什么都可以得到解决。②

（二）云计算的核心技术

云计算为人们存储和管理数据提供了无限的空间，也为我们完成各种应用提供了强大的计算能力。而云计算之所以能够不断发展，主要应用的技术有：并行计算、虚拟化技术、分布式海量数据存储技术、海量数据管理技术等。

1. 并行计算

并行即在同一时刻或间隔内完成两种或两种以上性质相同或不相同的工作，因此，并行处理指在并行事件中的信息处理方式。所谓并行计算，就是利用各种计算资源同时解决计算问题，它是提高计算机系统计算速度和处理能力的有效手段。

---

① 杨吉：《互联网：一部概念史》，清华大学出版社 2016 年版，第 204 页。
② 金振江、宗凯、严臻、傅钟、张标标：《智慧旅游》，清华大学出版社 2015 年版，第 123 页。

并行计算的基本思想是使用多个处理器来解决相同的问题，即要解决的复杂问题分为几个部分，每个部分由独立的处理器并行计算。并行计算系统可以是具有多个处理器的专门设计的超级计算机，也可以是相互连接的独立计算机集群，通过并行计算集群完成数据处理。云计算系统中的并行计算是该系统的核心技术，它是指同时使用多个计算资源来解决计算问题的过程，即通过并行计算集群完成数据处理，然后将处理后的结果返回给用户。并行计算可分为时间并行和空间并行两种类型。时间上的并行是指流水线技术，空间上的并行是指多处理器并行执行计算。在云计算中，大数据的计算问题具有以下特点：一是将大工作量分解成小块，有利于同时解决。二是随时、及时地执行多个程序指令。三是使用多个计算资源解决问题的时间要少于使用单个计算资源解决问题的时间。[①]

2. 虚拟化技术

虚拟化技术在云计算中发挥着核心支撑的作用，它是将各种计算和存储资源充分整合和高效利用的关键技术。而虚拟化技术并不是近几年才得以发展的，早在 20 世纪 60 年代，美国计算机学术界就已经诞生了，并受到众多技术型公司的青睐。那么，什么是虚拟化技术呢？

虚拟化技术是一个广义的术语，指的是计算机操作系统、应用程序基于虚拟而非真实，虚拟化技术可以扩展硬件容量，简化 IT 基础设施。例如，当前只有一台计算机，但借助虚拟化技术，这一台计算机可以充当多台计算机使用，而且每台都有各自的 CPU、内存、硬盘等物理资源。CPU 的虚拟化技术，可以使单个 CPU 模拟多个并行，也就是说，允许一个硬件平台运行一个或多个不同类型操作系统的同时，不同的应用程序可以运行在不同的操作系统，而不影响彼此独立。因此，虚拟化是一种方法，是一种从逻辑角度出发的资源配置技术，它可以显著提高计算机的运行效率，提高资源的使用率。但应该注意的是，虚拟化技术和多任务、超线程技术有很大的区别，它们不

---

① 王骏、周晓政、陈安民：《医学影像信息学》，北京大学医学出版社 2014 年版，第 105 页。

是同一概念。虚拟化技术是指同时可以运行多个操作系统，并在每个操作系统上可以独立运行多个应用程序；多任务是指在同一个操作系统上同时运行多个应用程序；超线程技术是指单个 CPU 可以模拟双 CPU 来平衡程序运行性能，这两个模拟出来的 CPU 是不能分离的，只能协同工作。因此，虚拟化技术更加先进，应用也将更加广泛。

在云计算平台中，可以被虚拟化的对象很多，如硬件、软件、操作系统、网络存储、IT 资源等。虚拟化平台的建立可以实现空间的扩展和数据的移植，提高设备的利用率。另外，除实现对软硬件资源的虚拟化以提高计算机的工作效率外，虚拟化技术还可以广泛应用到学习领域和服务中。在个性化教师培训中，我们可以建立虚拟的学习环境，如虚拟学习社区、虚拟实验室等。尤其是在移动"互联网＋教育"时代，无线网络的普及、智能终端的定位服务、通信工具的飞速发展等，都为学习环境的虚拟化建设奠定了坚实的基础。

3. 分布式海量数据存储技术

随着大数据时代的到来，互联网上可访问的信息量巨大，各个网站也存储着海量的数据，如何把这些数据以一种有效的方式存储起来成为网站必须解决的首要问题。分布式存储技术就是为解决海量数据的存储而发展起来的。所谓分布式存储，简单来讲，指将数据储存到多个数据存储服务器上来。在云计算系统中，为实现大量用户服务的目的，需要大量的服务器，而大量的服务器所产生的数据存储就需要分布式海量数据存储技术来实现。分布式海量数据存储采用冗余存储（重复配置存储）和集群计算、分布式存储和冗余备用来保证数据的可靠性。这种技术可以降低成本，同时可以为一份数据存储多个副本，保证数据的高可用性、可靠性、经济性。

4. 海量数据管理技术[①]

云计算对海量数据的高效管理，给传统的数据管理技术带来了巨大的挑战。目前，云计算系统中的数据管理技术多采用 Hadoop 开发的开源数据管理模块 HBase。与传统关系的数据库管理系统不同，云

---

① 王骏、周晓政、陈安民：《医学影像信息学》，北京大学医学出版社 2014 年版，第 106 页。

数据存储管理方式应在巨大的分布式数据中找到特定的数据，这是云计算管理技术必须解决的问题。同时，由于管理方式的不同，传统的 SQI（Structured Query Language，用于访问数据、查询、更新和管理关系数据库系统的数据库查询和编程语言）数据库接口不能直接移植到云管理系统中，现已研究出为云数据管理提供的 RDBMS 和 SQI 的接口。另外，在数据管理中如何保证数据的安全性和数据访问的高效性也是目前研究关注的重点问题之一。

（三）云计算搭建教师培训基础架构

教师培训平台的建设可以使用云计算技术支持，在社会外包服务的经营理念下积极推进教师培训数据中心建设，整合和集中存储各类教师培训资源，建设大容量数据存储和数据安全保护系统，并最终达到高质量的培训资源共享。[①] 云计算在构建个性化教师培训环境上具有重要作用。除此之外，云计算技术还具有以下优点：

首先，云计算技术可以使教师培训对象更加具有广泛性。教师培训是教师职业生涯发展的重要过程，也是教师享有的一项基本权利。但在传统的集中培训模式中，由于资源的缺乏对参训教师的名额有所限制，优质的培训资源也无法实现共享。这在一定程度上剥夺了部分教师的培训权利，不利于实现教师培训的公平性。在"互联网＋"教育背景下，努力通过互联网为教师提供平等的培训机会和条件，使学科、学历、教龄不再是接受培训和享受不同层次培训的前提和障碍。[②] 云计算构建的虚拟资源池可以方便地实现各子系统之间的数据集成和应用共享，其弹性扩展能力也为教师培训平台建设规模的扩展提供了有力的支持。[③] 通过云计算技术，大量高质量的教师培训资源可以放置在"云"中，教师可以根据自己的需要进行学习。同时，云计算也降低了系统对终端配置的要求，参训教师只要拥有可联网的移动设备均可以实现随时随地的在线学习，手机、计算机、平板都能

[①] 祝智庭、杨志和：《云技术给中国教育信息化带来的机遇与挑战》，《中国电化教育》2012 年第 10 期。

[②] 宋立华：《中小学教师培训应具有的几点意识》，《中国成人教育》2011 年第 9 期。

[③] 章泽昂、邬家炜：《基于云计算的教育信息化平台的研究》，《中国远程教育》2010 年第 6 期。

够轻松实现。云计算的这些特点，使得参与高级别培训不再是少数教师的特权，使培训对象更加具有广泛性。

其次，云计算技术可以消除培训时空的阻碍，使培训随时随地进行。在传统集中培训中，培训组织者需要提前规划好培训方案，选择好培训时间、地点以保证培训可以确切实施。而这对参训教师来讲，不仅加剧了工作和学习之间的矛盾，也影响了教师的家庭和社会生活。而云计算所提供的服务资源并不需要学习者在固定时间、固定地点来获取，云端的资源借助互联网来进行传递，突破了传统培训时空的限制。无论老师在哪里，只要有合适的网络和移动设备，就可以进入平台实现自主学习。总而言之，培训空间和时间的无障碍为教师提供了终身学习的机会，学习的便利使教师能够随时更新自己的知识和技能，并通过不断的学习促进自己的专业发展。

最后，云计算技术可以实现培训管理的自主化。在传统的培训模式中，一个培训需要多个培训管理者的参与才能保证培训的顺利进行，而只有激励参与培训的教师进行自我管理才是真正的管理。基于云计算的教师培训，一方面，可以通过计算机高速度计算能力实现对教师学习过程的动态监控，并对教师学习效果进行动态分析；另一方面，在云计算所创设的网络学习环境中，由于没有专业管理人员对教师进行监管，参训教师必须通过自我监督、自我引导、自我调节来调整自己的学习行为，从而丰富自己的知识体系、有所作为。云计算辅助培训也为参训教师提供了自我管理的空间，通过云平台接受学习任务后，利用"云"侧资源创建虚拟社区，与其他学习者进行协作学习，形成学习共同体，探讨学习过程中的难题或自由交流学习心得。这有利于促进参训教师从以往的"被管理者"转变为"自我管理者"，进而提高参训教师的参与意识、自律意识，实现自我发展。

案例 1：亚马逊的弹性计算云[①]

亚马逊（Amazon）以网上书店和电子零售业开始，现在在

---

① 郑少峰：《现代物流信息管理与技术》，机械工业出版社 2015 年版，第 287 页。

业界享有较高的声誉，其云计算服务不涉及计算的应用程序层，主要是基于虚拟化技术通过底部提供可以通过互联网访问的存储、计算机处理、消息队列和数据库管理系统等租赁服务。亚马逊的云计算建立在该公司庞大的内部集群计算平台上，并提供托管计算资源租赁服务，用户可以通过远程接口选择和使用。亚马逊是最早提供云计算服务的公司之一。它的弹性计算云（EC2）平台建立在公司内部的大量计算机和服务器上，为用户提供运行在云中的虚拟机实例和 Web 接口操作。用户只需要为他们使用的计算平台实例付费，并且在操作结束后也将结束计费。弹性计算云用户通过 SOAP over HT. TPS 协议与 Amazon 弹性计算云中的实例进行交互。弹性计算云平台为用户或开发者提供了虚拟集群环境，为用户提供了足够的灵活性，减轻了云计算平台所有者（Amazon）的管理负担。弹性计算云中的每个实例表示一个正在运行的虚拟机。用户可以完全访问他们的虚拟机，包括虚拟机操作系统的管理员权限。虚拟机的费用也是根据虚拟机的计算能力来计算的，用户租用的是虚拟机的计算能力。这样，用户就不必构建自己的云计算平台。总之，Amazon 通过提供灵活的计算云来满足小型软件开发人员对集群系统的需求，从而减少了维护负担。其收费方法相对简单明了，用户使用多少资源，只需为这部分资源付费即可。

案例 2：Google 的云计算平台

目前，谷歌是云计算最大的实践者，并且正在操作最接近云计算特性的商业平台——谷歌应用程序引擎（GAE），一个在线应用程序服务托管平台。软件开发人员可以在此基础上编写应用程序，企业客户可以使用定制的 Web 服务。例如，开发人员可以基于所提供的服务编译基于 Python 的应用程序，并使用谷歌的基础设施（最多 500MB 的存储空间）免费托管这些应用程序。对于超过这个限制的存储，谷歌每小时每 CPU 内核收费 10 到 12 美分，每 1GB 空间收费 15 到 18 美分。典型的应用程序包括 Gmail、谷歌 Picasa Web 和谷歌应用程序套件（需要付费）。

　　谷歌的云计算基础设施是在最初为搜索应用提供服务的基础上逐步扩大的，根据内部网络数据量大的特点，谷歌提出了一套基于分布式并行集群方法基础设施，主要由分布式文件系统（GFS）、大规模的分布式数据库（Big Table），程序设计模式（Map/Reduce）和分布式锁机制（Chubby）与其他几个系统组件相互独立又紧密相连。GFS 是一个能够处理大规模分布式数据的分布式文件系统。每个 GFS 集群由一个主服务器和多个块服务器组成，由多个客户机访问。主服务器负责管理元数据、存储文件和块的名称空间、文件和块之间的映射关系以及块的每个副本的存储位置。块服务器存储块数据，文件被分割成大小固定尺寸的块（64 MB），块服务器将块存储为本地硬盘上的 Linux 文件。为了确保可靠性，每个块默认保存三个备份。主服务器通过客户端向块服务器发送数据请求，块服务器直接将获得的数据返回给客户端。

案例 3：IBM 的"蓝云"计算平台

　　IBM 的"蓝云"（Blue Cloud）计算平台是一个软件/硬件平台，它将 Internet 上使用的技术扩展到企业平台，使数据中心能够使用类似于 Internet 的计算环境。IBM"蓝云"计算平台由一个数据中心、IBM Tivoli 监控软件、IBM DB2 数据库、IBM Tivoli 部署管理软件、IBM WebSphere 应用服务器以及开放源码虚拟化软件和一些开放源码信息处理软件组成。"蓝云"使用 Xen、PowerYM 虚拟技术和 Hadoop 技术帮助客户构建云计算环境。"蓝云"软件平台的特点主要体现在虚拟机和大型数据处理软件 Hadoop 上，Hadoop 专注于云计算平台的核心后端，不涉及用户界面。由于此体系结构完全基于 IBM 的产品设计，因此也可以将其理解为"蓝云"产品体系结构。2008 年 2 月，IBM 在无锡科教工业园成功地建立了中国第一个商业化运营的云计算中心。它提供了一个可操作的 IT 支撑体系。当一家公司在科教产业园成立时，其部分硬件可以通过云计算中心获取和使用，大大降低了基础设施的建设成本。

案例 4：微软的 Azure "蓝天"云平台

继云计算之后，微软（Microsoft）于 2008 年 10 月推出了 Windows Azure 操作系统，这是微软继 Windows 取代 DOS 之后的又一次颠覆性转型。通过在互联网架构上构建新的云计算平台，微软将 Windows 从 PC 扩展到了蓝天。微软在全球拥有数亿台 Windows 用户桌面和浏览器，现在它将它们与"蓝天"连接起来。Azure 的底层是微软的全球基础设施服务系统，该系统由遍布全球的第四代数据中心组成。微软的 Azure 云平台由四层组成，底层是微软的全球基础服务系统（GFS），它由遍布全球的第四代数据中心组成；云基础设施服务以 Windows Azure 操作系统为核心，主要从事虚拟化计算资源管理和智能任务分配。在 Windows Azure 之上是一个应用服务平台，它作为一个构件为用户提供一系列的服务，例如 Live Services、NET 服务和 SQL 服务；再往上的是 API、数据结构和 Microsoft 提供给开发人员的库，最上面的是 Microsoft 提供给客户的服务（Finished Service），如 Windows Live、Office Live 和 Exchange Online。

二　大数据推动教师教育实现个性化培训

（一）大数据与教育大数据

1. 大数据

在信息爆炸的时代，重新挖掘数据的核心价值是"大数据"技术的本质。许多 IT 专业人士认为，大数据技术是云计算和物联网之后的另一种颠覆性技术。[①] 国务院在《关于印发促进大数据发展行动纲要的通知》中指出，以容量大、类型多、存取速度快、应用价值高为主要特征的数据集合，正快速发展为对数量巨大、来源分散、格式多样的数据进行采集、存储和关联分析，从中发现新知识、创造新价

---

① 孟薇薇：《信息爆炸时代的新概念——大数据》，《商品与质量》2012 年第 9 期。

值、提升新能力的新一代信息技术和服务业态。[①]

简而言之，大数据是指规模大、速度快、数据源呈现多样性的数据。大数据与小数据相对应，它不等同于大量的数据，而是强调跨领域数据的交叉融合和数据的流动生长。[②] 大数据的采集来源与传统的随机抽样不同，它采集的是全样本的、实时的数据，这些数据可以记录个体成长的所有过程数据，为人们的分析和决策提供准确的依据。在数据的规模上，大数据技术可以通过视频监控数据每天获取几十G字节的规模数据量，并通过云计算平台进行大规模的数据处理；在数据的处理速度上，要求在有限的时间内处理大量的数据，这就需要在数据的存储平台和管理平台进行技术上的提升；在数据的多样性上，不仅体现在数据形式上包括结构化数据（数据库中的数据）、半结构化数据（文本格式的数据）和非结构化数据（视频、图像、音频等多媒体数据），还包括多种不同数据来源的信息融合。[③] 正因为大数据的这些特点，大数据技术在各个领域都有着广阔的应用前景，如医疗、电子商务、金融、社交网站、教育等，在可以预见的未来，大数据也将继续发挥其强大力量。

2. 教育大数据

目前，全球已进入一场数据资产的争夺战，各国都非常重视推进大数据战略布局并大力发展大数据产业，如美国在2009年就开始实施"教育信息系统计划"（Relevant Information To Strengthen Education，RISE），大力收集学校教师、学生的所有信息，为学校改进教学工作提供有力的数据分析。教育大数据也不断引起人们的重视，成为基础教育、高等教育、职业教育领域的不可或缺的重要信息。

教育大数据，指教育领域的大数据。根据教育教学活动的各项内

---

① 国务院：《国务院关于印发促进大数据发展行动纲要的通知》，2015年，http：//www.gov.cn/zhengce/content/2015－09/05/content_10137.htm，2020年11月3日。

② 杨现民、田雪松：《互联网＋教育：中国基础教育大数据》，电子工业出版社2016年版，第29页。

③ 郑志明、缪绍日、荆丽丽等编著：《金融数据挖掘与分析》，机械工业出版社2015年版，第21页。

容不同，可将教育大数据分为六类：基础数据、教学数据、科研数据、管理数据、服务数据和舆情数据。其中，基础数据主要是由人口统计变量代表的各种数据信息。教学数据是指在教育教学过程中设计的数据。科研数据包括各种教育教学实验和科研项目的数据。管理数据包括各种教育管理系统记录的数据，如学生注册信息、档案数据和各种统计数据。服务数据包括记录在教育教学服务系统中的各类数据，如各类师生生活服务、图书档案服务等。舆情数据包括开放媒体中各类教育相关数据，如教育新闻数据、微博等社交网络关系系统中的教育数据。① 总之，教育大数据的来源广泛，其广泛应用可以为政府的科学决策、学校教育质量的提升、教学效果的最优等提供有力的支撑。

另外，与传统教育数据相比，教育大数据还有其不可比拟的优越性。首先，教育大数据采集的数据具有更强的实时性。以往的数据采集主要是阶段性的数据，计算、分析手段简单，而在大数据时代，多种技术手段的支撑可以持续、实时地采集多种过程性数据。其次，教育大数据的应用具有更高的创造性和普遍性。目前，我国已初步建立起学校、教师、学生三大基础数据库，"一人一号"、"一校一码"等使得每个教师和学生都有了自己的电子档案，有效整合了我国的数据教育资源，通过对这些数据资源的有效监控，可以发现并解决我国教育领域中的诸多难题，为未来教育的发展提供无限可能。

（二）教育大数据的技术支撑②

从教育数据的采集、处理到分析阶段，都离不开关键技术的支撑，如在数据采集阶段，需要用到物联网感知技术、视频监控技术、智能录播技术、移动 APP 技术、在线学习与管理平台技术等；在数据处理环节，需要通过 Hadoop 技术、内存计算、混合计算等满足数据处理的新需求；在数据分析环节，需要用数据挖掘和分析计划帮助管理者提供科学的管理决策。在本书中，主要介绍三项大数据涉及的

---

① 孙洪涛、郑勤华：《教育大数据的核心技术、应用现状与发展趋势》，《远程教育杂志》2016 年第 5 期。

② 杨现民、田雪松：《互联网＋教育：中国基础教育大数据》，电子工业出版社 2016年版，第 51、53 页。

关键技术：数据挖掘、学习分析和可视化。

1. 教育数据挖掘

EDM2008 会议论文集在其前言中对"教育数据挖掘"的描述是："教育数据挖掘是将各种教育系统的原始数据转换为有用信息，供教师、学生、家长、教育研究人员和教育软件系统开发人员使用的过程。"[①] 因此，教育数据挖掘就是指通过各种技术将教育系统中有意义的数据进行提取的过程。通过教育数据挖掘，可向学习者提供个性化的学习方案，帮助教师监测学生的学习进度和水平，以更好地调整和改进教学策略。目前，常用的数据挖掘分析方法有很多，包括统计分析与可视化、聚类、预测（决策树、回归分析、时序分析）、关系挖掘（关联规则挖掘、序列模式挖掘、社会网络分析）和文本挖掘。[②] 常用的数据挖掘工具也可分为通用类、网络分析类、内容分析类、行为分析类和综合平台类。具体如表 3－1 所示。

表 3－1 **教育数据挖掘与分析常用工具**[③]

工具类别	工具名称	简介
通用类	WEKA	怀卡托智能分析环境：支持对数据进行预处理、分类、回归、聚类、关联规则以及在新的交互式界面上的可视化
	SPSS	统计产品与服务解决方案：统计学分析运算、数据挖掘、预测分析和决策支持任务的软件产品
	Rapidminer	免费提供数据挖掘技术库，数据挖掘过程简单，强大和直观

① Ryan Shaun Joazeiro De Baker, Tiffany Barnes, Joseph E Beck（Eds.）. The l st International Conference On Educational Data Mining Proceedings［DB/OL］. http：//www. Educational dacamining. org/EDM2008/index. Php? page ＝ proceedings，2017－07－27.

② 葛道凯、张少刚、魏顺平：《教育数据挖掘：方法与应用》，教育科学出版社 2012 年版，第 15 页。

③ 杨现民、田雪松：《互联网＋教育：中国基础教育大数据》，电子工业出版社 2016 年版，第 52、53 页。

续表

工具类别	工具名称	简介
网络分析类	UCINET	社会网络数据和其他相似性数据的综合性分析程序
	Pajek	大型复杂网络分析工具,是用于研究目前所存在的各种复杂非线性网络的有力工具
	Multinet	适于分析大型和稀疏网络数据
	STOCNET	适用于社会网络的高级统计分析
	VISONE	可视化社会网络分析软件
	Gephi	基于 JVM 的复杂网络分析软件,其主要用于各种网络和复杂系统,动态和分层图的交互可视化与探测开源工具
	JUNG	用 Java 来建模、分析和做可视化图表的框架
	NodeXL	直接从 Twitter、YouTube、Flickr 和电子邮件导入社交网络
	Cohere	能将同一主题下的用户及相互关系以社会网络关系图做可视化展示并进行分析
	Tanagra	使用图形界面的开源数据挖掘软件
	GgoBi	绘制交互的、动态的可视化图形
	ORANGE	专业函数绘图软件,包括统计、信号处理、图像处理、峰值分析和曲线拟合等各种完善的数学分析功能
	NLTK	对自然语言进行词频分析、分词处理、词性标注、句法分析
	CATPAC	文本分析软件
	Nvivo	支持定性研究方法和混合研究方法的软件
	Atlasti	质性研究软件,对大容量文本、图像、音频和视频数据进行定性分析
	LOCO – Analyst	记录学生的学习轨迹、平台资源使用、学习活动、参与课程、在线学习社区中学生之间的互动
	OpenMentor	对学习反馈信息的质量进行分析、可视化和比较

工具类别	工具名称	简介
行为分析类	Enquiry Blogger	收集学生数据并以蛛网形式展现
	GSEQ	分析各种在线行为的序列模式
	ELLIment	记录教师的所有指导意见及学习者的反思
	Google Analytics	对目标网站进行访问数据统计和分析，并提供多种参数供网站拥有者使用
	Mixpanel	实时监测学习者访问记录，记录、分析学习者的特征
	Mzinga	确定学习者在网络学习中的参与程度
综合平台类	Mineset	集成多种数据挖掘算法和可视化工具，帮助用户直观地、实时地发掘、理解大量数据背后的知识
	DBminer	把关系数据库和数据开采集成在一起，以面向属性的多级概念为基础发现各种知识
	PyMining	针对中文文本的数据挖掘算法的实验与应用
	KNIME	基于 Eclipse 平台开发，模块化的数据挖掘系统
	Socrato	在线学习评估平台，记录、跟踪学习者个体学习轨迹

2. 学习分析技术

学习分析（Learning Analytics）是自 2013 年被美国新媒体联盟（New Media Consortium，NMC）发布的"地平线报告"提及后在教育技术领域中的新热点名词。学习分析是指运用先进的分析方法和工具对数据背后隐藏的信息进行发现、理解并有效运用，是预测学习结果、诊断学习问题、优化学习效果的一种分析。在学习分析技术中，可以通过准确的学习分析实现自适应学习，使学习者都能在各自认知水平基础上获得知识、能力的发展。

学习分析技术的核心是针对学习者、学习情境信息等内容进行建模，通过反映学习过程信息的数据如交互文本、音视频和系统日志等，利用参与分析法、社交网络分析法、内容分析法等自动交互文本分析技术，获取学习者参与度、社交网络、学习内容、师生课堂行为、学习情况、学习资源利用等内容。学习分析技术可以为教师进行教学决策和优化教学提供有效的支持，为学生的自主学习和自我评价提供有效的数据支持，为教育研究者设计个性化学习和提高研究效益提供数据参考。[①] 如表 3-2 所示。

表 3-2   **学习分析常用工具**[②]

学习分析 类型	工具	描述
学习 网络分析	Mzinga	商业工具、社会性媒体交互分析工具，可以发现网络中活跃程度高、影响力大的用户
	SNAPP	可以从学习管理系统的论坛中提取数据进行分析
	Gephi	基于 JVM 的复杂网络分析软件，其主要用于各种网络和复杂系统，动态和分层图的交互可视化与探测开源工具
学习 对话分析	Cohere	能将同一主题下的用户及相互关系以社会网络关系图可视化展示并进行分析
	WMarix	基于语料库的文本分析工具，可以通过浏览器对英语文本进行在线分析
学习 内容分析	Nvivo	支持定性研究方法和混合研究方法的软件
	Atlasti	质性研究软件，对大容量文本、图像、音频和视频数据进行定性分析
	Google 图片搜索	支持图片内容识别，并进行互联网搜索
学习 气质分析	ELLIment	记录教师的所有指导意见及学习者的反思
	Enquiry Blogger	收集学生数据并以蛛网形式展现

---

① 陈金华：《智慧学习环境构建》，国防工业出版社 2013 年版，第 51 页。
② 陈金华：《智慧学习环境构建》，国防工业出版社 2013 年版，第 51 页。

3. 数据可视化技术

可视化（Visualization）早在 1987 年就被提出，开始主要运用在计算机领域，在 0 和 1 的二元世界，可视化可以将数据转换成图形或图像在荧屏中呈现。数据可视化技术（Data Visualization Technology）指利用数字技术，把数据转换成图形、图像、图表等可视性信息在屏幕中显示出来，并进行交互处理的技术。近年来，数据可视化技术正越来越得到重视，并广泛应用在商业智能分析、统计、数据分析、数据挖掘等领域中。通过可视化技术，人们可以看到数据背后隐含的内容，可以帮助人们理解复杂现象，诠释复杂数据。

随着数据可视化技术的不断发展，数据可视化技术呈现出以下特点：第一，可视化。可视化技术直观地呈现数据，以便用户能够看到复杂属性或变量之间的关系，并且可以根据数据在每个维度中的值对数据进行分类、排序、组合和显示。第二，相关性。可视化技术可以挖掘和突出数据之间的相关性，帮助用户理解各种属性和事件之间的关系。第三，美观化。数据可视化技术需要通过不同的表现形式来增强数据呈现的艺术效果，符合审美规律。第四，交互性。通过用户与数据的交互，增强对用户数据的控制和管理，实现个性化呈现的可视化形式。[①]

在传统的数据可视化工具中，仅仅是对数据的简单组合，通过不同的展现方式提供给用户，以此发现数据之间的关联信息。在大数据时代，可视化技术有了更大的进步，许多数据可视化工具应运而生，如表 3 - 3 所示。

表 3 - 3　　　　　　　　　　　**数据可视化工具**

可视化工具	描述
Visual Eyes	在线可视化编辑工具，可交互性、可视化地呈现随时空变化的内容
Google Trends	一款基于搜索日志分析的应用产品

---

① 张金磊等：《数据可视化技术在教学中的应用探究》，《现代远程教育研究》2013 年第 6 期。

可视化工具	描述
Many Eyes	集合可视化工具的在线社区，允许用户利用网站当前已有的数据集来创建交互式的可视化作品
Mirador	元数据的可视化工具
Plotly	在线数据分析制图工具
Dimple	可开发三维效果
Gephi	基于 JVM 的复杂网络分析软件，其主要用于各种网络和复杂系统，动态和分层图的交互可视化与探测开源工具

（三）教育大数据推动教师个性化培训

在之前我国教育改革的不断进程中，各级各类学校虽然有了一定程度的改观，多种新型学习模式如探究式学习、协作学习、项目式学习等逐渐被重视，但整体而言，以教师为中心的授课模式仍未得到彻底改变，信息技术的发展也没有真正变革教育现状。而随着大数据时代的到来，传统人才培养模式将发生改变，个性化教育将成为现实。对教师培训而言，教育大数据也将推动个性化教师培训。

在传统的教师培训模式中，教学方法陈旧、方式单一，灌输式的培训使教师成为知识的被动接受者，主体性被忽视。由于教师数量多，培训资源少，培训的内容也不是教师自行选择的，而教育大数据则可以帮助破解教师培训中的这一难题。在教师培训的前期，可通过网络平台搜集教师个人信息、教师个人培训需求、教师培训意愿等数据，通过对此数据的整合了解教师培训需求并制作相应的课程。教师可以根据自身培训需求选择感兴趣的课程以实现个性化培训。在教师培训期间，在线学习平台可以通过数据挖掘和分析技术，采集教师的学习行为数据，并进行智能分析，依据教师的学习习惯、学习兴趣和学习偏好推送适合的学习资源，并进行个性化的学习评价，给教师的专业发展提出适切的建议。大数据技术使得学习平台可以精细记录教师的学习行为，准确记录教师学习资源的使用细节，如教师何时点击的课程、停留了多长时间、重复访问的页面有哪些、答对了多少题等信息。通过这些信息数据，一方面，可以预测教师的兴趣点，能够针对参训教师的需求为其提供更有针对性的学习资源，满足不同参训教师的需求，从而真正实现个性化学习。另一方面，大数据可以对学习资源质量进行精准分析，进而优化教师培训资源的设计与开发，以更好地为个性化教师培训服务。

目前，教育大数据的应用案例虽在个性化教师培训方面还不多见，但在学生的个性化学习应用上已有了很多成功的案例，如浙江省城关一中"玉环e学堂"自主学习平台的使用（案例1）、深圳第二实验学校的在线网络平台的建立（案例2）等，这些成功的案例进一步说明了通过教育大数据实现个性化学习的可能，也为个性化教师培训提供了有益的借鉴。

案例1：浙江省城关一中"玉环e学堂"自主学习平台①

"玉环e学堂"是一个基于大数据的学习分析系统，主要是通过多种渠道、多种平台进行大数据采集和挖掘，然后分析学生的学习，描述学生的整体学习条件，通过自主学习平台和自适应学习评价支持系统，设计和实施线上线下的混合性学习，最终开启校本的个性化智能学习时代。"玉环e学堂"主要由德育行为平台、学习分析平台、自主学习平台、适应性评估系统、社区情商学习工具等组成。

舒兰兰（音译）是八年级的一名学生，在进入初中二年级之前，她是一个勤奋好学、成绩优异的学生。然而，在进入初中二年级后，班主任通过德育管理平台发现她异于常态，上课迟到、注意力不集中。通过本平台的学习分析系统，进一步了解到她的成绩有明显的退步，从知识点的雷达图上可以看出她对所有学科知识点的掌握有明显的偏差。这些变化班主任老师都看在眼里，通过与舒兰兰的面对面交流，了解了她成绩下降的主要原因。原来，对于舒兰兰来说，学校的家庭作业太多了，她每天放学后都

---

① 管红增：《建构大数据 实现个性化学习——玉环县城关一中学习分析系统建设案例》，《中国教育信息化》2015年第9期。

要学习到很晚。由于家庭原因，遇到不懂的问题找不到人请教，也不知道如何巩固知识点。因为学习的困惑，不知道如何解决，所以她失去了学习的动力和方向。班主任和任课教师通过学习分析系统，对舒兰兰的知识体系架构进行了详细的分析，利用城关一中的"玉环 e 学堂"的自主学习平台探索了舒兰兰的学习弱项，并为她制订了个性化的自主学习计划。通过课前学习计划、微课、自测练习、课堂答疑、个性化作业、资源推送等学习方式给予她全面的学习指导。经过一段时间的线上线下混合型学习后，兰兰同学终于寻找到适合自己的学习方法，成绩也有了明显的提升。

案例 2：深圳第二实验学校的在线网络平台的建立[①]

深圳第二实验学校坚持创建适合每个学生发展的教育，注重教育信息化对学生个性化成长的重要作用，是全国第一批教育信息化试点单位。目前，学校已完成了基础支撑平台和业务系统的建设，正由数字化校园向智慧校园转型。学校网络平台的重点是在应用系统形成的大数据基础上进行深度挖掘，更多地体现教育服务的个性化、智能化和人性化。在借助互联网平台的基础上，强调数据的应用以克服学校班级教育的不足，关注到每个学生，能够给予每个学生最及时的反馈、最有效的指导、最个性的服务，让每个学生都能得到最充分的发展。学校在线网络平台的主要特色在于：

5A 特色的数据：学校开发了应用系统的移动端 APP，计算机端及各种平板、智能手机均可支持，并已成为数据源的主要渠道。每个学生无论在何时何地通过任何方式所做的任何事情都有记录，呈现 5A（anybody、anytime、anywhere、anyway、anything）特色。

个性集成的桌面：借鉴美国 clever 的应用集成平台，学校整合了各应用系统业务形成云桌面系统，实现业务颗粒化，为用户提供统一界面来源的一体化服务窗口。老师、学生、家长各有不同的业务 APP，实现了良好的用户体验。

---

① 周伟涛：《教学信息化应用的基层样本》，《中国教育报》2015 年 7 月。

多元立体的记录：数据多源化，包括师生、家长的各方面数据。学生数据主要包括学习、活动、社团、竞赛等记录，它们能够反映学生的知识储备、综合素质、兴趣爱好、情感态度和进步情况等，自动生成全面、立体、动态的成长记录。

三 物联网助力个性化教师培训迈向互动

（一）物联网

1. 物联网的含义

物联网（Internet of Things，也被称为 Web of Things）的概念是在 1999 年提出的。物联网是物物相连的互联网，它的核心和基础仍然是互联网，它是互联网的延伸和扩展。按照国际电信联盟（ITU）的定义，物联网主要是指物与物（T2T）、人与物（H2T）、人与人（H2H）之间的互联。[①] 因此，物联网的客户端可以扩展到对象之间的任何东西。物联网被广泛应用于各个领域，也被称为继计算机和互联网之后世界信息产业发展的第三次浪潮。与传统意义上的互联网相比，物联网具有明显的特点：

（1）物联网使用了广泛的感知技术。物联网通过不同类型的传感器进行部署，每一种传感器都以不同的内容和格式捕获信息作为信息源。此外，传感器获取的数据具有很强的时效性，根据一定的频率周期采集环境信息，实现数据的实时更新。

（2）物联网是建立在互联网上的泛在网络。虽然物联网不同于互联网，但物联网技术的基础和核心仍然是互联网，它通过各种有线和无线网络与互联网相结合，实时、准确地传输物体信息。

（3）物联网本身具有智能处理能力，能够对物体进行智能控制。将传感器与智能处理相结合，利用云计算、模式识别等多种智能技术，拓展物联网应用领域。从传感器获取的海量信息中分析、加工和处理有意义的数据，以适应不同用户的不同需求，发现新的应用领域和应用模式。

---

① 360 百科：《物联网》，2013 年，https：//baike. so. com/doc/5327834-5563006. html，2020 年 11 月 17 日。

2. 物联网的发展史①

物联网的实践可以追溯到 1990 年施乐公司的联网可乐机。在 1995 年出版的《未来之路》一书中，比尔·盖茨畅想了微软乃至整个科技行业的未来走向，这不仅是一个预言，更是人类的梦想。"虽然这些预测现在看起来不太可能，甚至荒谬，但我可以向你保证，这是一本严肃的书，不是一个笑话，十年后，我的观点将得到证实。"他写道。比尔·盖茨在书中提到了"物联网"的构想，即互联网只连接计算机，而不是一切。但是，由于当时网络终端技术的限制，这个想法无法实现。

1999 年在美国召开的移动计算和网络国际会议上首先提出了物联网的概念，它是 MIT Auto－ID 中心的 Ashton 教授在研究 RFID 技术时最早提出来的，并给出了结合物品编码、RFID 技术和互联网技术的解决方案。基于互联网、射频识别技术、EPC 标准，在计算机互联网的基础上，使用无线电频率识别技术、无线数据通信技术等，构建一个共享全球商品信息实时共享的实物互联网（Internet of Things），即"物联网"，这也是 2003 年掀起第一轮物联网热潮的基础。

2005 年 11 月 17 日，国际电信联盟（ITU）在突尼斯举行的信息社会世界首脑会议上发表了《ITU 互联网报告 2005：物联网》，其中引用了"物联网"的概念。物联网的定义和范围发生了变化，覆盖范围进一步扩大，不再仅仅指基于 RFID 技术的物联网。

2008 年以后，为了促进科技发展，寻找新的经济增长点，各国政府开始关注下一代技术规划，重点关注物联网。在中国，2008 年 11 月在北京大学举行第二届"知识社会条件下的创新 2.0"中国移动电子政务会议提出移动通信技术、物联网技术代表了新一代信息技术的形成，并促进了经济和社会形式的变换，推动以用户体验为核心的知识社会 2.0 形式的下一代创新形态，形成以用户为中心的创新发展，注重以人为本。创新 2.0 形态的形成进一步推动了新一代信息技术的健康发展。

2009 年 1 月 28 日，奥巴马总统就职后，与美国商界领袖举行了一次"圆桌会议"。作为仅有的两名代表之一，IBM 首席执行官彭明

---

① 燕庆明：《物联网技术概论》，西安电子科技大学出版社 2012 年版，第 6 页。

盛提出了"智慧地球"的概念，并建议新政府投资新一代智能基础设施。当时，美国将新能源和物联网列为重振经济的两大重点。"智慧星球"战略与"信息高速公路"一样，被美国人视为振兴经济、确立竞争优势的关键战略。

2009年8月，温家宝访问无锡物联网研究所，倡导"感知中国"。随后，物联网被正式列为中国五大新兴战略产业之一，并被写入《政府报告》。物联网在中国受到了全社会的高度重视。物联网用途广泛，遍及智能交通、环境保护、政府工作、公共安全、平安家居、智能消防、工业监测、环境监测、路灯照明管控、景观照明管控、楼宇照明管控、广场照明管控、老人护理、个人健康、花卉栽培、水系监测、食品溯源、敌情侦查和情报搜集等多个领域。

2012年2月14日，工信部正式发布《物联网"十二五"发展规划》（以下简称《规划》）。"十二五"规划将重点培育10个产业集群和100家重点企业，形成以产业集群为载体、以重点企业为龙头，特色鲜明、品牌形象突出、服务平台完善的现代产业集群。《规划》指出将在九大重点领域开展应用示范工程，力争实现规模化应用，九大重点领域分别是智能工业、智能农业、智慧物流、智能交通、智能电网、智能环保、智能安防、智慧医疗、智能家居。物联网将是下一个推动世界高速发展的"重要生产力"。

总之，在物联网的发展过程中，物联网应用各种核心技术如无线电频率识别技术、智能嵌入技术和微型摄像头等应用于研发领域，使各种感知前端物件广泛植根于人们的生活和学习环境中。通过物联网，人们可以享受到各种智能便捷的服务，以更加精细和动态的方式学习和生活，达到"智慧"生活状态。物联网还具有高度的智能性，通过云计算平台，物联网可以实现对海量数据的分析和处理，并对目标物体或环境实施智能化的控制和管理。

（二）物联网的关键技术[①]

1. 传感器技术

传感器技术是计算机应用中的关键技术，也是信息时代信息获取

---

① 李田泽：《传感器技术设计与应用》，海洋出版社2015年版，第328页。

最重要和最基本的技术。在国家标准《传感器通用术语》（GB 7665—1987）中，对传感器的定义是："能感知指定的测量值并根据指定的规则将其转换为输出信号的器件或装置。"传感器的含义可以从广义和狭义上来理解。从广义上看，可以感知被测量的信息，并将信息转变成有用信息的装置都可称为传感器；从狭义上看，传感器指将各种非电量转化成电信号的部件。在物联网技术中，传感器技术主要是把物理量转变成电信号，实现物物相连。在传感器技术中心，网络传感器至关重要，只有通过它才能把物体的特征信号转变成可用的电信号，以使计算机进行信号识别和处理，使信息在网络上进行传播和控制。

2. RFID 标签

射频识别（RFID）是一种非接触式的自动识别技术，它可以自动识别目标对象，并通过传输射频信号获取相关数据。RFID 技术是射频技术与嵌入式技术的结合，在货物自动识别、物流管理等领域有着广阔的应用前景。在没有人工干预的情况下，可以将传统的对象转化为连接物联网的对象。例如，在大型的服装店，每件衣服都有一个 RFID 标签，在商店的出口处由一个识读器进行检测，以加强对商品的管理。这是零售行业简单的系统应用，而在复杂的供应链系统应用中，配备 RFID 系统的货架可以检测货物的进出，并自动更新库存清单。RFID 标签可以触发许多不同的操作，例如系统通知仓库人员清理货架、通知制造商货物已经收到、更新业务系统中的账户以及通过 Internet 连接进行电子数据交换。[①]

3. 嵌入式系统技术

嵌入式系统技术是集计算机软硬件、传感器技术、集成电路技术等技术于一体的复杂技术，在物联网的发展和普及中发挥着重要作用。经过多年的发展，以嵌入式系统为特色的智能终端产品已经融入人们生活的方方面面，小到人们身边的音乐播放器，大到航天航空的卫星系统。嵌入式系统正在改变人们的生活，促进各个领域的发展。

---

① 慈新新、王苏滨、王硕：《无线射频识别（RFID）系统技术与应用》，人民邮电出版社 2007 年版，第 9 页。

如果我们把物联网看作人体，传感器相当于人的眼睛、鼻子、皮肤等感官，网络就是传输信息的神经系统，嵌入式系统相当于人类的大脑，它需要对接收的信息进行分类处理。这个比喻可以描述传感器和嵌入式系统在物联网中的位置和功能。随着嵌入式系统处理能力和无线通信能力的增强，整个物联网也将会迈入一个无人干预、全自动化的智能处理新阶段。

（三）物联网助力个性化教师培训迈向成功

1. 物联网技术为个性化教师培训提供泛在学习环境

物联网技术将整个社会都紧密联系在一起，人们的日常工作、生活、学习等都会与物联网的各种应用联系在一起。在个性化教师培训中，物联网也将发挥重要作用，它可以为个性化教师培训提供泛在学习环境。所谓泛在学习，即任何人可以在任何时间、任何地点获取所需信息的一种学习方式。在泛在学习模式下，学习环境会更加人性化。通过对学习对象相关记录的综合分析，为学习对象提供个性化的支持服务，真正体现了"以生为本"的理念。[①] 在物联网时代，大多数移动设备都可以在网络的前提下实现智能网络操作。学习者可以使用终端设备随时随地接入网络，随时随地与任何人和资源进行连接。物联网技术可以通过传感器技术、移动通信技术、蓝牙技术等传感器前端设备，为学习者提供一个智能学习环境。例如，当学习者暂停或中断一项学习任务时，系统会自动记录并保存当前的学习进度，并在下次学习时提醒学习者避免因中断而造成的麻烦。

2. 物联网技术为个性化教师培训提供优质培训资源

在"互联网＋"背景下，学习者是一个无限扩充的群体。在教师培训方面，将不断有新教师参加培训。同一位教师在不同的专业发展阶段、不同的时间和地点也有不同的学习需求。为了满足教师群体的个性化需求，丰富的学习资源是实现教师个性化培训的基本保证。从广义上讲，物联网是一个无所不在、节点无限的分布式网络。物理空间中有大量的资源存储节点，信息之间可以通过数据库服务器、移动

---

① 赵海兰：《支持泛在学习（u‑Learning）环境的关键技术分析》，《中国电化教育》2007 年第 7 期。

存储设备、公共信息平台等实现无缝连接，形成一个无限大的智能物联网网络空间，为海量学习资源的存储提供了可能，也满足了个性化教师培训所需的培训资源需求。另外，在网络学习环境中的学习对象也可以通过资源的共享成为学习资源的提供者，以实现学习者之间的交流与互动。

3. 物联网技术为个性化教师培训提供学习服务与支持

物联网技术的广泛应用将使个性化教师培训更加智能化、人性化，为教师培训提供更多的学习支持与服务。物联网技术通过监测参与教师的学习行为、学习习惯、学习计划、学习课程和学习交互，对这些数据进行智能处理，并根据这些数据找出符合学习者学习的资源和材料，即提供个性化的学习服务。在一定的物联网技术支撑下，学习系统甚至可以通过感知学习者当前使用的移动终端的运行速率、网络宽带、屏幕大小等，提供最适合当前设备的学习资源。例如，在英语学习中，如果学习者处于安静的学习环境中，系统将为学习者提供阅读、写作等练习，并根据不同的学习设备自动转换可用的格式，以确保有效的学习。此外，物联网技术还可以对学习结果进行测试和评估，并针对学习中的问题提供帮助和指导，使人机交互更加方便和灵活。

第二节 "互联网＋"背景下个性化教师培训政策可行性分析

教师培训工作的顺利开展离不开特定时期国家政策的大力支持。长期以来，我国高度重视并大力支持教师培训工作，并先后出台了一系列政策，如 2011 年、2012 年和 2013 年先后颁布的《关于大力加强中小学教师培训工作的意见》、《关于深化教师教育改革的意见》、《关于深化中小学教师培训模式改革，全面提升培训质量的指导意见》。在"互联网＋"背景下，政府各项政策的支持也将为个性化教师培训工作指明方向，有利于推动教师培训工作的改革与发展。

一 《2019 年教育信息化和网络安全工作要点》

2019 年 2 月 27 日，教育部办公厅印发了《2019 年教育信息化和网络安全工作要点》的通知，该通知以习近平新时代中国特色社会主义思想为指导，深入贯彻落实党的十九大精神，全面落实全国教育大会、全国网络安全和信息化工作会议精神，围绕加快教育现代化、建设教育强国、办好人民满意的教育，以"育人为本、融合创新、系统推进、引领发展"为原则，坚持稳中求进工作总基调，深入落实《教育信息化"十三五"规划》和《教育信息化 2.0 行动计划》，实施好教育信息化"奋进之笔"，加快推动教育信息化转段升级，积极推进"互联网＋教育"，坚持高质量发展，以教育信息化支撑和引领教育现代化。

《2019 年教育信息化和网络安全工作要点》节选①

【重点任务】

（一）加强教育信息化和网络安全统筹部署

1. 做好教育信息化和网络安全统筹部署与协调

加强教育部网络安全和信息化领导小组的统筹领导，组织落实党中央国务院的重大决策部署，研究审议重大问题和重要政策文件，落实"一带一路"、"互联网＋"、大数据、云计算、人工智能、智慧城市、信息惠民、宽带中国、网络扶贫等重大战略的任务安排。

深入实施《教育信息化 2.0 行动计划》。召开 2019 年全国教育信息化工作会，研究部署年度重点工作。组织开展智能教育推进路径研究，编制《中国智能教育发展方案》。指导各地进一步完善教育信息化管理体制和发展机制，围绕重大问题组织开展专题调研，推动教育信息化融合创新发展。

---

① 教育部：《教育部办公厅关于印发〈2019 年教育信息化和网络安全工作要点〉的通知》，2013 年，http：//www. moe. gov. cn/srcsite/A16/s3342/201903/t20190312_ 373147. html，2020 年 11 月 21 日。

2. 规范教育信息化标准化管理

落实《教育部关于完善教育标准化工作的指导意见》，进一步规范教育信息化标准化工作，加强对教育部教育信息化技术标准委员会的管理和指导，组织制定教育信息化标准规划，有序推进教育信息化标准规范研制。

（二）全面开展数字资源服务普及行动

3. 完善国家数字教育资源公共服务体系

深入落实《教育部关于数字教育资源公共服务体系建设与应用的指导意见》，国家数字教育资源公共服务体系实现省级平台全接入，成立国家数字教育资源公共服务体系联盟，推动体系共建共治，探索体系协同服务的有效机制，提升服务能力和水平。不断完善体系系统功能和相关标准，推动国家体系试点走向深入应用阶段。

编制教育大资源共享计划。有序开展国家平台资源汇聚工作，新汇聚20个以上单位的资源应用。做好体系汇聚资源应用课题研究工作，促进体系建设和创新应用的落地。

4. 深化基础教育数字教育资源开发与应用

深入开展"一师一优课、一课一名师"活动，组织教师晒课100万堂，优先覆盖无部级优课节点，进一步提高资源的系列化程度。发挥教研员群体力量，总结凝练优课资源创新应用模式，深入推进资源的有效应用，优化搜索和导航服务，满足不同层次的学科教师应用资源开展教学的实际需求。地方各级教育部门组织广大中小学教师开展网络教研和优课应用。

5. 持续推进职业教育和高等教育资源建设

推动落实《教育部关于进一步推进职业教育信息化发展的指导意见》。组织开展2019年度职业教育专业教学资源库建设与应用，做好验收、立项和备选工作。开展职业院校数字资源应用共享项目和"职业岗位核心能力精品课"资源建设项目，汇聚一批职业院校和企业的优质数字教育资源，引导职业院校形成教育信息化应用模式。

深入落实《教育部关于加强高等学校在线开放课程建设应用

与管理的意见》，完成第二批800门国家精品在线开放课程的认定工作。加快推进示范性虚拟仿真实验教学项目建设。

6. 推进继续教育资源建设

进一步探索高等继续教育资源建设的新模式、新机制，积极发挥高等学校继续教育数字化学习资源开放与在线教育联盟作用，创新高校继续教育的培训模式，扩大高校优质教育资源覆盖面，积极服务学习型社会建设。

继续推动国家开放大学网络学习课程、通识课程、五分钟课程、全媒体数字教材建设，使上线的网络课程总量超过350门，完成1万个五分钟课程规划和建设，推进110门通识课程建设，启动100门大规模在线开放课程建设。

…… ……

（三）持续深化网络学习空间覆盖行动

7. 拓展网络学习空间应用广度与深度

深化网络学习空间覆盖行动，推动落实《教育部关于加强网络学习空间建设与应用的指导意见》、《网络学习空间建设与应用指南》，加快推进各地网络学习空间的普及应用。

开展2019年度全国网络学习空间应用普及活动，依托国家数字教育资源公共服务体系，组织师生开通实名制网络学习空间，数量新增1000万个，在基础教育、职业教育、高等教育和继续教育范围内遴选出40个网络学习空间应用优秀区域和200所优秀学校进行展示推广，推动逐步实现"一人一空间、人人用空间"。

继续与中国电信、中国移动合作开展中小学校长和骨干教师"网络学习空间人人通"专项培训，计划全年培训中小学校长2000人、骨干教师4000人。

二 《教师教育振兴行动计划（2018—2022年）》

2018年2月11日，教育部等五部门印发《教师教育振兴行动计划（2018—2022年）》的通知，指出应以习近平新时代中国特色社会主义思想为指导，全面学习贯彻党的十九大精神，紧紧围绕统筹推进"五位一体"总体布局和协调推进"四个全面"战略布局，坚持和加强党的全面领导，坚持以人民为中心的发展思想，坚持全面深化改革，牢固树立新发展理念，全面贯彻党的教育方针，坚持社会主义办学方向，落实立德树人根本任务，主动适应教育现代化对教师队伍的新要求，遵循教育规律和教师成长发展规律，立足当前，着眼长远，以提升教师教育质量为核心，以加强教师教育体系建设为支撑，以教师教育供给侧结构性改革为动力，推进教师教育创新、协调、绿色、开放、共享发展，从源头上加强教师队伍建设，着力培养造就党和人民满意的师德高尚、业务精湛、结构合理、充满活力的教师队伍。

《教师教育振兴行动计划（2018—2022年）》主要措施节选①

（一）师德养成教育全面推进行动。研制出台在教师培养培训中加强师德教育的文件和师德修养教师培训课程指导标准。将师德教育贯穿教师教育全过程，作为师范生培养和教师培训课程的必修模块。培育和践行社会主义核心价值观，引导教师全面落实到教育教学实践中。制定教师法治培训大纲，开展法治教育，提升教师法治素养和依法执教能力。在师范生和在职教师中广泛开展中华优秀传统文化教育，注重通过中华优秀传统文化涵养师德，通过经典诵读、开设专门课程、组织专题培训等形式，汲取文化精髓，传承中华师道。将教书育人楷模、一线优秀教师校长请进课堂，采取组织公益支教、志愿服务等方式，着力培育师范生的教师职业认同和社会责任感。借助新闻媒体平台，组织开展师范生"师德第一课"系列活动。每年利用教师节后一周时间开展"师德活动周"活动。发掘师德先进典型，弘扬当代教师风采，大力宣传阳光美丽、爱岗敬业、默默奉献的新时代优秀教师形象。

---

① 国务院：《教育部等五部门关于印发〈教师教育振兴行动计划（2018—2022年）〉的通知》，2018年，http://www.gov.cn/xinwen/2018－03/28/content_5278034.htm，2020年11月27日。

（二）教师培养层次提升行动。引导支持办好师范类本科专业，加大义务教育阶段学校本科层次教师培养力度。按照有关程序办法，增加一批教育硕士专业学位授权点。引导鼓励有关高校扩大教育硕士招生规模，对教师教育院校研究生推免指标予以统筹支持。支持探索普通高中、中等职业学校教师本科和教育硕士研究生阶段整体设计、分段考核、有机衔接的培养模式。适当增加教育博士专业学位授权点，引导鼓励有关高校扩大教育博士招生规模，面向基础教育、职业教育教师校长，完善教育博士选拔培养方案。办好一批幼儿师范高等专科学校和若干所幼儿师范学院。各地根据学前教育发展的实际需求，扩大专科以上层次幼儿园教师培养规模。支持师范院校扩大特殊教育专业招生规模，加大特殊教育领域教育硕士培养力度。

（三）乡村教师素质提高行动。各地要以集中连片特困地区县和国家级贫困县为重点，通过公费定向培养、到岗退费等多种方式，为乡村小学培养补充全科教师，为乡村初中培养补充"一专多能"教师，优先满足老少边穷岛等边远贫困地区教师补充需要。加大紧缺薄弱学科教师和民族地区双语教师培养力度。加强县区乡村教师专业发展支持服务体系建设，强化县级教师发展机构在培训乡村教师方面的作用。培训内容针对教育教学实际需要，注重新课标、新教材和教育观念、教学方法培训，赋予乡村教师更多选择权，提升乡村教师培训实效。推进乡村教师到城镇学校跟岗学习，鼓励引导师范生到乡村学校进行教育实践。"国培计划"集中支持中西部乡村教师校长培训。

（四）师范生生源质量改善行动。依法保障和提高教师的地位待遇，通过多种方式吸引优质生源报考师范专业。改进完善教育部直属师范大学师范生免费教育政策，将"免费师范生"改称为"公费师范生"，履约任教服务期调整为 6 年。推进地方积极开展师范生公费教育工作。积极推行初中毕业起点五年制专科层次幼儿园教师培养。部分办学条件好、教学质量高的高校师范专业实行提前批次录取。加大入校后二次选拔力度，鼓励设立面试考核环节，考察学生的综合素养和从教潜质，招收乐教、适教、善教的优秀学生就读师范专业。鼓励高水平综合性大学成立教师教育学院，设立师范类专业，招收学科知识扎实、专业能力突出、具有教育情怀的学生，重点培养教育硕士，适度培养教育博士。建立健全符合教育行业特点的教师招聘办法，畅通优秀师范毕业生就业渠道。

（五）"互联网＋教师教育"创新行动。充分利用云计算、大数据、虚拟现实、人工智能等新技术，推进教师教育信息化教学服务平台建设和应用，推动以自主、合作、探究为主要特征的教学方式变革。启动实施教师教育在线开放课程建设计划，遴选认定200门教师教育国家精品在线开放课程，推动在线开放课程广泛应用共享。实施新一周期中小学教师信息技术应用能力提升工程，引领带动中小学教师校长将现代信息技术有效运用于教育教学和学校管理。研究制定师范生信息技术应用能力标准，提高师范生信息素养和信息化教学能力。依托全国教师管理信息系统，加强在职教师培训信息化管理，建设教师专业发展"学分银行"。

三 《教育信息化2.0行动计划》

2018年4月13日，教育部印发《教育信息化2.0行动计划》的通知，指出教育信息化2.0行动计划是顺应智能环境下教育发展的必然选择。教育信息化2.0行动计划是推进"互联网＋教育"的具体实施计划。人工智能、大数据、区块链等技术迅猛发展，将深刻改变人才需求和教育形态。智能环境不仅改变了教与学的方式，而且已经开始深入影响到教育的理念、文化和生态。主要发达国家均已意识到新形势下教育变革势在必行，从国家层面发布教育创新战略，设计教育改革发展蓝图，积极探索新模式、开发新产品、推进新技术支持下的教育教学创新。我国已发布的《新一代人工智能发展规划》，强调发展智能教育，主动应对新技术浪潮带来的新机遇和新挑战。

《教育信息化 2.0 行动计划》实施行动节选①

（一）数字资源服务普及行动

建成国家教育资源公共服务体系，国家枢纽和国家教育资源公共服务平台、32 个省级体系全部连通，数字教育资源实现开放共享，教育大资源开发利用机制全面形成。

完善数字教育资源公共服务体系。建成互联互通、开放灵活、多级分布、覆盖全国、共治共享、协同服务的国家数字教育资源公共服务体系，国家枢纽连通国家教育资源公共服务平台和所有省级体系。建立国家数字教育资源公共服务体系联盟，发布系列技术和功能标准规范，探索资源共享新机制，提升数字教育资源服务供给能力，有效支撑学校和师生开展信息化教学应用。

优化"平台＋教育"服务模式与能力。依托国家数字教育资源公共服务体系，初步形成覆盖全国的数字教育资源版权保护和共享交易机制，利用平台模式实现资源众筹众创，改变数字教育资源自产自销的传统模式，解决资源供需瓶颈问题。完善优课服务，发挥"一师一优课、一课一名师"示范引领作用，形成覆盖基础教育阶段所有学段、学科的生成性资源体系。升级职业教育专业教学资源库建设，丰富职业教育学习资源系统。提升慕课服务，汇聚高校、企业等各方力量，提供精品大规模在线开放课程，达成优质的个性化学习体验，满足学习者、教学者和管理者的个性化需求。

实施教育大资源共享计划。拓展完善国家数字教育资源公共服务体系，推进开放资源汇聚共享，打破教育资源开发利用的传统壁垒，利用大数据技术采集、汇聚互联网上丰富的教学、科研、文化资源，为各级各类学校和全体学习者提供海量、适切的学习资源服务，实现从"专用资源服务"向"大资源服务"的转变。

---

① 教育部：《教育部关于印发〈教育信息化 2.0 行动计划〉的通知》，2018 年，http：//www.moe.gov.cn/srcsite/A16/s3342/201804/t20180425_334188.html，2020 年 12 月 1 日。

（二）网络学习空间覆盖行动

规范网络学习空间建设与应用，保障全体教师和适龄学生"人人有空间"，开展校长领导力和教师应用力培训，普及推广网络学习空间应用，实现"人人用空间"。

引领推动网络学习空间建设与应用。制定网络学习空间建设与应用规范，明确网络学习空间的定义与内涵、目标与流程、功能与管理。印发加快推进"网络学习空间人人通"的指导意见，推动各地网络学习空间的普及应用。

持续推进"网络学习空间人人通"专项培训。继续开展职业院校和中小学校长、骨干教师的"网络学习空间人人通"专项培训，在中国移动、中国电信、中国联通的支持下，培训1万名中小学校长、2万名中小学教师、3000名职业院校校长、6000名职业院校教师，并带动地方开展更大范围的培训。

开展网络学习空间应用普及活动。依托国家数字教育资源公共服务体系，组织广大师生开通实名制网络学习空间，促进网络学习空间与物理学习空间的融合互动。开展空间应用优秀区域、优秀学校的展示推广活动，推进网络学习空间在网络教学、资源共享、教育管理、综合素质评价等方面的应用，实现网络学习空间应用从"三个率先"向全面普及发展，推动实现"一人一空间"，使网络学习空间真正成为广大师生利用信息技术开展教与学活动的主阵地。

建设国家学分银行和终身电子学习档案。加快推进国家学分银行建设，推动基础教育、职业教育、高等教育、继续教育机构逐步实行统一的学分制，加快实现各级各类教育纵向衔接、横向互通，为每一位学习者提供能够记录、存储学习经历和成果的个人学习账号，建立个人终身电子学习档案，对学习者的各类学习成果进行统一的认证与核算，使其在各个阶段通过各种途径获得的学分可以得到积累或转换。被认定的学分，按照一定的标准和程序可累计作为获取学历证书、职业资格证书或培训证书的凭证。

…… ……

（八）信息素养全面提升行动

大力提升教师信息素养。贯彻落实《中共中央国务院关于全面深化新时代教师队伍建设改革的意见》，推动教师主动适应信息化、人工智能等新技术变革，积极有效开展教育教学。启动"人工智能＋教师队伍建设行动"，推动人工智能支持教师治理、教师教育、教育教学、精准扶贫的新路径，推动教师更新观念、重塑角色、提升素养、增强能力。创新师范生培养方案，完善师范教育课程体系，加强师范生信息素养培育和信息化教学能力培养。实施新周期中小学教师信息技术应用能力提升工程，以学校信息化教育教学改革发展引领教师信息技术应用能力提升培训，通过示范性培训项目带动各地因地制宜开展教师信息化全员培训，加强精准测评，提高培训实效性。继续开展职业院校、高等学校教师信息化教学能力提升培训。深入开展校长信息化领导力培训，全面提升各级各类学校管理者信息素养。

四 《关于积极推进"互联网＋"行动的指导意见》

2015 年 6 月 24 日，国务院总理李克强主持召开了国务院常务会议，部署推进"互联网＋"行动，促进形成经济发展新动能，根据《政府工作报告》的要求，会议通过《"互联网＋"行动指导意见》，明确了推进"互联网＋"，促进创业创新、协同制造、现代农业、智慧能源、普惠金融、公共服务、高效物流、电子商务、便捷交通、绿色生态、人工智能等若干能形成新产业模式的重点领域发展目标，并确定了相关支持措施。一是清理阻碍"互联网＋"发展的不合理制度政策，放宽融合性产品和服务市场准入，促进创业创新，让产业融合发展拥有广阔空间。二是实施支撑保障"互联网＋"的新硬件工程，加强新一代信息基础设施建设，加快核心芯片、高端服务器等研发和云计算、大数据等应用。三是搭建"互联网＋"开放共享平台，加强公共服务，开展政务等公共数据开放利用试点，鼓励国家创新平台向企业特别是中小企业在线开放。四是适应"互联网＋"特点，加大政府部门采购云计算服务力度，创新信贷产品和服务，开展股权众筹等试点，支持互联网企业上市。五是注重安全规范，加强风险监测，完善市场监管和社会管理，保障网络和信息安全，保护公平竞争。用"互联网＋"助推经济保持中高速增长，迈向中高端水平。

《关于积极推进"互联网＋"行动的指导意见》（节选）①

（一）夯实发展基础

1. 巩固网络基础。加快实施"宽带中国"战略，组织实施国家新一代信息基础设施建设工程，推进宽带网络光纤化改造，加快提升移动通信网络服务能力，促进网间互联互通，大幅提高网络访问速率，有效降低网络资费，完善电信普遍服务补偿机制，支持农村及偏远地区宽带建设和运行维护，使互联网下沉为各行业、各领域、各区域都能使用，人、机、物泛在互联的基础设施。增强北斗卫星全球服务能力，构建天地一体化互联网络。加快下一代互联网商用部署，加强互联网协议第6版（IPv6）地址管理、标识管理与解析，构建未来网络创新试验平台。研究工业互联网网络架构体系，构建开放式国家创新试验验证平台。（发展改革委、工业和信息化部、财政部、国资委、网信办等负责）

2. 强化应用基础。适应重点行业融合创新发展需求，完善无线传感网、行业云及大数据平台等新型应用基础设施。实施云计算工程，大力提升公共云服务能力，引导行业信息化应用向云计算平台迁移，加快内容分发网络建设，优化数据中心布局。加强物联网网络架构研究，组织开展国家物联网重大应用示范，鼓励具备条件的企业建设跨行业物联网运营和支撑平台。（发展改革委、工业和信息化部等负责）

…… ……

（三）营造宽松环境

1. 构建开放包容环境。贯彻落实《中共中央国务院关于深化体制机制改革加快实施创新驱动发展战略的若干意见》，放宽

---

① 教育部：《国务院关于积极推进"互联网＋"行动的指导意见》，2015年，http：//www.moe.gov.cn/jyb_xxgk/moe_1777/moe_1778/201507/t20150706_192586.html，2020年12月3日。

融合性产品和服务的市场准入限制，制定实施各行业互联网准入负面清单，允许各类主体依法平等进入未纳入负面清单管理的领域。破除行业壁垒，推动各行业、各领域在技术、标准、监管等方面充分对接，最大限度减少事前准入限制，加强事中事后监管。继续深化电信体制改革，有序开放电信市场，加快民营资本进入基础电信业务。加快深化商事制度改革，推进投资贸易便利化。（发展改革委、网信办、教育部、科技部、工业和信息化部、民政部、商务部、卫生计生委、工商总局、质检总局等负责）

2. 完善信用支撑体系。加快社会征信体系建设，推进各类信用信息平台无缝对接，打破信息孤岛。加强信用记录、风险预警、违法失信行为等信息资源在线披露和共享，为经营者提供信用信息查询、企业网上身份认证等服务。充分利用互联网积累的信用数据，对现有征信体系和评测体系进行补充和完善，为经济调节、市场监管、社会管理和公共服务提供有力支撑。（发展改革委、人民银行、工商总局、质检总局、网信办等负责）

3. 推动数据资源开放。研究出台国家大数据战略，显著提升国家大数据掌控能力。建立国家政府信息开放统一平台和基础数据资源库，开展公共数据开放利用改革试点，出台政府机构数据开放管理规定。按照重要性和敏感程度分级分类，推进政府和公共信息资源开放共享，支持公众和小微企业充分挖掘信息资源的商业价值，促进互联网应用创新。（发展改革委、工业和信息化部、国务院办公厅、网信办等负责）

4. 加强法律法规建设。针对互联网与各行业融合发展的新特点，加快"互联网＋"相关立法工作，研究调整完善不适应"互联网＋"发展和管理的现行法规及政策规定。落实加强网络信息保护和信息公开有关规定，加快推动制定网络安全、电子商务、个人信息保护、互联网信息服务管理等法律法规。完善反垄断法配套规则，进一步加大反垄断法执行力度，严格查处信息领域企业垄断行为，营造互联网公平竞争环境。（法制办、网信办、发展改革委、工业和信息化部、公安部、安全部、商务部、工商总局等负责）

    ……　……

（六）加强引导支持

1. 实施重大工程包。选择重点领域，加大中央预算内资金投入力度，引导更多社会资本进入，分步骤组织实施"互联网＋"重大工程，重点促进以移动互联网、云计算、大数据、物联网为代表的新一代信息技术与制造、能源、服务、农业等领域的融合创新，发展壮大新兴业态，打造新的产业增长点。（发展改革委牵头）

2. 加大财税支持。充分发挥国家科技计划作用，积极投向符合条件的"互联网＋"融合创新关键技术研发及应用示范。统筹利用现有财政专项资金，支持"互联网＋"相关平台建设和应用示范等。加大政府部门采购云计算服务的力度，探索基于云计算的政务信息化建设运营新机制。鼓励地方政府创新风险补偿机制，探索"互联网＋"发展的新模式。（财政部、税务总局、发展改革委、科技部、网信办等负责）

3. 完善融资服务。积极发挥天使投资、风险投资基金等对"互联网＋"的投资引领作用。开展股权众筹等互联网金融创新试点，支持小微企业发展。支持国家出资设立的有关基金投向"互联网＋"，鼓励社会资本加大对相关创新型企业的投资。积极发展知识产权质押融资、信用保险保单融资增信等服务，鼓励通过债券融资方式支持"互联网＋"发展，支持符合条件的"互联网＋"企业发行公司债券。开展产融结合创新试点，探索股权和债权相结合的融资服务。降低创新型、成长型互联网企业的上市准入门槛，结合证券法修订和股票发行注册制改革，支持处于特定成长阶段、发展前景好但尚未盈利的互联网企业在创业板上市。推动银行业金融机构创新信贷产品与金融服务，加大贷款投放力度。鼓励开发性金融机构为"互联网＋"重点项目建设提供有效融资支持。（人民银行、发展改革委、银监会、证监会、保监会、网信办、开发银行等负责）

（七）做好组织实施

1. 加强组织领导。建立"互联网＋"行动实施部际联席会议制度，统筹协调解决重大问题，切实推动行动的贯彻落实。联席会议设办公室，负责具体工作的组织推进。建立跨领域、跨行业的"互联网＋"行动专家咨询委员会，为政府决策提供重要支

撑。(发展改革委牵头)

2. 开展试点示范。鼓励开展"互联网＋"试点示范,推进"互联网＋"区域化、链条化发展。支持全面创新改革试验区、中关村等国家自主创新示范区、国家现代农业示范区先行先试,积极开展"互联网＋"创新政策试点,破除新兴产业行业准入、数据开放、市场监管等方面政策障碍,研究适应新兴业态特点的税收、保险政策,打造"互联网＋"生态体系。(各部门、各地方政府负责)

3. 有序推进实施。各地区、各部门要主动作为,完善服务,加强引导,以动态发展的眼光看待"互联网＋",在实践中大胆探索拓展,相互借鉴"互联网＋"融合应用成功经验,促进"互联网＋"新业态、新经济发展。有关部门要加强统筹规划,提高服务和管理能力。各地区要结合实际,研究制定适合本地的"互联网＋"行动落实方案,因地制宜,合理定位,科学组织实施,杜绝盲目建设和重复投资,务实有序推进"互联网＋"行动。(各部门、各地方政府负责)

第三节 "互联网＋"背景下个性化教师培训实践可行性分析

"互联网＋"背景下,互联网不只是一种技术,还是一种创新工具和时代追求。"互联网＋"与个性化教师培训也不只是两个概念简单地融合,更是一种新的教育理念和思维形式的变革。新形势下,未来教师培训的发展方向必然向"互联网＋"与教师培训相结合的方式迈进,现有的成功在线教育模式也为个性化教师培训提供了实践上的可能性。

一 现实诉求:教师个性化专业发展要求

百年大计,教育为本;教育大计,教师为本。[1]《教育部教师工

---

[1] 教育部:《国家中长期教育改革和发展规划纲要(2010—2020年)》,2010年,http://www.moe.gov.cn/srcsite/A01/s7048/201007/t20100729_171904.html,2020年10月23日。

作司 2016 年工作要点》提出"着力深化教师教育综合改革，培养造就高素质专业化教师队伍"。[①] 国务院《关于加强教师队伍建设的意见》中也指出到 2020 年，形成一支师德高尚、业务精湛、结构合理、充满活力的高素质专业化教师队伍是我国加强教师队伍建设的总体目标。而目前我国师资培训的现状是教师的专业化发展跟不上世界教育发展的步伐，师资培训中存在的问题亟待解决。新时期新背景下，个性化教师培训成为未来教师培训工作的必然走向，现有的教师培训现状、终身教育学习方式、教师信息素养的提升都为"互联网＋"背景下个性化教师培训的实现提供了有利契机：

首先，现有师资培训现状促使教师培训走向变革。当前，我国各级、各类师资培训都在如火如荼地进行着，这为教师提供了更多的学习机会。经过多年的实践和探索，我国师资培训也取得了显著的成绩，教师培训质量在不断提升，教师队伍建设也取得了显著成效，为我国教育事业的变革做出了巨大贡献。然而，由于各种原因，当前师资培训情况并不乐观，培训观念落后、培训内容不能满足教师个性化培训需求、培训方式单一、培训评价标准形式化等问题都会影响师资培训效力的最大发挥。而在新课程改革背景下，高水平的师资队伍是我国紧跟世界教育发展步伐、走向教育强国的现实需求，这些都促使教师培训走向新的变革。新时代下，"互联网＋教育"正好可以改变现有教师培训的不足，在培训内容、培训模式、培训评价等方面实现变革，改善现存培训中的问题和不足，提高师资培训的适切性和有效性，为我国基本实现教育现代化、建设人力资源强国提供有力的师资保障。

其次，现代终身教育的学习方式为个性化教师培训提供了有力支持。教师专业化的成长本质上是教师终身学习和终身发展的过程。现代终身教育的学习方式，主要是在信息技术环境和资源支持下的在线自我提升学习。在知识碎片化时代，泛在学习成为一种主要的学习方

---

① 教育部：《关于印发〈教育部教师工作司 2016 年工作要点〉的通知》，2016 年，http：//www. moe. gov. cn/s78/A10/tongzhi/201603/t20160311＿ 233029. html，2020 年 10 月 23 日。

式。利用数字化、网络化学习环境和资源，学习者可以选择任何时间、地点，选择自己需要的内容进行自主学习。由于网络的多媒体性、交互性、共享性，学习者还可以利用网络良好的通信能力和沟通机制在线进行交流讨论、协作学习。个性化教师培训能够满足每一个参训教师在专业成长不同阶段上的学习需求，在构建学习型社会和终身教育体系上发挥着重要的作用。信息时代条件下，传统的以管理者和教授者角色出现的教育者已经不能适应时代发展的需要，教师既是一个教育者，更是一个学习者，信息技术支持教师终身学习，终身学习方式促使教师专业发展走向个性化。

最后，教师信息素养的提升使"互联网＋"背景条件下个性化教师培训的实践成为可能。我国在 2013 年开始全面实施中小学教师信息技术应用能力提升工程。由于各区域经济发展的差异，我国东部和中西部教师信息技术应用能力有明显的区别，东部发达地区教师的信息素养较高，中西部地区教师的信息分析与处理能力较低。但随着网络技术的发达、移动通信设备的广泛使用和教师信息技术培训工作的深入，我国中西部地区教师特别是农村教师的信息素养也在逐步提升。大多数教师普遍具有了利用信息技术促进自身发展的主观意识。如甘肃省碌曲县的各级各类小学教师中已有"85％的教师意识到信息对个人工作和学习的重要性"。[①] 江西省农村中小学教师信息素养的一项调查也表明，"90％以上的农村教师会经常收集、积累数字化教学资料；在寻找获取信息渠道、对网络下载工具的使用方面，60％以上掌握良好"。[②] 因此，教师已将互联网作为获取资源的主要渠道，也具有借助网络资源提升自己的强烈需求。而基本的信息检索能力的掌握，又使教师利用网络培训资源进行个性化学习成为可能。

---

① 敏宏志：《民族地区小学教师信息素养现状分析——以甘肃省甘南藏族自治州碌曲县为例》，《课程教育研究》2016 年第 11 期。
② 焦中明、温小勇：《欠发达地区农村教师信息素养与装备使用状态的实证分析——基于江西省 1143 名农村中小学教师的调查》，《远程教育杂志》2016 年第 6 期。

二 实践基础：在线教育的成功模式借鉴

在"互联网+"时代，只有适应教师个性化需求的师资培训模式才能顺应时代发展的潮流，激发参训教师的内在动机，更好地促进教师的专业化成长，才能培养出具有创新精神和实践能力的新型教师，新兴的慕课模式为变革传统师资培训模式，实现个性化教师培训提供了可能。

（一）慕课简介

1. 慕课的含义

慕课（MOOC），即大规模在线开放课程（Massive Open Online Course），旨在借助互联网平台为有学习需求的人提供一种新型学习方式。慕课通过互联网开放支持大规模人群参与，以讲课短视频、作业练习、论坛活动、通告邮件、测验考试等要素交织，有一定的教学过程。在慕课的课堂里，课程视频被切割成十分钟甚至更小的片段，由许多个小测验穿插其中将其连贯，就像游戏的通关设置，答对后才能继续听课，这样可以增加学生的投入程度。

2012年，慕课风靡全球，2013年，慕课浪潮席卷中国，被认为是继"印刷术发明以来教育最大的革新"，并被《纽约时报》刊文称为中国的"慕课元年"。慕课在短时间内得到长远发展，实质是一种网络课程，它以动态发展的资源为学习内容，以学习者自学为主要形式，通过线上线下的有效互动、积极的学习反馈、恰当的评估模式、名师名校的效应和学分认证受到广大学习者的喜爱。

2. 国内外慕课平台

在大数据时代背景下，慕课可以说是互联网技术与教育技术的深度融合，也是一种师生互动的交流平台。2012年，美国一些顶尖大学开始陆续设立网络学习平台，在网上提供免费课程，Coursera、Udacity、edX三大慕课平台的兴起给更多学习者提供了系统学习的可能。之后，慕课席卷全球，许多国家政府、教育机构、社会团体等都加大了对慕课平台的开发与应用，一方面积极加入Coursera、edX、Udacity等国际化慕课平台，另一方面结合本土实际，进行本地化慕课平台建设，如英国的Future Learn、澳大利亚的Open2Study、巴西的 Veduca 等、日本的 SChoo、德国的 iversity 等（见表3-4）。

表3-4   西方主要的慕课平台

慕课平台	网址
Coursera	Coursera. org
edX	edX. org
Canvas Network	canvas. net
Udacity	Udacity. com
Faculty Project/Udemy	faculty project. org
Education Portal	education - portal. com
MR University	mruniversity. com
MIT Open Course Ware Schlor	ocw. mit. edu/course/ocw - scholar
Novo Ed	Novoed. com
Open Michigan	open. umich. edu
Open Learning	openlearning. com
Open Yale Courses	oyc. yale. edu
Webcast Berkeley	webcast. berkeley. edu
Sofia Project	sofia. fhda. edu
Saylor. org/Saylor University	Saylor. org
Carnegie Mellon University Open Learning Initiative	oli. cmu. edu

资料来源：陈吉荣：《国外慕课研究最新发展述评》，《外语教学与研究》2016年第1期。

在我国，北京大学和清华大学在2013年也正式加入edX阵营，复旦大学和上海交通大学加入了Coursera，这一年，中文慕课平台的雏形也开始出现。上海市成立了"高校课程共享中心"，上海市多所学校的学生可选修通识类课程并获得相应的学分。2014年5月，爱课程网和网易联袂推出了中国大学慕课平台，开通首日就上线了来自北京大学、复旦大学、浙江大学等 16 所高校的多门课程。随后，各种慕课平台相继推出，如学堂在线、好大学在线、智慧树、顶你学堂等（见表 3 - 5）。

表 3 - 5 　　　　　　　　　　我国主要的慕课平台

慕课平台	课程来源
中国大学慕课	高校联盟
超星慕课	个体学者
智慧树	社会团体
慕课中国	高校联盟
顶你学堂	社会团体
好大学在线	上海交通大学及各高校
果壳网慕课学院	企业自建
学堂在线	清华大学

从现有的中文慕课平台上来看，我国慕课的生态链主要来自两个方面：一是高校联盟或联盟机构，如中国大学慕课、东西部课程联盟等；二是教育信息化公司，包括门户网站、信息化公司、培训机构，如果壳网慕课学院。我国在积极开发慕课平台的同时，针对慕课的研究项目也在快速发展。人们在积极探索慕课实施效果的同时，也在探索其对基础教育、高等教育中的在线教育、课程教学、教育系统等领域的影响。

（二）慕课如何吸引用户

1. 在课程上，慕课是对传统教学课堂制度的沿袭和超越

慕课与传统教学制度有很多共同之处：首先，学习者在网上完成选课后就可以在慕课平台上进行学习。与传统课堂一样，学习 MOOC 的过程中会有课堂测验、课下作业等，学习者在上课过程中还可通过平台实现小组合作学习、讨论等。经过几周的课程学习，学习者要参

加最后的课程考试，有的课程还会颁发给学习者结业证书。其次，与其他在线学习视频不同，在慕课学习中也有注册准入和规定的上课时间。学习者需要在开课前完成注册，按时上下课，经过几周到十几周的学习之后才可以参加考试拿到结业证书。如果学习者没有在规定时间内注册和学习，虽然仍可以在网站上自己观看视频课程，但是缺乏了师生之间、生生之间的互动，课堂体验会差很多。也许正是因为慕课课程时间的严格规定，学习者才会更加珍惜课程的安排并坚持学习，也会觉得学习机会比其他开放性的在线教育更加珍贵。

2. 在课程内容上，慕课学习资源丰富、知识结构清晰

在慕课平台上，课程种类繁多，涉及多个领域的专业课程，资源丰富，可以满足教师个性化的学习需求。在平台上，每一门慕课都提供了详细的课程目录供学习者查询，包括课程概述、授课大纲、课程Wiki、论坛等，每一级导航下都有详细的内容介绍，清晰的目录形式使得学习者更加了解本门课程，也会对自身学习情况有具体的考量，有利于学习者坚持学完整门课程。另外，除了课堂教学所必需的视频学习资源外，授课教师还会定期发布一些与课程进度相关的学习资源，如文字、视频、小测试等，这些学习资源经过授课老师的精心组织、设计，能够帮助学习者更加快速理解所学知识。最后，除传递知识的课堂授课外，慕课平台还设置了课程Wiki和论坛，这为学习者留出了发散的思维空间，也给学习者提供了更自由的选择，学习者可以在平台上进行知识的创新和生成，也就更容易留住学习者继续学习。

3. 在课程交互性上，慕课平台可以实现教师、学习者、学习资源多层面的交互

首先，授课教师与学习者是慕课学习中的两大主体，二者之间的互动是教学过程中必不可少的环节。虽然慕课不能实现传统课堂师生之间真实的课堂体验，但在各方面的安排上，慕课也可以实现师生之间的互动。教师在课堂讲解中进行知识的授课，布置随堂测试和作业，学生接收到教师的信号后完成作业并在论坛上进行互动，有疑问的可以向老师求解。其次，除了教师与学习者之间的互动外，学习者之间也可实现交流与互动。学习者可以在平台上的论坛进行互动交

流、讨论问题、共同学习和提高，从而形成良好的学习氛围。更重要的是，如果学习者之间的知识交流足够充分和深入，就有可能产生新的知识生长点，学习者会因此创造出更大的发挥空间。一些课程除了线上的课堂授课和学习论坛外，还会组织同城线下见面会，方便学习者在线下进一步互动交流彼此的学习经验等。最后，在授课教师向学习者传播知识的过程中，慕课平台作为中间枢纽可以将二者有机连接起来，通过三者之间的多层面交互而实现运转。授课教师通过平台将课程内容嵌入到网络上，并在平台中监测学生的学习动态，查看学生的反馈。学习者在平台上完成随堂测试、作业、参加考试、撰写课程Wiki。慕课平台能为用户提供良好的交互体验，使教师和学习者在使用平台时拥有实体课堂的教学体验，从而促进教学效果的提高。①

4. 在课程参与对象上，高水平授课教师和高学习意愿学习者使学习更为高效

无论何种教育模式，课程的质量都至关重要，在慕课平台中课程质量的关键在于授课老师和课堂助教的授课水平和辅导态度。在慕课课程中，大多数课程教师都是教学经验丰富的优秀教师，课程团队也都尽心尽责，他们会根据学习者的学习心理和认知基础，有针对性地安排具体的课程内容，并采用合适的教学方法和策略。授课教师在课程中对知识点进行精细的讲解，并在论坛讨论中尽心地进行辅导，保证学习者获得与传统课堂一样的学习体验，学习者的需求得到最大满足，自然会坚持完成课程。另外，参加慕课学习的学习者大多具有强烈的学习内驱力，他们课程的参与程度更深。除课堂学习外，他们还会积极参与课程的学习论坛与学习小组，并与其他学习者进行积极的交流探讨，形成浓厚的学习氛围，这在线上教育中更是难能可贵，也使得在线学习更为高效。

（三）慕课应用于个性化教师培训的可行性

在理论层面，慕课符合"互联网＋"时代条件下教师碎片化知识的学习特点。约翰·斯威勒（John Sweller）教授的认知负荷理论认

---

① 王晨、刘男：《"互联网＋教育"：移动互联网时代的教育大变革》，中国经济出版社2015年版，第204页。

为，人类的工作记忆只能处理有限的信息，如果一项学习任务过于复杂，就可能超载，无法有效记忆。[①] 慕课将学习内容按照知识点的内部逻辑体系划分为一段段微视频，其微型化、碎片化的特点满足了移动学习和个性化学习的需要。在这种新的学习模式中，学习者可以根据自己的实际情况选择最佳的学习时间和内容，使慕课的边际效应最大化。此外，慕课通过教师、学习者和平台的互动，形成了一个完整的在线教学生态系统，为学习者提供了良好的互动体验。

在技术层面，慕课应用于教师个性化培训的基本技术条件已经具备。虽然慕课平台还不够成熟，但它将大数据挖掘分析与在线学习、社交服务、移动互联网等概念相结合，实现了大规模、多方向的实时信息交互。目前，计算机硬件在技术层面的更新、物联网技术的突破、大数据和云计算的实现，都为慕课平台的建设和应用创造了条件。通过这些技术支撑，在线慕课学习平台可以通过数据挖掘和分析技术，采集教师的学习行为数据，并进行智能分析，依据教师的学习习惯、学习兴趣和学习偏好推送合适的学习资源，并进行个性化的学习评价，给教师的专业发展提出适切的建议。[②]

在实践层面，慕课在基础教育领域、高等教育领域等已有很多成功的借鉴模式。自 2013 年中国"慕课热"以来，几乎所有"985"高校都加入了慕课平台。2013 年 5 月 21 日，清华大学、香港大学、香港科技大学正式加入 edX，成为其首批亚洲高校成员。2013 年 10月，清华大学推出"学堂在线"，向全球免费提供慕课课程，合作伙伴包括北京大学、浙江大学、南京大学、上海交通大学等，目标是成为全球领先的中文慕课平台。同时，学堂也在积极开发新模块，通过新功能来不断提升用户的新体验以提升竞争力。上海交通大学和复旦大学也加入了 Coursera，具有中国特色的"慕课中国"等慕课平台基本成熟，这些平台的建立和不断完善为个性化教师培训课程的开发和推出提供了可能。

---

① Spector, J. M, *Handbook of research on educational communications and technology*, New York：Springer – Verlag, 2013, pp. 85 – 96.

② 苏芃、罗燕:《技术神话还是教育革命？——MOOCs 对高等教育的冲击》,《清华大学教育研究》2013 年第 4 期。

三　发展动力：社会发展呼唤新的培训方式

在知识经济时代，人才在国家经济社会发展中的作用越来越凸显，教育则在培养一代新人和各种人才中日益重要，全社会也在期待教师承担培养创新人才的艰巨责任。就教育的目的而言，教育不再仅仅是传授现成的知识，而是让学习者学会寻求知识、学会生存、学会合作并学习做事以拥有丰富的人文和科学素养，成为一个具有主体意识、能适应多样化未来世界的人。在新时期，如何立足时代发展的高度促进教师角色的转变，是一个国际教育改革的话题。在当前社会背景下，现代信息技术的广泛应用给教育带来了巨大的变革，在学习时空、学习内容、学习形式上都与传统学习方式有很大的区别：

在学习时空上，学校不再是学习者接受教育的唯一场所，传统"校园空间"被互联网所解构，学习时空虚拟化。"互联网 +"背景下，多媒体技术的应用使得人们的学习场所、时间大大增多，受教育的时间不再固定，只要拥有一部智能手机就可以实现随时随地的移动学习。对于教师培训而言，教师培训不再局限于集中培训，只要有网络，教师可以随时随地学习新知识。未来，教师培训也将借助互联网为教师构建多维度的学习空间，一个维度是线上，另一个维度是线下。通过互联网将线上与线下相结合，形成多维立体的教师培训空间。同时，移动学习将成为教师学习的主要方式并贯穿生活的领域和全过程，学习也不再是阶段性的，而是贯穿生命始终的。

在学习内容上，人们可以随时随地从海量的信息资源中选择合适的学习内容。面对铺天盖地的知识内容，学习者可以根据自己的需要进行识别和选择。教师提供的教材和材料不再是学生学习的唯一内容。网络学习资源丰富多样的信息承载形式和灵活便捷的交互特性越来越受到学习者的青睐。[①] 在教师培训中，教师也可以选择个性化的

---

① 申继亮：《新世纪教师角色重塑：教师发展之本》，北京师范大学出版社 2006 年版，第 6 页。

培训资源进行学习。例如，青岛第二中学自主开发了一套"教师发展电子系统"，从教师发展的日常管理、选课培训、学分认定、综合评价等方面关注教师发展需求，保证教师培训质量。在教师培训资源方面，学校已经完成了数字化建设，将理论和实践培训、国内外培训以及新教师和骨干教师的培训转化为电子课程，并实现基础课程、高端课程、特色课程等分级、分类管理。在此基础上，通过课程视频点播平台的建设，逐步实现教师的在线培训，教师可以根据自己的需要随时随地学习所需要的课程。①

在学习形式上，传统、单一的学习模式发生了巨大的变革。在传统课堂中，以教师为中心、以教材为中心的学习模式使人们的知识来源主要依靠教师、书本。而信息技术的发展极大地改变了这种状况。学习者可以通过手机、计算机、iPad 等设备找到自己想要知道的知识点，教师不再是知识的唯一载体。在新的形势下，传统的教师作为知识权威的地位和作用也将发生变化，师生之间的界限不再清晰。在"互联网＋教育"时代，学生获取知识的方式如此之快，教师的知识量也受到了严峻的考验。因此，在新时期，教师必须调整自己的定位，成为学生的学习伙伴和引导者。在网络环境下，教师的学习方式也发生了变化。教师可以通过互联网浏览世界各地的电子资源，浏览各种网站上的教学信息，而不仅仅局限于图书馆或教师培训项目，这大大扩展了教师知识来源的深度和广度。因此，网络学习条件下学习形态的全方位改变，给教师培训提供了新的契机，也使个性化教师培训成为可能。

---

① admin：《互联网＋教育：师生自主发展的新时空》，2015 年，http：//www.nuie.org/article－210－1.html，2020 年 10 月 16 日。

第四章 "互联网+"背景下个性化教师培训视角与目标

要想学生好学，必须先生好学。惟有学而不厌的先生才能教出学而不厌的学生。

——陶行知

第一节 理论来源

一 建构主义学习理论

与传统的客观主义不同，建构主义学习理论强调学习是个人主动建构知识的过程，如皮亚杰的认知发展阶段理论、布鲁纳的认知结构学习理论、维果茨基的"文化—历史"发展理论等。建构主义学习理论认为知识、学习、教学是"三位一体"的关系，其理论也包含知识观、学习观、教学观三部分。

（一）理论体系

建构主义知识观：知识并非对现实世界的准确、客观的表征，而只是一种解释或假设，它会随着个体认识程度的加深而不断重组、改造，并形成新的知识；知识不可能脱离实体而独立于个体存在，它需要依托具体情境对原有知识结构进行加工并改造。因此，在学习过程中，脱离个体经验建构起来的知识不会被学习者真正理解，这是一种被动式的学习，而非有意义的学习活动。因此，教学不能把既定知识作为定论简单地传授给学生，也不能按照教师自己对知识的理解方式来作为学生接受的理由，更不可以用社会性的权威去压服学生。学生对知识的理解与接收，只能由自身进行建构，以他们原有的经验为背景，来分析知识本身的合理性，并对知识进行分析、检验和批判。

建构主义学习观：建构主义者认为，虽然世界是一种客观的存在，但个体对世界的认知却是由自我进行建构的，个体在自己的头脑中以自身经验建构对世界的理解。同样，学习也并非知识的简单传递，而是学习者主动建构的过程。与皮亚杰认知发展理论中的同化、顺应一样，建构主义学习观认为学习过程也主要包含两个层面，一是个体对原有经验的改造，二是对新知识的有意义建构。在这两个层面中，建构主义者更重视个体对原有经验的重组与改造，强调学习者原有的认知结构贯穿学习的始终，个体总是依靠自身原有的经验，包括正规学习、非正规学习所获得的日常概念，来理解和建构新的知识和信息。也就是说，学习不是被动的信息刺激，而是主动的意义建构，根据原有的经验背景，对外部信息进行选择、加工和处理，从而获得新的意义。

建构主义教学观：建构主义认为，教学不是知识从教师向学生的单向转移，而是学习者在一定的问题情境下，在教师和伙伴的帮助下，通过必要的学习材料和意义建构来获得知识。因此，建构主义非常强调合作学习的必要性，学习者之间的相互合作可以帮助个体更好地认知周围世界。另外，教学不能忽视学习者的原有经验的积累，而应以旧知识作为新知识的生长点，引导学习者获得新的知识经验。为更好地揭示建构教学的本质，建构主义思想家们认为教学过程必须包含四个基本要素：一是教学情境。教学环境中的情境必须帮助学生进行有意义的建构，教学设计在充分考虑教学目标、教学内容安排外，更要重视情境的创设，并把它作为教学设计过程中的重要部分。二是协作共享。协作发生在师生、生生之间，并贯穿教学过程的始终。三是对话交流。建构主义强调教师应将权力下放给教学小组，使每个人都能参与集体任务。成员应通过对话协商完成规定的教学任务，个人的想法和智慧外显化并由整个小组来体现和分享。四是意义建构。这是教学过程中的最终目标。学习者在经历了情景创设、协作共享、对话交流三个阶段后，能够有效地把握事物之间的内在本质关系和规律，最终完成知识的有效传递，深刻理解新知识，形成自己独特的认知见解。

（二）建构主义学习理论与个性化教师培训

随着信息技术的快速发展，计算机及网络教学等在教育领域中的应用逐渐改变了传统的教育教学模式。在教育社会化、信息化、开放化的过程中，满足教师个性化学习需求，促进教师专业化成长也成为教育界的重要议题。在教师个性化信息攫取的过程中，建构主义学习理论可为"互联网＋"背景下教师个性化培训与学习提供良好的理论支撑。

首先，建构主义强调学习者在整个学习环节中的中心地位，强调学习者学习的主动意义建构。在"互联网＋"背景下，个性化教师培训形式主要为基于网络的课程培训，强调教师培训的"个性化"设计，其学习方式主要为教师的自主学习。因此，在为教师提供完善的个性化培训时，应紧紧围绕以参训教师为主体，在培训课程的设计、培训模式的选择等方面，都要强调以教师即学习者为中心，分析学习者的学习特征，注重其已有的培训经验，并促进教师进行主动的意义建构。

其次，建构主义学习理论强调学习情境的设计。在个性化教师培训中，也应注重贴近教师的网络学习环境设计，使教师的学习行为真正建立在具体问题情境之中。建构主义理论认为，个体正是在与自身原有经验"同化"、"顺应"的基础上，利用具体情境实现对原有认知结构的改造，从而实现新知识的意义建构。在"互联网＋"背景下，基于网络平台的学习需要为教师提供大量且丰富的学习资源，并创设任务情境，以使教师利用信息资源建构个体认知结构，不断提升自身专业素质，实现社会发展对教师个人技能的新要求。

最后，建构主义学习理论强调学习者学习过程中的协作与会话，合作、互动则是个体深刻理解学习内容、丰富并巩固个体认知结构的良好途径。在"互联网＋"背景下，教师的个性化培训也应注重交互的实时性，加强教师之间的沟通与合作，使协同学习成为可能。与传统培训中面对面的集体讨论、角色扮演不同，网络学习环境中的教师与教师之间在时空中都处于相对分离状态，在直接的沟通与交流中难免存在现实条件的限制。此时，线上的协作和交流就更为必要。因此，在网络学习环境中，应将自主学习与合作化学习相互融合，使学习者在网络平台上通过不同方式实现知识的共享与传递。

二 认知主义学习理论

认知主义学习理论是与行为主义学习理论相对应的，它的代表人物主要有克勒（W. K hler）、托尔曼（E. C. Tolman）、皮亚杰（J. PIiaget）、布鲁纳（J. S. Bruner）、奥苏伯尔（D. P. Ausubel）等。

（一）理论体系

与行为主义简单通过外部环境的考察探索人类学习思维方式不同，认知主义学习理论主要从人的内在认知过程如感知觉、表象、思维等进行研究，揭示个体学习心理发展的内在机制与具体过程。

1. 皮亚杰的认知结构理论

同化与顺应是皮亚杰认知发展理论中的两个重要概念，也是个体进行图式建构所要经历的认知过程。所谓同化，即个体把从外界吸纳的新鲜事物或刺激整合到自身已有或正在建立的图式里。所谓顺应，即个体在既有图式不能同化新刺激时，改变认知结构以吸纳并适应新鲜事物。同化与顺应的区别在于，同化是量变过程，而顺应是质变过程。个体的学习不是被动接受知识，而是主动形成认知结构的过程。因此，要重视研究学生的学习行为，并通过一定手段提高学习者认知机构的清晰性和可辨别性，使学生有效学习。

2. 布鲁纳的认知学习理论

布鲁纳的认知学习理论主要建立在对人类学习研究的基础上，他认为认知是个体抽象思维水平上的认知。其基本观点主要涵盖三个方面：（1）学习是个体主动建构、积极形成认知结构的过程。新知识的学习以原有认知结构中已有经验和知识为前提，并对旧知识进行改造形成新的知识系统。（2）强调对学科的基本结构的学习。（3）提倡使用发现学习法，通过个体的主动发现形成自身认知结构。布鲁纳认为发现学习能对学生产生极大的影响，不仅可以使学生养成独立思考的习惯，还有利于提高学习者智慧的潜力。另外，布鲁纳的发现学习特别重视学生学习的内在动机，注重学习的直觉思维。

3. 奥苏伯尔的认知同化论

奥苏伯尔与皮亚杰、布鲁纳一样，都属于认知结构论者，认为学习是认知结构的重组与改造。奥苏伯尔既强调原有认知结构（知识经验系统）的重要作用，又注重学习材料本身的内在逻辑关系。他认为，学习的本质在于新旧知识在学习者头脑中的相互作用，新的具有内在逻辑关系的学习材料与原有的认知结构的学习材料发生联系，经过同化、改组，在学习者头脑中产生新的意义。奥苏伯尔认知同化论的主要观点是：（1）根据学习的内容，认知学习分为机械的学习和有意义的学习两大类。机械的学习是一种单纯依靠记忆进行的学习活动，它不能使学生真正理解知识的内在意义；有意义的学习则是符号所代表的新知识与学习者认知结构中已有的适当观念建立非人为（非任意的）和实质性的（非字面的）联系的过程。（2）根据学习进行的方式，可将学习分为接受学习和发现学习。接受学习即学习材料主要以定论的形式呈现给学习者，并与其已形成的认识结构联系起来，以掌握这种学习材料的学习方式；发现学习则与接受学习相对应，知识主要依靠学习者自己去发现，并内化为自己的知识。

（二）认知主义学习理论与个性化教师培训

认知主义学习观点丰富了教育教学理论的基本内容，它重视个体在学习活动过程中的主体价值，强调学习者对知识的主动发现与思考，对培育现代化人才有着积极意义。在指导教师培训，促进个性化教师专业成长方面，同样具有巨大的理论意义及价值。首先，认知主义学习理论重视强化的功能。在传统的集中面授式的教师培训模式中，教师培训的内容得不到及时的强化。而在"互联网＋"背景下，基于微课、慕课等网络平台的构建可以使个性化教师培训的内容得到及时的延续与强化，这也是教师专业素质持续提升的关键。其次，教师认知结构的发展在一定程度上受原有认知结构的影响和制约，因此，在个性化教师培训中，应关注到不同教师的知识、能力水平的差异，不能"一刀切"地采用同一种方式对教师进行培训，培训的内容也应分层化，为教师设计个性化的培训方案。

三 成人学习理论

成人学习理论源于成人教育理论或成人教育学，1926 年美国进步主义成人教育学家林德曼出版《成人教育的意义》后，成人教育开始独立站在历史的舞台上。

（一）理论内容

1. 成人学习能力

1928 年桑代克出版《成人的学习》（*Adult – Learning*）一书，从教育学、心理学角度消除了人们固有的认为成人无学习能力的偏见，并通过大量试验证实了成人学习能力虽然随着年龄的增长会消退但不会消失，学习能力的保持也需要不断学习及训练。成人学习理论认为，成人的学习能力在 30 岁时达到顶峰，30 岁到 50 岁之间是平稳的高原期，50 岁以后才开始下降。甚至有专家大胆估计，成人大脑尚未利用的潜力可高达 90%，因此成人仍具有巨大的学习潜力。但是人们进入成年后，由于身体各个器官及整个机体都在逐渐衰老，如感知器官功能下降、信息传导速度减慢、容易疲劳且恢复时间变长。与青少年相比，这些原因导致成人学习速度减慢、学习效率降低、记忆能力下降。但同时，成人在某些方面如意义记忆、抽象逻辑思维等能力上仍有明显的优势。

2. 成人学习动机

霍尔（C. Houle）将成人学习动机的类型归纳为三类：一是目标取向，指学习是实现目标的手段之一；二是活动取向，指学习主要是为了社交，与内容无关；三是学习取向，指为求知而学习。[1] 相比青少年，成人学习动机更为实际、明确，具有功利性、实用性、职业性等特征。成人学习者大多已就职，身心发展已经基本成熟，在面对工作、社交、家庭等压力的条件下，为改善生活而选择继续学习，因此具有功利性特征。另外，成人参加学习的重要原因是期望新习得的经验或知识能够在社会生活中解决现实问题，能为其职业发展或家庭幸福带来明显的改观。最后，成人学习动机具有职业性特征，一项在美国的调查研究表明，出于职业进展这一类学习动机的成人学习者占调查总人数的 48.7%，另一项中国在职人员的调查显示有 80% 以上的

---

① 牛丽娜：《成人学习动机理论在网络远程教育中的应用初探》，《中国电化教育》2004 年第 9 期。

成人学习者出于职业进展这类动机而参加学习活动。[①]

3. 成人学习特质

一方面，成人具有独立的自我概念。"自我概念"是心理学上的名词，主要指个体心目中对自我的印象，包括对自身能力、性格、思想等方面的认识。自我概念是个体行为的动机、创造力和人格形成的核心。它不仅反映经验，而且影响经验。通过自我概念评价，个体可以调整各种经验，成为独立的个体。[②] 成人在成长的过程中，逐渐积累了丰富、大量的生活经验，对自身目标、兴趣、价值观等认知更为明确。在继续学习过程中，他们能对自身行为进行监控，并在不断地反馈中及时调整自身行为。另一方面，成人的学习需求是多样化的。由于成人职业背景各不相同、年龄跨度也较大，在继续学习教育中也同样会有层次各异的学习需求，如基于求知兴趣的学习需要、基于职业进展的学习需求、基于社交需要的学习导向等。

（二）成人学习理论与个性化教师培训

教师作为成人学习者，遵循成人学习的一般特点和规律，在促进教师专业发展的教师培训中，也应以成人教育理论为落脚点，探索适合成人学习的有效培训模式。首先，成人在意义学习、抽象思维能力等方面突出，这也启示我们在教师培训中应设计出更科学、有效的学习项目，不能忽视教师的成人身份，否则容易导致教师学习的无力感及培训效果的大打折扣。其次，成人学习动机明确，主要以解决现实问题为中心，个性化教师培训同样也应满足教师的实际培训需求，重视广大教师内心的真正需要，解决教师的实际教育教学问题。最后，由于成人具有独立的自我概念，同时具备一定的自主学习能力。在自我职业生涯发展的过程中，他们已具备了丰富的感性经验，其有效学习已不满足于纯概念、理论的初级识记学习。这启示我们，"互联网＋"背景下个性化教师培训应避免机械化、单调化的训练方式，应以大量且生动、鲜活的案例为载体进行教学。

[①] 卢维兰：《成人学习理论对教师培训的启示》，《继续教育研究》2010年第1期。

[②] 刘岸英：《自我概念的理论回顾及发展走向》，《心理科学》2004年第1期。

四 认知负荷理论

认知负荷理论（Cognitive Load Theory）最初是由澳大利亚教育心理学家 J. Sweller 等人在 1988 年提出的一种关注短时记忆负荷的理论，他们想通过外在认知负荷和教学材料的呈现方式优化学习者的认知负荷结构，帮助教育者和学习者提高学习效果。

（一）理论内容

认知负荷理论的基本观点包括以下几方面：

1. 认知负荷理论认为，人类的认知结构由短期记忆和长期记忆组成。短期记忆能力有限，一次只能存储 5—9 个基本信息或信息块。长期记忆是由 Ericsson 和 Kintsch 等人在 1995 年提出的。与短期记忆不同，长期记忆的容量几乎是无限的。储存在长期记忆中的信息主要是通过复述短期记忆的内容来获得的，这种记忆是学习的中心。

2. 认知负荷理论认为，教学的主要功能是将信息存储在长期记忆中，知识以图式的形式存储在长期记忆中。图式根据信息元素的使用方式组织信息，它提供了一种知识组织和存储的机制，可以减少工作记忆的负担。在信息加工自动化程度较熟练时，加工速度很快，认知资源的占用也较少。因此，促进图式的不断建构和信息加工的自动化是降低认知负荷的两种主要方式。

3. 根据认知负荷理论，内部认知负荷、外部认知负荷和相关认知负荷是认知负荷的三种主要类型。内部认知负荷指工作记忆对教学内容本身所包含的信息元素的数量及其交互性进行认知加工所承受的认知负荷，它与所要学习内容的难易程度及学习者的专业知识之间的交互程度密切相关，教学内容越复杂、难度越大，对工作记忆施加的内在负荷越大。相同难度的教学内容，在不同的学生之间也会产生不同的内在负荷。外部认知负荷（Extraneous Cognitive Load）是超越内部认知负荷的额外负荷，它主要是由设计不当的教学引起的。相关负荷（Germane Cognitive Load）是指与促进图式构建和图式自动化过程相关的认知负荷。相关负荷主要来自学生对教学内容的实质性认知操作。外部认知负荷和相关认知负荷由教学设计者直接控制。

（二）认知负荷理论与个性化教师培训

在认知负荷理论中，学习者已有的知识和学习材料的复杂程度是影响认知负荷的主要因素。在我国传统的教师培训模式中，培训内容简单化、教学组织形式的单一化使得参训教师的认知负荷较低，教学过程持续过长，就会造成参训教师的注意力下降，达不到良好的学习效果。认知负荷理论关注的是记忆在学习中的重要作用，主张合理分配认知资源以实现有效学习。在教师培训工作中，如果在设计培训方案中尽量减少不必要的认知负荷，就可以大大提高教师的培训效果。在"互联网＋"时代背景下，互联网技术的迅猛发展使得数字化、泛在式学习普及化。数字化学习材料的广泛开发为教学设计者提供了良好的环境和机会，教学设计者可以在教学过程中控制冗余信息，建立一种交互式多媒体学习环境，充分调动教师的多种学习感官，使个性化教师培训成为可能。

五 长尾理论

"长尾"（The Long Tail）的概念最早是由《连线》杂志主编安德森（Chris Anderson）在 2004 年 10 月的《长尾》一文中提出的。

（一）长尾理论的基本观点

长尾理论认为，"只要有足够大的储存和流通渠道，需求低或销售差的产品的市场份额总和就可以与少数热销产品的市场份额相匹敌或超过它们"。换句话说，在企业营销中，销售量并不位于代表"热卖方"的传统需求曲线的顶端，而"冷卖方"则是经常被遗忘的长尾。在过去，人们只关注重要的产品。如果用正态分布曲线来描述热门产品，人们只会关注曲线的"头部"，而忽略曲线的"尾部"。例如，当销售一种产品时，制造商会关注少数的大客户，而不是大多数的普通客户。但在网络时代，由于注意力的成本大大降低，人们有可能以极低的成本关注正态分布曲线的"尾部"，而关注"尾部"的整体效益甚至会超过"头部"的效益。因此，安德森认为网络时代是一个注重"长尾"，发挥"长尾"效益的时代。

（二）长尾理论与个性化教师培训

基于"互联网＋"时代条件下，以网络为中心的教育模式是看不到"围墙的校园",办学形式和教学形式的开放使得这种教育模式与传统的"有围墙的校园"相区分。在教师培训模式上,与传统的封闭的"水泥教室+围栏"校园相比,面对有限的教师参与培训,网络培训环境是开放的、无形的。面对无限的教师参与培训,传统的教师培训关注的是数量有限的教师,而且培训效果欠佳,而后者却是不分职称、学科、居住地,只要有需求就可进行在线学习。在这种基于网络的个性化学习模型中,如果以"学习者参与人数"为平面坐标系中的 y 轴,以"课程类型"为 x 轴,两者形成的曲线与长尾理论中的"需求曲线"非常相似。无论你提供什么课程,几乎不可能对一个庞大的教师学习社区零需求,这是需求曲线的长尾。[①] 因此,基于互联网的个性化教师培训模式相对于传统培训模式就是长尾理论中的长尾,它面向更多的教师、提供更多的课程,更能满足教师的个性化需求和终身学习的愿望。这种教学形式所带来的自由、灵活和个性化也是传统培训模式所无法比拟的。

第二节 培训视角

"互联网+教育"模式下的人机互动、人机智能不止在课程管理、技术手段等方面改变着传统教师培训模式,更是引起了教师培训理念、培训内容和培训形式的转变。在个性化教师培训模式中,应始终秉承"以师为本"的价值取向,创建"弹性"的培训课程内容,设计出"开放"的培训形式,推动教师自身的专业发展和自我提升。

一 "以师为本"的培训价值取向

"以师为本"的培训理念与"以学习者为中心"的教育观念相对应,"为了一切学习者"它强调在教师培训工作中应尊重教师的主体性地位,给教师自主选择学习内容的机会。在此,应强调的是此"以师为本"非彼"以师为本"。传统的"师本"可追溯到赫尔巴特的"三中心",即以课堂为中心、以书本为中心、以教师为中心,这里

---

① 赵海吉:《回到原点做教育》,光明日报出版社 2014 年版,第 53 页。

的"三中心"是相对于学生而言的，对学生的发展也有一定的负面影响。而我们强调的"以师为本"是指在教师培训工作中，应充分考虑到教师个体，尊重教师的主体地位。

"以师为本"的培训理念要求制定培训目标时应以促进教师的可持续发展为指向。培训目标涉及教师培训的根本目的和价值，而以往的教师培训目标更注重教师知识和能力目标的实现，在一定程度上忽视了教师情感、态度和价值目标。此外，从教师专业素质结构来看，教师专业素质不仅包括认知技能、行为技能等表层特征，还包括动机、态度、价值观等深层特征。正是这些深层特征决定了教师的行为和表现，影响着教师专业发展的积极性和创造性。因此，教师培训的目标首先应该考虑如何通过培训提高教师的专业认知度，增强教师的职业趋同感和成就感，激发教师强烈的自主发展意识和可持续发展意识。①

"以师为本"的培训理念要求了解教师的学习需求，创建"以教师为中心"的学习内容，促进教师的深度学习。需求分析是教师培训工作有效进行的前提，为保证教学设计过程满足教师学习需求，就要做到了解学习者的学习需求，对他们的需求进行细致的分析。有学者就指出："'以学习者为中心'的课程设计的第一个任务就是了解需求以及需求分析。"因此，个性化教师培训课程的确定必须建立在广泛调查教师基本素质和需求的基础上，以满足教师专业发展的实际需要。个性化教师培训课程的设置应从教师专业发展的实然角度出发，注重解决教师在教育教学中的实际困惑和疑难，如大多数参训教师需求的是基于提高课堂教学效率的教学课例、教育案例等方面的内容。

"以师为本"的培训理念要求创建基于技术与非技术支持下的学习支持系统。尽管"互联网 +"背景下可以实现技术与学习者之间的交互，技术对学习的支持能够为课堂教学创造新的生长点，但非技术（培训者和受训者之间的交互）对学习的支持作用也不可忽视，学习支持有赖于两者的合力。对此，"互联网 +"背景下个性化教师

---

① 王冬凌：《"以师为本"的教师培训模式：内涵与策略》，《现代教育管理》2010 年第 10 期。

培训必须围绕教师的学习目标、学习需要等，聚焦考虑教师的学习特性，考虑教师的个人学习背景、性别、年龄和学习风格等方面的多样性，综合考虑各种技术与非技术的支架设计。另外，为促进教师的深入学习，应把真实世界的问题引入课堂，提供促进教师学习的脚手架和工具，帮助教师构建知识，并给教师提供更多的反馈、反思机会。

二 "弹性"的培训课程供给

在网络化时代，大数据和各类信息技术的发展使得教师培训课程内容具有了可选择性，这对改变传统的教师培训方式和教师的学习方式都有着更为重要的意义。在利用网络参与教育培训模式下，单纯的知识记忆和复制意义不大，有效选择和不断创新才是根本性的问题。因此可以说，网络时代教师的专业发展历程就是教师一系列选择的结果。在现代培训体系中，参与培训的教师水平和能力一定是参差不齐的，为了使他们的选择更准确客观、更符合实际，有必要建立相关的机制帮助和鼓励学习者进行选择。这就需要各级各类教师培训从"供给侧"改革的角度提供更加丰富的、可供选择的课程内容，让教师能够根据自身需求自主选择相应的培训资源。对此，在推进教师培训课程内容的供给侧改革中，我们需要在以下方面做出努力：

一方面，优化政府指导与市场主导的关系，合理配置培训资源。在传统教师培训项目中，"强政府、弱市场"的状况较为普遍，简单来讲，就是各种类型的师资培训主要设计和推动者为政府部门，各类培训机构则在接收政府号令后开展培训工作。在这种模式下，培训机构很难根据市场需求为教师提供丰富的学习产品，教师的个性化学习也无法实现。因此，在"互联网＋"时代条件下，教师培训应推行"去行政化"或"弱行政化"策略。政府在师资培训工作中可以出台指导性计划，确立项目经费总体预算，而具体的培训实施工作就交给市场来运营。各级培训机构应共同努力，按市场机制合理优化、配置教育资源，在教师实际需求导向下开发丰富的教育产品，给教师更大的培训自主和选择权。

另一方面，通过众筹、众创模式加大教师培训慕课平台建设。近年来，随着互联网技术的快速发展，越来越多的企业开始利用网络平台面对公众进行资金的融资，这种在资金需求者与资金提供者之间建立的一种桥梁关系即众筹模式。众筹，简而言之，即创意发起者与资金支持者所达成的一种资金募集模式。在"互联网＋"经济形态下，众筹模式可以充分发挥资本在生产要素配置中的集成作用，形成一种新型经济发展形态。作为一种新型融资渠道，众筹模式目前主要是为解决中小企业融资困难的局面。而在慕课平台建设中，针对高校慕课创建资金短缺的现实困境，也可以依托互联网平台，建立实施慕课平台众筹管理模式，将教师的课程建设创意通过互联网推向市场，吸引各方面力量募集资金，以进行高质量的慕课平台建设，形成一种相得益彰的良性协作关系。"互联网＋"时代条件下，网络的普及使人与人、群体与群体间高度链接，思想的交汇使得以"蜂群思维"为主流的新型生产模式即"众创"得以萌芽并快速发展。在教师培训课程慕课平台建设中，众创模式同样可以发挥其应有的效用。首先，慕课课程的创建可以广泛征集教师的学习意愿，选择性地开发新课程，这样的课程也才能真正满足教师的培训需求，提高课程资源的使用率。其次，课程团队的构成也可以广纳相关专业教师，共同开发、协同创新，促进跨时空教师团队的形成，如国内已有东西部高校课程共享联盟、上海高校课程中心等高校课程联盟。

三 "开放"的培训形式设计

"互联网＋"时代，开放性是教师培训体系的重要特征之一。在现代培训体系中，原则上学习对象可以实现在各类培训机构、培训场所之间进行流动。而且，不同培训机构之间的各种要素也是融通的，如师资、教材、课程、方法等，都面对公众开放并能够与其他培训机构或与其他级类的教育共享。

首先，对于教师个人来讲，学习是一个终身的过程，参加培训也应是一个持续一生的过程。虽然每个个体在时间跨度上都可以分为不同的年龄阶段或工作阶段，但这些阶段之间不是相互隔绝封闭的。或者说，终身学习是一种理念，它可以在个体人生的任何阶段或时刻开始，而不用苛求参训者的年龄、学历、资历、能力等。因此，在个性化教师培训中，培训对象应具有多层次性、包容性。

其次，参训教师与培训的组织者、培训教师之间，应是一种新型的、开放性的关系。一方面，在具体培训过程中，这种开放关系体现为参训教师和培训教师之间是教学相长的关系，二者的身份在一定程度上可以互换。通过各种在线学习工具、大规模开放在线课程（如慕课、微课）等，学习者可以实现与教师的在线互动，分享自身观点并与其他参训者进行讨论，教师学习随时随地发生。另一方面，开放性的培训课程体系也将促使教师自己成为培训资源的建设者和分享者。

最后，互联网技术和大数据分析等使得教师培训走向混合式学习模式。混合学习是教育领域的一个热门词汇，它融合了在线学习和传统课堂学习的双重体验，让教师因材施教、分层次教学。在大数据时代，高度发达的信息技术丰富了学习资源，为混合学习的深入、优质推广提供了支撑。在传统师资培训中，由于时空限制，培训教师"教"与参训教师"学"的过程统一在课堂上进行，造成培训节奏快、参训教师参与兴致不高、培训效率低下等问题。而混合式学习则能针对这些问题及时调整教学方式，通过视频、音频、图像等将学习者不能有效理解的知识内容放在线上与学习者进行沟通、讲解。"教"与"学"通过线上与线下的有机结合，能够使培训在有限的课堂时间内将重点、难点传授给参训教师。另外，大数据分析也为教师带来了丰富多样的学习资源和学习建议，使在专家指导和同行帮助下的教学设计、实施、评价和改进更有针对性、更有实效性。总之，以教师发展为中心的混合式学习模式将有效提高教师培训质量，指向教师个性化的发展。

第三节 培训目标

"互联网＋"时代背景下，个性化教师培训下的参训教师应成为学生发展的促进者、教学实践的反思者、专业发展的行动者。

一 教师：学生发展的促进者

在当今时代，促进学生的个性化发展已经成为教育界的重要呼声，而教师作为在教育活动中直接影响学生的个体，在教育过程中就承担着不可推卸的责任。学生个性发展的实现离不开教师的专业发展，在教师专业发展的过程中，只有有个性的教师才能培养出有个性的学生。因此，基于教师个性化的专业发展，就承担了培养有个性的教师的责任，让教师的专业发展呈现出自己的特点，形成自己的教育或教学风格。有了学生个性化发展的前提和基本条件——有个性的教师，这无疑将为学生的个性化发展提供丰富的营养和有力的助推。因为教师的个性会极大地影响学生的认知和情感发展，然而，学生似乎对教师有一种天然的"教师导向"——教师的情感态度会自然地对学生产生"罗森塔尔效应"，从而影响学生。自然，老师的性格就像那精致的春雨，"随风潜入夜，润物细无声"，对学生有一种潜移默化的影响。因此，教师的个性化专业发展不仅是教师个人发展的需要，也是学生个性发展的需要。毕竟，"未来教师的任务是培养人的个性，并为其进入现实世界打好基础"。只有教师的个性得到充分发展，才不会为学生提供"一锅粥"的学习内容，也不会对学生进行放之四海而皆准的指导，而会根据学生个性的不同，采取个性化的教育方法，尊重学生的"创造力"，最终促进他们的全面发展。

二 教师：教学实践的反思者

反思作为一种可贵的思维方式，可以帮助人们在工作和生活过程中不断发展自我、完善自我，获得思想的自由和幸福。教学反思是教师对自己的教学过程进行审视与思考的过程，教学反思可以帮助教师在活动中重新认识自我，从而获得真实、有效的职业体验。优秀的教师必定是勤于反思自身教学工作的人，他们善于从本身的教育教学问题出发，结合自身经验，使理论与实践相结合，不断改善自己的教学行为，提高工作效率。在"互联网+"背景下的个性化教师培训中，教师也应成为教学实践的反思者，在反思中不断提高专业能力，以保证教育教学工作的高质量、高水平。

首先，在思想上提升教师对教学反思的认识。在新课程改革中，强调教师要持续不断地进行教学反思。教学反思是教师专业成长的重要手段，而在大多数教师撰写的反思日志中，我们可以看到胡乱应付、流于形式的现象尤为普遍。教师在所谓的"反思"后，之后的课堂实践并没有改变之前反思中存在的问题，教学过程依旧问题重重，反思也没有起到应有的效果。而教学反思不仅仅是一种探索，更是教师在专业成长过程中维系理论与实践的桥梁，它需要教师在思想层面真正认识到反思的重要性，并在教学活动中真正做到"教中学、学中教"。

其次，在理论上提升教师的反思技能。在教师教学反思中存在着诸多问题，如反思问题存在分散零碎的情况、反思深度不够、反思效果不明显等，这些问题在很大程度上是因为教师理论水平缺乏，不能使理论与实践实现有机的整合，在反思过程中也缺乏有效的思考。对此，一方面应通过个性化教师培训提升教师的理论水平，使教师不仅要"知其然"，还要"知其所以然"。另一方面在个性化师资培训中可以通过同伴互助、专业引领等帮助教师掌握教学反思的内容和方法。

最后，在实践中提升教师的教育教学研究能力。教育科研是提高教师教学水平的有效途径，也是教师专业发展的必由之路。丰富的教学理论和教学实践是教师进行教学研究的基础，进而也会促进教师理论水平和教学水平的提高。因此，在个性化教师培训中，要特别注重教师科研能力的培养，帮助教师把教学过程中的反思材料转化为理论，形成自己的科研成果。

三 教师：专业发展的行动者

教师专业发展是世界教师教育的重要趋势，日益成为教师教育研究的主流话语。教师的专业发展是教师作为个体，其专业不断发展的过程，也是教师在信息化时代条件下不断接受新知识、新观点，提高自身专业能力的过程。教师是从事教育教学工作的专门人员，需要在不断的实践过程中拓展其专业内涵，从不成熟走向成熟，才能在激烈的竞争环境中脱颖而出。

教师的专业发展与其自身学习过程具有内在一致性，教师的专业学习内涵是丰富的，不仅仅是对教育知识的认识与了解，更是其专业技能的不断提升与完善。在"互联网+"时代条件下，教师学习能力的高低、学习效果的优劣直接影响着其专业发展。因此，教师的个性化学习从未像现在这样成为教师专业发展的必经之路。因为不同的教师有不同的教育理想和教学方式，同样就有不同的专业发展需求，更为重要的是，"个性化学习"与"个性化教师"在某种程度上具有内在的一致性，没有个性化的培训就不可能培养出个性化的教师，没有个性化的教师也就不可能培养出个性化的学生。

首先，个性化教师培训应培育教师的专业精神。专业精神主要指教师对教育事业的责任感，具有甘为人梯、乐于奉献、勤恳敬业的精神，它是教师做好本职工作的重要保证，也是教师教育人格的重要组成部分。其次，个性化教师培训应帮助教师树立正确的教育理念。教育理念是教师个体的认识、经验行为在其头脑中的反映，主要指教师对教育工作本质和教育观念的理解和信仰。在"互联网＋"时代，教师的教育理念应不断顺应时代发展的潮流，摒弃传统的错误理念，不断接受和学习新知识、新观点、新思想，实现自身心灵的解放并促进学生的全面发展。再次，个性化教师培训应提升教师专业知识。教师专业知识是教师从事本职业的基本前提，在个性化教师培训中，应针对教师的个性化学习需求不断提升教师的专业水平。又次，个性化教师培训应提高教师的专业能力。专业能力主要包括教师的人际交往能力、组织管理能力和教育科研能力等。最后，个性化教师培训应不断生成教师的专业智慧。专业智慧主要是指教师具有独特的学科观和专业观，具有感知、判断新形势、新问题的能力，善于把握教育机会，能机智应对教育矛盾和冲突，并快速做出教育决策和选择。教师的教育智慧不是与生俱来的，而是上述诸方面专业发展要求的产物，更是教师在长期的学习和教育实践中积累的宝贵财富。

因此，在"互联网＋"时代条件下，个性化教师培训应成为一种教师专业成长的范式，开展个性化教师培训要做到从抽象的教师回到具体的"每一个人"去思考，充分尊重教师的主体地位，让每一个教师都走上属于自身的专业成长之路。

第五章 "互联网+"背景下个性化教师培训内容

个性化教师培训理念与目标的确立，必然要求设计和组织相对应的课程及其内容。"互联网+"教师培训模式的特点，决定了个性化教师的培训主要来源于网络。但如何通过网络平台来满足教师的个性化发展，国内还很少涉及这方面的专门研究。虽然各个网络学习平台也都在进行着诸如精品课程和公开课程等建设，但这些课程内容的建设很少涉及教师的专业发展。许多网络学习平台的课程内容在很大程度上是由所依托的高校课程来决定的，大多数教师并不清楚如何构建自己的学习体系。

"互联网+"作为教师个性化培训的重要来源，两者之间到底如何联结？网络学习平台如何根据教师的特点来构建专业化的课程内容？这些问题不明确、不界定，缺乏科学的课程内容体系做依托，网络学习平台对于个性化教师的培训就会受阻，导致课程培训内容难以满足社会变迁对教师专业培养发展的需要。

本章第一节根据宏观政策对于教师专业发展要求为导向，探讨了"互联网+"背景下教育信念与责任的培养，第二节通过教师专业发展的分析研究"互联网+"背景下教育知识与能力的学习，第三节讨论了"互联网+"背景下教育实践与体验的获得。

第一节 "互联网+"背景下教育信念与责任的培养

"互联网+"背景下的教师培训内容选择一般有两条路径：一

条是由网络学习平台根据宏观政策导向下的培养目标来确定课程，再由培训教师根据课程培训目标来选择内容（实践中，许多课程内容往往由所开课的专家决定）；另一条路径是采用顶层设计的方法，先从构成培训教师的理想信念中筛选出构成整个课程体系的内容，然后按每门培训课程的培养目标需要将这些内容分配到不同的课程中去。

2008 年，教育部对《中小学教师职业道德规范》进行修订，明确提出了爱国守法、爱岗敬业、关爱学生、教书育人、为人师表、终身学习①的六大方针；2011 年，教育部在随后出台的《高等学校教师职业道德规范》中首次针对高校教师同样提出了爱国守法、敬业爱生、教书育人、严谨治学、服务社会、为人师表②的二十四字方针。这些规范为教师培训目标的确立提供了核心导向，也为网络学习平台针对培训目标而设立的培训课程内容提供了一种要求。

但是，由于规范给出的基本意见偏向于道德引领（规范本身就是希望各个学校根据自身的实际经验去落实相关教师培训），再加上部分学校和教师培训动力不足、缺乏相应的培训平台等原因，规范对于教师教育信念与责任培养的执行效果并不理想。尽管如此，这些规范为"互联网＋"时代背景下的个性化教师培训提供了参考。

一 教育信念与责任的理论依据

信念是指人们对自己的想法观念及意识行为倾向，强烈的坚定不移的确信与信任。③ 责任在社会学中往往是衡量一个人的道德标杆。教师的教育信念是指处于特定文化中的教育者对某种教育观念、学生观以及教师角色观念的确认和坚信。④ 教师的教育信念可以看作是

---

① 中华人民共和国教育部：《教育部　中国教科文卫体工会全国委员会关于重新修订和印发〈中小学教师职业道德规范〉的通知》，2008 年，http：//www. moe. gov. cn/s78/A10/s7058/201410/t20141021_ 178929. html，2020 年 11 月 24 日。

② 中华人民共和国教育部：《教育部　中国教科文卫体工会全国委员会关于印发〈高等学校教师职业道德规范〉的通知》，2011 年，http：//www. moe. gov. cn/srcsite/A04/s7051/201112/t20111223_ 180798. html，2020 年 11 月 24 日。

③ 林崇德等编：《心理学大辞典》，上海教育出版社 2003 年版，第 1431 页。

④ 董海霞：《论教师教育信念问题与危机的文化根源》，《当代教育科学》2019 年第 4 期。

指引教师教育教学的专业理念，而教育责任则可以看作是对于师德的充分论证。

教育部2012年、2013年和2015年先后发布的《幼儿园教师专业标准（试行）》（2012）、《小学教师专业标准（试行）》（2012）、《中学教师专业标准（试行）》（2012）、《中等职业学校教师专业标准（试行）》（2013）和《特殊教育教师专业标准（试行）》（2015）中分别对教师的专业标准做了明确的维度划分，其中教师的"专业理念与师德"被列为三大维度之首（见表5-1至表5-5）。

表5-1 《幼儿园教师专业标准（试行）》专业理念①（2012）

维度	领域	基本要求
专业理念与师德	（一）职业理解与认识	1. 贯彻党和国家教育方针政策，遵守教育法律法规。2. 理解幼儿保教工作的意义，热爱学前教育事业，具有职业理想和敬业精神。3. 认同幼儿园教师的专业性和独特性，注重自身专业发展。4. 具有良好职业道德修养，为人师表。5. 具有团队合作精神，积极开展协作与交流。
	（二）对幼儿的态度与行为	6. 关爱幼儿，重视幼儿身心健康，将保护幼儿生命安全放在首位。7. 尊重幼儿人格，维护幼儿合法权益，平等对待每一个幼儿。不讽刺、挖苦、歧视幼儿，不体罚或变相体罚幼儿。8. 信任幼儿，尊重个体差异，主动了解和满足有益于幼儿身心发展的不同需求。9. 重视生活对幼儿健康成长的重要价值，积极创造条件，让幼儿拥有快乐的幼儿园生活。
	（三）幼儿保育和教育的态度与行为	10. 注重保教结合，培育幼儿良好的意志品质，帮助幼儿形成良好的行为习惯。11. 注重保护幼儿的好奇心，培养幼儿的想象力，发掘幼儿的兴趣爱好。12. 重视环境和游戏对幼儿发展的独特作用，创设富有教育意义的环境氛围，将游戏作为幼儿的主要活动。13. 重视丰富幼儿多方面的直接经验，将探索、交往等实践活动作为幼儿最重要的学习方式。14. 重视自身日常态度言行对幼儿发展的重要影响与作用。15. 重视幼儿园、家庭和社区的合作，综合利用各种资源。
	（四）个人修养与行为	16. 富有爱心、责任心、耐心和细心。17. 乐观向上、热情开朗、有亲和力。18. 善于自我调节情绪，保持平和心态。19. 勤于学习，不断进取。20. 衣着整洁得体，语言规范健康，举止文明礼貌。

---

① 中华人民共和国教育部：《教育部关于印发〈幼儿园教师专业标准（试行）〉〈小学教师专业标准（试行）〉和〈中学教师专业标准（试行）〉的通知》，2012年，http：//www.moe.gov.cn/srcsite/A10/s6991/201209/t20120913_ 145603.html，2020年11月24日。

表 5 - 2　　《小学教师专业标准（试行）》专业理念（2012）

维度	领域	基本要求
专业理念与师德	（一）职业理解与认识	1. 贯彻党和国家的教育方针政策，遵守教育法律法规。 2. 理解小学教育工作的意义，热爱小学教育事业，具有职业理想和敬业精神。 3. 认同小学教师的专业性和独特性，注重自身专业发展。 4. 具有良好的职业道德修养，为人师表。 5. 具有团队合作精神，积极开展协作与交流。
	（二）对小学生的态度与行为	6. 关爱小学生，重视小学生的身心健康，将保护小学生生命安全放在首位。 7. 尊重小学生独立人格，维护小学生合法权益，平等对待每一位小学生。不讽刺、挖苦、歧视小学生，不体罚或变相体罚小学生。 8. 信任小学生，尊重个体差异，主动了解和满足有益于小学生身心发展的不同需求。 9. 积极创造条件，让小学生拥有快乐的学校生活。
	（三）教育教学的态度与行为	10. 树立育人为本、德育为先的理念，将小学生的知识学习、能力发展与品德养成相结合，重视小学生全面发展。 11. 尊重教育规律和小学生身心发展规律，为每一个小学生提供合适的教育。 12. 引导小学生体验学习乐趣，保护小学生的求知欲和好奇心，培养小学生的广泛兴趣、动手能力和探究精神。 13. 引导小学生学会学习，养成良好的学习习惯。 14. 尊重和发挥好少先队组织的教育引导作用。
	（四）个人修养与行为	15. 富有爱心、责任心、耐心和细心。 16. 乐观向上、热情开朗、有亲和力。 17. 善于自我调节情绪，保持平和心态。 18. 勤于学习，不断进取。 19. 衣着整洁得体，语言规范健康，举止文明礼貌。

表5-3 《中学教师专业标准（试行）》专业理念（2012）

维度	领域	基本要求
专业理念与师德	（一）职业理解与认识	1. 贯彻党和国家教育方针政策，遵守教育法律法规。 2. 理解中学教育工作的意义，热爱中学教育事业，具有职业理想和敬业精神。 3. 认同中学教师的专业性和独特性，注重自身专业发展。 4. 具有良好的职业道德修养，为人师表。 5. 具有团队合作精神，积极开展协作与交流。
	（二）对学生的态度与行为	6. 关爱中学生，重视中学生身心健康发展，保护中学生生命安全。 7. 尊重中学生独立人格，维护中学生合法权益，平等对待每一个中学生。不讽刺、挖苦、歧视中学生，不体罚或变相体罚中学生。 8. 尊重个体差异，主动了解和满足中学生的不同需要。 9. 信任中学生，积极创造条件，促进中学生的自主发展。
	（三）教育教学的态度与行为	10. 树立育人为本、德育为先的理念，将中学生的知识学习、能力发展与品德养成相结合，重视中学生的全面发展。 11. 尊重教育规律和中学生身心发展规律，为每一位中学生提供合适的教育。 12. 激发中学生的求知欲和好奇心，培养中学生学习兴趣和爱好，营造自由探索、勇于创新的氛围。 13. 引导中学生自主学习、自强自立，培养良好的思维习惯和适应社会的能力。 14. 尊重和发挥好共青团、少先队组织的教育引导作用。
	（四）个人修养与行为	15. 富有爱心、责任心、耐心和细心。 16. 乐观向上、热情开朗、有亲和力。 17. 善于自我调节情绪，保持平和心态。 18. 勤于学习，不断进取。 19. 衣着整洁得体，语言规范健康，举止文明礼貌。

表 5 – 4　　《中等职业学校教师专业标准（试行）》专业理念①（2012）

维度	领域	基本要求
专业理念与师德	（一）职业理解与认识	1. 贯彻党和国家教育方针政策，遵守教育法律法规。 2. 理解职业教育工作的意义，把立德树人作为职业教育的根本任务。 3. 认同中等职业学校教师的专业性和独特性，注重自身专业发展。 4. 注重团队合作，积极开展协作与交流。
	（二）对学生的态度与行为	5. 关爱学生，重视学生身心健康发展，保护学生人身与安全。 6. 尊重学生，维护学生合法权益，平等对待每一个学生，采用正确的方式方法引导和教育学生。 7. 信任学生，积极创造条件，促进学生的自主发展。
	（三）教育教学态度与行为	8. 树立育人为本、德育为先、能力为重的理念，将学生的知识学习、技能训练与品德养成相结合，重视学生的全面发展。 9. 遵循职业教育规律、技术技能人才成长规律和学生身心发展规律，促进学生职业能力的形成。 10. 营造勇于探索、积极实践、敢于创新的氛围，培养学生的动手能力、人文素养、规范意识和创新意识。 11. 引导学生自主学习、自强自立，养成良好的学习习惯和职业习惯。
	（四）个人修养与行为	12. 富有爱心、责任心，具有让每一个学生都能成为有用之才的坚定信念。 13. 坚持实践导向，身体力行，做中教，做中学。 14. 善于自我调节，保持平和心态。 15. 乐观向上、细心耐心、有亲和力。 16. 衣着整洁得体，语言规范健康，举止文明礼貌。

---

① 教育部：《教育部关于印发〈中等职业学校教师专业标准（试行）〉的通知》，2013 年，http：//www. moe. gov. cn/srcsite/A10/s6991/201309/t20130924_ 157939. html，2020年 11 月 24 日。

表 5 - 5　《特殊教育教师专业标准（试行）》专业理念① （2015）

维度	领域	基本要求
专业理念与师德	（一）职业理解与认识	1. 贯彻党和国家教育方针政策，遵守教育法律法规。 2. 理解特殊教育工作的意义，热爱特殊教育事业，具有职业理想和敬业精神。 3. 认同特殊教育教师职业的专业性、独特性和复杂性，注重自身专业发展。 4. 具有良好的职业道德修养和人道主义精神，为人师表。 5. 具有良好的团队合作精神，积极开展协作交流。
	（二）对学生的态度与行为	6. 关爱学生，将保护学生生命安全放在首位，重视学生的身心健康发展。 7. 平等对待每一位学生，尊重学生人格尊严，维护学生合法权益。不歧视、讽刺、挖苦学生，不体罚或变相体罚学生。 8. 理解残疾是人类多样性的一种表现，尊重个体差异，主动了解和满足学生身心发展的特殊需要。 9. 引导学生正确认识和对待残疾，自尊自信、自强自立。 10. 对学生始终抱有积极的期望，坚信每一位学生都能成功，积极创造条件，促进学生健康快乐成长。
	（三）教育教学的态度与行为	11. 树立德育为先、育人为本、能力为重的理念，将学生的品德养成、知识学习与能力发展相结合，潜能开发与缺陷补偿相结合，提高学生的综合素质。 12. 尊重特殊教育规律和学生身心发展特点，为每一位学生提供合适的教育。 13. 激发并保护学生的好奇心和自信心，引导学生体验学习乐趣，培养学生的动手能力和探究精神。 14. 重视生活经验在学生成长中的作用，注重教育教学、康复训练与生活实践的整合。 15. 重视学校与家庭、社区的合作，综合利用各种资源。 16. 尊重和发挥好少先队、共青团组织的教育引导作用。
	（四）个人修养与行为	17. 富有爱心、责任心、耐心、细心和恒心。 18. 乐观向上、热情开朗、有亲和力。 19. 具有良好的耐挫力，善于自我调适，保持平和心态。 20. 勤于学习，积极实践，不断进取。 21. 衣着整洁得体，语言规范健康，举止文明礼貌。

① 教育部：《教育部关于印发〈特殊教育教师专业标准（试行）〉的通知》，2015 年，http：//www. moe. gov. cn/srcsite/A10/s6991/201509/t20150901_ 204894. html，2020 年 11 月 24 日。

五大《教师专业标准》中对于各个层次的"教师的专业理念与师德"都做了明确的说明，其主要包括"职业理解与认识"、"对学生的态度与行为"、"教育教学的态度与行为"和"个人修养与行为"四个领域。教师的培训目标自然要依托于不同的专业标准维度来实现，教师的培训内容需要在相应维度范围内寻找适应的领域，并从中依托教师的层次规划课程要求，"专业理念与师德"的四个领域自然是作为教师培训的首要指标。这也就不难理解为什么"互联网＋"时代背景下的教师个性化培训内容为什么要以教育信念和责任作为开端。

二　教育信念与责任的现实要求

教育是一种基于信念的活动。教师的教育信念不仅蕴含着教师的激情，而且还包含着责任、使命和信仰。随着当今社会的不断发展，教师的专业发展也备受关注。许多证据表明，教师的信念比教师的知识更能影响其教学计划、教学决策和课堂实践。① 教师的教育信念作为指引教师教学的重要因素之一，也越来越受到教育研究人员和实践工作者的重视。国内的相关研究大多将教师定位于理想化的社会代言人和文化传播者，进行应然的研究。对于教育信念这样一种具有明显内隐性、独特性的教育现象来说，一成不变的教育和教育思想是缺乏生命力的，在"互联网＋"背景下，顺应科技发展培训教育工作者不断完善教育信念，形成符合自己喜好、习惯的个性化教学信念和责任。

成为一名优秀的人民教师是一个任重而道远的过程，在这个道路的不同阶段，针对教师职前、职中的培训是多方面的。一个人早期的经验会极大地影响个体最终的判断，这种判断继而变成了不易改变的具有持久性的信念。② 这个道理同样适用于教师的发展，坚定的教育信念有助于给师范生专业学习提供最初的原动力，也可保障其职业可

---

① 刘雄英：《师范生教育信念的养成——基于课程与教学论的视角》，《教育与职业》2010 年第 24 期。

② 刘雄英：《师范生教育信念的养成——基于课程与教学论的视角》，《教育与职业》2010 年第 24 期。

持续发展。可见教师的职前培训对其未来的教育是很重要的，对于职前的教师的培训，我们更多地应从师范教育入手，师范生的教育教学信念会自然地在个人学习过程中慢慢生成，但自发生成的教育信念存在很多不确定性，这就需要对师范生进行系统的培训，帮助师范生把握正确教育信念的方向。

目前师范生对教学都有着较为强烈的激情，他们心怀壮志，对未来的教师职业生涯抱有很大的期待，在此基础上，首先，应该培养他们坚持强烈的激情，让他们保持对教育的持续热爱；其次，应该加强师范生的教育初心的培养，不要单纯地为了找份好工作而选择这份职业；再次，"育人为本"不仅是当前我国教育事业改革与发展的重要方针之一，也是教育工作的根本要求，因此要培养他们坚持"育人为本"① 的教育信念，坚持"落红不是无情物，化作春泥更护花"的奉献自我的教育价值观念，实现自己的人生价值；最后，培养他们强烈的责任意识，不做虚假工作，踏踏实实认真学习，应给师范生提供深入现实校园的机会，让他们用心体会学校的教育教学现状，观察学生在校生活，揣摩学生心理，积累第一手教育教学的个人经验，增加对教育事业的情感迁移，培养对教育教学的责任感，建构自己的教育信念。

对于处在职中的教师，教育信念更是他们坚持教学的最初动力，学校、社会对他们提出的要求也更多。职中的教师经历长期循环、重复的教学生活，非常容易产生对教学工作的倦怠感，找不到最初的热情，因此，应培训他们灵活多变的教学方式，培训他们敢于创新的观念，不要让他们故步自封，局限于自己教育经验的安全区，要让他们学会依靠"互联网＋"丰富自己的教学方式，使自己的课堂充满趣味性，创新教育教学方式，借以重燃他们对教学工作的兴趣和热情之火；社会主义教育的根本利益，要求教师在教育劳动中采取正确的劳动态度，正确处理教育劳动各方面的关系。因此，在当今互联网发展迅速的背景下，应培养教师感知与学生、与

---

① 杨晓平：《论职前教师专业成长的路径与策略——基于〈教师教育课程标准（试行）〉的思考》，《教师教育论坛》2016 年第 5 期。

其他教师、与社会教育事业的紧密关系，借以加强教师的责任感；对教师的培训应借助大数据分析技术和模式识别算法，对参训教师与需求信息做深度聚类分析和精准匹配，深入、客观地明确"不同类型教师的培训内容需求"，帮助其树立正确的教学观，自己深入研究学科，形成适合自己的教学风格，形成个性化的教学形式。

　　"互联网＋"背景下的教育信念与责任的培养在课程内容体现上应能体现教师理念与师德的四大领域。如"职业的理解与认识"围绕教师职业的独特性（见资料1）、国家的教育方针政策、不同层次教育专业的属性三个方面具体开展；"对学生的态度与行为"应包含关爱学生、理解学生、尊重学生、信任学生四个层次；"教育教学的态度与行为"应依照国家课程改革定位为德育为先、育人为本、质量为重、引导为主；"个人修养与行为"应从品质、性格、心理和文明四个为人师表的方面加以培养。

资料1：教育理想是谁的理想①

　　教育理想要想成为学习者的理想，作为教育实践者的主体双方就必须首先都成为"有理想的人"，只有这样，才能在双方展开"有理想的教育对话"，进而才能成就教育实践者双方所共同追求的"教育理想"。它意味着教育实践者双方要在"教育实践"的意义上将对自身的"理想自觉"与对方的"理想他觉"熔铸到"学习者成长"的这一价值进程中去尊重、去演绎、去表达，将自身对于教育理想的价值诉求放置到自身所体验和追求的现实生活世界去解读、去描绘、去形成；它意味着有理想的教育者和学习者能够自觉地将"成就教育"和"通过教育成就共同理想"作为其双方生命成长的共同旨趣，并在这种共同旨趣的指引下展开"有理想的人"之间的对话和交往。

---

　　① 王占魁：《教育理想是谁的理想》，《教育理论与实践》2011年第10期。

第二节 "互联网+"背景下教育知识与能力的学习

"什么知识最有价值?"是 1859 年英国哲学家和社会学家斯宾塞(H. Spencer)提出的一个著名命题。在"互联网+"背景下的个性化教师培训中,课程内容的价值自然体现在教育知识的学习上。因此,要从教师专业发展中回答斯宾塞的命题,在很大程度上相当于在讨论教师专业标准中哪些维度最具有实践性,其实质是对教育知识的研讨。

欲对教育知识学习进行设置,就要看开设的课程是否满足教师的需要,以及这些需要对于教师本身专业发展的相关性。培训课程的开设既可以是专业性的知识,也可以是通识性的知识。由于层次视角的不同,培训教师选择的课程方向也往往各有倾向,非但对于专业知识和通识知识的选择不同,甚至专业知识的课程选择也会随着教龄的不同阶段而发生变化。而培训内容所反映的是教师对于自身专业发展的一种价值趋向,这种趋向本身也会影响到教育知识和体验的选择。

一 教育知识与能力的理论依据

要提高教师知识与能力培训的质量,就应该不断地对课程进行批判,而来自专业标准的反馈和要求则是最主要的参考标准。五大专业标准对于师德教育知识都有明确的指向,其主要包含了"教育知识"、"学科知识"、"教学知识"和"通识性知识"四个领域。

表5-6 《幼儿园教师专业标准（试行）》专业知识① （2012）

专业知识	（五）幼儿发展知识	21. 了解关于幼儿生存、发展和保护的有关法律法规及政策规定。 22. 掌握不同年龄幼儿身心发展特点、规律和促进幼儿全面发展的策略与方法。 23. 了解幼儿在发展水平、速度与优势领域等方面的个体差异，掌握对应的策略与方法。 24. 了解幼儿发展中容易出现的问题与适宜的对策。 25. 了解有特殊需要幼儿的身心发展特点及教育策略与方法。
	（六）幼儿保育和教育知识	26. 熟悉幼儿园教育的目标、任务、内容、要求和基本原则。 27. 掌握幼儿园各领域教育的学科特点与基本知识。 28. 掌握幼儿园环境创设、一日生活安排、游戏与教育活动、保育和班级管理的知识与方法。 29. 熟知幼儿园的安全应急预案，掌握意外事故和危险情况下幼儿安全防护与救助的基本方法。 30. 掌握观察、谈话、记录等了解幼儿的基本方法和教育心理学的基本原理和方法。 31. 了解0—3岁婴幼儿保教和幼小衔接的有关知识与基本方法。
	（七）通识性知识	32. 具有一定的自然科学和人文社会科学知识。 33. 了解中国教育基本情况。 34. 具有相应的艺术欣赏与表现知识。 35. 具有一定的现代信息技术知识。

---

① 中华人民共和国教育部：《教育部关于印发〈幼儿园教师专业标准（试行）〉〈小学教师专业标准（试行）〉和〈中学教师专业标准（试行）〉的通知》，2012 年，http://www.moe.gov.cn/srcsite/A10/s6991/201209/t20120913_145603.html，2020 年 11 月 24 日。

表 5－7　　《小学教师专业标准（试行）》专业知识（2012）

专业知识	（五）小学生发展知识	20. 了解关于小学生生存、发展和保护的有关法律法规及政策规定。 21. 了解不同年龄及有特殊需要的小学生身心发展的特点和规律，掌握保护和促进小学生身心健康发展的策略与方法。 22. 了解不同年龄小学生学习的特点，掌握小学生良好行为习惯养成的知识。 23. 了解幼小和小初衔接阶段小学生的心理特点，掌握帮助小学生顺利过渡的方法。 24. 了解对小学生进行青春期和性健康教育的知识和方法。 25. 了解小学生安全防护的知识，掌握针对小学生可能出现的各种侵犯与伤害行为的预防与应对方法。
	（六）学科知识	26. 适应小学综合性教学的要求，了解多学科知识。 27. 掌握所教学科的知识体系、基本思想与方法。 28. 了解所教学科与社会实践、少先队活动的联系，了解与其他学科的联系。
	（七）教育教学知识	29. 掌握小学教育教学基本理论。 30. 掌握小学生品行养成的特点和规律。 31. 掌握不同年龄小学生的认知规律和教育心理学的基本原理和方法。 32. 掌握所教学科的课程标准和教学知识。
	（八）通识性知识	33. 具有相应的自然科学和人文社会科学知识。 34. 了解中国教育基本情况。 35. 具有相应的艺术欣赏与表现知识。 36. 具有适应教育内容、教学手段和方法现代化的信息技术知识。

表 5 - 8　　　《中学教师专业标准（试行）》专业知识（2012）

专业知识	（五）教育知识	20. 掌握中学教育的基本原理和主要方法。 21. 掌握班级、共青团、少先队建设与管理的原则与方法。 22. 掌握教育心理学的基本原理和方法，了解中学生身心发展的一般规律与特点。 23. 了解中学生世界观、人生观、价值观形成的过程及其教育方法。 24. 了解中学生思维能力、创新能力和实践能力发展的过程与特点。 25. 了解中学生群体文化特点与行为方式。
	（六）学科知识	26. 理解所教学科的知识体系、基本思想与方法。 27. 掌握所教学科内容的基本知识、基本原理与技能。 28. 了解所教学科与其他学科的联系。 29. 了解所教学科与社会实践及共青团、少先队活动的联系。
	（七）学科教学知识	30. 掌握所教学科课程标准。 31. 掌握所教学科课程资源开发与校本课程开发的主要方法与策略。 32. 了解中学生在学习具体学科内容时的认知特点。 33. 掌握针对具体学科内容进行教学和研究性学习的方法与策略。
	（八）通识性知识	34. 具有相应的自然科学和人文社会科学知识。 35. 了解中国教育基本情况。 36. 具有相应的艺术欣赏与表现知识。 37. 具有适应教育内容、教学手段和方法现代化的信息技术知识。

表 5 - 9 **《中等职业学校教师专业标准（试行）》**
专业知识①（2012）

专业知识	（五）教育知识	17. 熟悉技术技能人才成长规律，掌握学生身心发展规律与特点。 18. 了解学生思想品德和职业道德形成的过程及其教育方法。 19. 了解学生不同教育阶段以及从学校到工作岗位过渡阶段的心理特点和学习特点，并掌握相关教育方法。 20. 了解学生集体活动特点和组织管理方式。
	（六）职业背景知识	21. 了解所在区域经济发展情况、相关行业现状趋势与人才需求、世界技术技能前沿水平等基本情况。 22. 了解所教专业与相关职业的关系。 23. 掌握所教专业涉及的职业资格及其标准。 24. 了解学校毕业生对口单位的用人标准、岗位职责等情况。 25. 掌握所教专业的知识体系和基本规律。
	（七）课程教学知识	26. 熟悉所教课程在专业人才培养中的地位和作用。 27. 掌握所教课程的理论体系、实践体系及课程标准。 28. 掌握学生专业学习认知特点和技术技能形成的过程及特点。 29. 掌握所教课程的教学方法与策略。
	（八）通识性知识	30. 具有相应的自然科学和人文社会科学知识。 31. 了解中国经济、社会及教育发展的基本情况。 32. 具有一定的艺术欣赏与表现知识。 33. 具有适应教育现代化的信息技术知识。

---

① 教育部：《教育部关于印发〈中等职业学校教师专业标准（试行）〉的通知》，2013 年，http://www.moe.gov.cn/srcsite/A10/s6991/201309/t20130924_157939.html，2020 年 11 月 24 日。

表 5-10　　　《特殊教育教师专业标准（试行）》专业知识①（2015）

专业知识	（五）学生发展知识	22. 了解关于学生生存、发展和保护的有关法律法规及政策。 23. 了解学生身心发展的特殊性与普遍性规律，掌握学生残疾类型、原因、程度、发展水平、发展速度等方面的个体差异及教育的策略和方法。 24. 了解对学生进行青春期教育的知识和方法。 25. 掌握针对学生可能出现的各种侵犯与伤害行为、意外事故和危险情况下的危机干预、安全防护与救助的基本知识与方法。
		26. 了解学生安置和不同教育阶段衔接的知识，掌握帮助学生顺利过渡的方法。
	（六）学科知识	27. 掌握所教学科知识体系的基本内容、基本思想和方法。 28. 了解所教学科与其他学科及社会生活的联系。
	（七）教育教学知识	29. 掌握特殊教育教学基本理论，了解康复训练的基本知识与方法。 30. 掌握特殊教育评估的知识与方法。 31. 掌握学生品德心理和教学心理的基本原理和方法。 32. 掌握所教学科的课程标准以及基于标准的教学调整策略与方法。 33. 掌握在学科教学中整合情感态度、社会交往与生活技能的策略与方法。 34. 了解学生语言发展的特点，熟悉促进学生语言发展、沟通交流的策略与方法。
	（八）通识性知识	35. 具有相应的自然科学和人文社会科学知识。 36. 了解教育事业和残疾人事业发展的基本情况。 37. 具有相应的艺术欣赏与表现知识。 38. 具有适应教育内容、教学手段和方法现代化的信息技术知识。

①　教育部：《教育部关于印发〈特殊教育教师专业标准（试行）〉的通知》，2015 年，http://www.moe.gov.cn/srcsite/A10/s6991/201509/t20150901_204894.html，2020 年 11 月 24 日。

由于国内大多数的教师培训内容在教育知识中重视学科知识和教学知识，忽视通识性知识和教育知识，如何在"互联网＋"的背景下培养教师的通用知识和可持续发展的实践能力就变得尤为重要。面对社会文化的快速变迁、学科交叉与融合的趋势，哪些是现阶段教师教学必需的知识，哪些是在后续的实践和生活中可能需要的知识，如果从教师专业发展的视角来看，教师培训内容首先应该使教师具备教育教学需要专业知识，在能胜任工作需要的同时也要着手为教师终身学习能力和良好的人文素养打好基础，使教师不光能完成本职工作，也能跟上整个社会发展的步伐以及自我"生活世界"不同成长阶段的需求。简而言之，教师教育知识和能力的学习既要立足当下，又要面向长远，为成为"卓越型"教师而奋斗。

二 教育知识与能力的现实要求

俄国教育家乌申斯基指出："在教育中，一切都应以教育者的个性为基础，因为教育的力量只能从人的个性这个活的源泉流出来。……只有个性才能影响个性的发展和定型，只有性格才能养成性格。"教师教育尽管分职前培养和职后培养两个阶段，由专业教育和师范教育两个部分组成，但它毕竟是教育的一种形式。教师首先是受教育者，是有个性的人，理应促进其个性化。加强个性化教育也绝对不是说只限于专业教育，而在师范教育中无足轻重。相反，在师范教育中加强个性化教育更为重要，因为教师不仅是教育活动的主体之一，而且还是开展个性化教育的组织者、实施者。个性化教师培训是对教师进行全面、客观的差异分析，既要分析不同教师之间的差异，又要了解同一群体之间不同个体的差异，从而准确把握教师的培训起点、培训兴趣、学习能力、学习方法等，并结合社会对教师素质的需要制定针对性的培训方案，提供相应的培训资源和服务支持，促进不同类型、不同层次教师的成长。而"互联网＋"背景下的个性化教师培训就是利用互联网等新技术打造网络化教育新模式，发挥互联网的优势，建设优质的网络培训课程，利用便利的互联网设施，进行网络研修。这样可以更好地提高教师自主学习的能力，提高培训的效果。

"互联网＋"背景下个性化教师培训目标的取向更加注重参训教师的主体性，更加具有针对性、生成性，越来越偏向教育科研能力的形成、专业实践知识和技能的掌握。同时个性化教师培训理念的形成和发展离不开因材施教和教师专业发展阶段性理论的支撑。根据不同层次、不同类型、不同领域的教师的需求制定相应的培训内容和目标，每个教师因受教育程度、工作经验、工作环境的不同，会形成不同的学习基础、学习态度、学习方法、学习偏好等。在培训中实施因材施教，首先，应承认并尊重教师的个性差异，要意识到适合一个教师专业发展的方式可能不完全适合另一个教师的专业发展。其次，深入分析参训教师的个性特征，了解其培训准备情况及学习风格，为培训设计工作提供重要的依据。最后，引导教师根据自身特征制定培训方案与计划，进而提高教师参训的主体意识，使其自觉参与到培训过程中去。"互联网＋"背景下教师教育知识和能力的学习也为教师专业化提供了一个更好的平台，教师专业化的内涵就是终身学习与发展，终身学习是所有教师专业发展的基础。现在，我国更新与完善教育思想、发展教育行业，要求教师逐步丰富知识，学习新的教学方法，适应时代发展要求。同时，教师要形成积极、远大的理想，在持续学习中促进自我发展。因而要将个性化教师知识能力的培训学习融入教师专业发展的每一个阶段，成为一名教师专业化进程中的必需课程。

个性化教师培训是依据教师个体的发展水平和社会发展对教师素质的需要，通过提供多样化培训资源和自主选择的手段，挖掘教师个体生命的潜能，发挥其主动性，促进每个教师全面而自由的发展，从而提高其教学能力的教师培训活动。因此"互联网＋"背景下教师培训内容的学习形式应该是灵活多样的，能够适应每个发展阶段的教师，学习时间和地点可以任由学习者选择，可以与学习者的生活各方面紧密结合。同时学习内容要与时俱进，适应时代发展的要求，能够与实际教学相结合，可供教师依据自身需求自主选择。

"互联网＋"背景下的教育知识与能力的学习在课程内容体现上

应能体现教师专业知识的四大领域。如"教育知识"围绕学生生存和发展的相关法律和学生身心发展的特点和规律两个方面具体开展；"学科知识"应包含学科知识体系的交叉性、学科知识体系的复杂性、学科知识体系的社会性三个层次；"教育教学知识"应依照国家课程改革定位为"学"和"教"的基本理论（见资料2）以及课程标准；"通识性知识"应从人文自然、艺术素养、信息技术三个知识储备的方面加以学习。

资料2：学科教学知识①

学科教学知识（Pedagogical Content Knowledge，PCK）是"专业知识"中的"学科知识"和"教育教学实践能力"的有机结合。它被认为是教师知识的核心，是教师区别于学科专家的最显著特征。舒尔曼认为，确认教学的知识基础之关键就在于学科知识和教育知识的交互作用，就在于教师拥有下面这种能力，即将他知晓的学科知识改造成在教学意义上有力的、能够适应学生不同能力和背景的形式上。

中小学教师发展PCK的策略主要包括：

（1）教师经验反思日常化

教师拥有大量教学经验，但没有反思的经验是狭隘的经验，至多成为肤浅的知识。波斯纳提出教师成长的公式：成长＝经验＋反思。教师在教学反思中建构PCK主要体现在以下两个方面：其一，教师通过反思自己的教育理念形成对学生、教学目标的设计和分解、知识与能力、知识与情意的新的认识，获得一种新的认知方式，逐渐形成自己的教学思想；其二，教学反思还是一种对自己教育思维方式的反思。

（2）建设学习共同体

可采取的方式有三种：一是"青蓝结对"，即新手教师与专家教师互动。双方既是师徒关系，又是同伴关系，在PCK知识

---

① ［日］筑波大学教育学研究会：《现代教育学基础》，钟启泉译，上海教育出版社1986年版，第4页。

的掌握和领悟上，可以以老带新，以新促老。二是"组内互动"，即同一教研组教师之间的互动。教研组成员聚焦于 PCK 开展集体备课、说课、听课与评课，在头脑风暴中获得有益促进。三是"活动引领"，即以专业性的活动作为教师合作学习的载体，如教师沙龙、热点讨论、难题会诊、教学比武、课例评价等。

（3）增强培训的学科性

现有的在职培训很难给教师 PCK 的提升与建构带来实质性的帮助，因为其忽视了 PCK 的动态性和生成性。应在教师培训中减少大规模理论培训，增加具体教学课题支撑的行动教育。同时，还可以将普适性的 PCK 积累起来，做成 PCK 知识库，作为培训内容之一。

第三节 "互联网＋"背景下教育实践与体验的获得

美国自 20 世纪初以来开始进入教育体验的教学改革时期，其中对其影响最深的有三个比较具有代表性的教育理论：一是以杜威（John Dewey）为代表的进步主义教学流派提出的经验教育[①]；二是以亚伯拉罕·马斯洛（Abraham Maslow）为首提出的高峰体验理论[②]；三是以加德纳（Howard Gardner）为首的多元智能理论流派提出的明朗化体验理论[③]。"实践"和"体验"似乎是贯穿整个美国 20 世纪到现在的主流教学思想，在这一思想的指导下，教育实践和体验作为"互联网＋"背景下个性化教师培训内容的三大板块之一，在培养教

[①] 杜威在 *Democracy and education*（1916）中提出，任何理论都应来源于经验，离开经验的理论，往往变成了单纯的书面公式或流行话语，甚至不能被称为理论。在这样的情况下，真正建立理论成为了不必需，而且是不可能的。

[②] 马斯洛在 *Religion, values and peak-experiences*（1970）中提出，高峰体验是指个体在短时间内感受到的高度感性的积极情绪。个体在经历高峰体验时会感到强烈的快乐、幸福与欣慰等积极体验，此时的情绪完全超越了如怀疑、怯懦、恐惧、压抑等消极体验，并感受到自我与环境融为一体。

[③] 加德纳和沃尔特斯在 *The crystallizing experience Discovering an intellectual gift*（1986）中提出：明朗化体验是指天才与他所擅长领域之间的物质联系。明朗化体验对个体会产生两种具有未来导向的作用：一是初始体验，即个体发现自己潜在的特殊才能；二是精炼体验，即在个体已经熟知自己的特殊才能时，聚焦于前所未有地发挥自己特殊才能的具体路径。

师专业能力方面发挥了至关重要的作用，受到了学校和教师的高度关注，也被许多网络学习平台列为核心课程类别之一。

本节简要地就《教师专业标准》的要求，分析一下"互联网＋"背景下的教育实践和体验内容的获得。

一 教育实践与体验的理论依据

教育实践与体验对于教师的个性化培训具有至关重要的意义。实际上，教育部在五大《教师专业标准》都提出了关于教育实践与体验获得的相关维度，并将其描述为"专业能力"。一般来说，在"互联网＋"模式下的教师培训，应牢牢把握"教育教学设计"、"组织与实施"、"激励与评价"、"沟通与合作"和"反思与发展"五大领域。

表 5 - 11 　《幼儿园教师专业标准（试行）》专业能力① （2012）

专业能力	（八）环境的创设与利用	36. 建立良好的师幼关系，帮助幼儿建立良好的同伴关系，让幼儿感到温暖和愉悦。 37. 建立班级秩序与规则，营造良好的班级氛围，让幼儿感到安全、舒适。 38. 创设有助于促进幼儿成长、学习、游戏的教育环境。 39. 合理利用资源，为幼儿提供和制作合适的玩教具和学习材料，引发和支持幼儿的主动活动。
	（九）一日生活的组织与保育	40. 合理安排和组织一日生活的各个环节，将教育灵活地渗透到一日生活中。 41. 科学照料幼儿日常生活，指导和协助保育员做好班级常规保育和卫生工作。 42. 充分利用各种教育契机，对幼儿进行随机教育。 43. 有效保护幼儿，及时处理幼儿的常见事故，危险情况下优先救护幼儿。

① 中华人民共和国教育部：《教育部关于印发〈幼儿园教师专业标准（试行）〉〈小学教师专业标准（试行）〉和〈中学教师专业标准（试行）〉的通知》，2012 年，http：//www. moe. gov. cn/srcsite/A10/s6991/201209/t20120913_ 145603. html，2020 年 11 月 24 日。

专业能力	（十）游戏活动的支持与引导	44. 提供符合幼儿兴趣需要、年龄特点和发展目标的游戏条件。 45. 充分利用与合理设计游戏活动空间，提供丰富、适宜的游戏材料，支持、引发和促进幼儿的游戏。 46. 鼓励幼儿自主选择游戏内容、伙伴和材料，支持幼儿主动地、创造性地开展游戏，充分体验游戏的快乐和满足。 47. 引导幼儿在游戏活动中获得身体、认知、语言和社会性等多方面的发展。
	（十一）教育活动的计划与实施	48. 制订阶段性的教育活动计划和具体活动方案。 49. 在教育活动中观察幼儿，根据幼儿的表现和需要，调整活动，给予适宜的指导。 50. 在教育活动的设计和实施中体现趣味性、综合性和生活化，灵活运用各种组织形式和适宜的教育方式。 51. 提供更多的操作探索、交流合作、表达表现的机会，支持和促进幼儿主动学习。
	（十二）激励与评价	52. 关注幼儿日常表现，及时发现和赏识每个幼儿的点滴进步，注重激发和保护幼儿的积极性、自信心。 53. 有效运用观察、谈话、家园联系、作品分析等多种方法，客观地、全面地了解和评价幼儿。 54. 有效运用评价结果，指导下一步教育活动的开展。
	（十三）沟通与合作	55. 使用符合幼儿年龄特点的语言进行保教工作。 56. 善于倾听，和蔼可亲，与幼儿进行有效沟通。 57. 与同事合作交流，分享经验和资源，共同发展。 58. 与家长进行有效沟通合作，共同促进幼儿发展。 59. 协助幼儿园与社区建立合作互助的良好关系。
	（十四）反思与发展	60. 主动收集分析相关信息，不断进行反思，改进保教工作。 61. 针对保教工作中的现实需要与问题，进行探索和研究。 62. 制定专业发展规划，不断提高自身专业素质。

表 5 - 12　　　《小学教师专业标准（试行）》专业能力（2012）

专业能力	（九）教育教学设计	37. 合理制订小学生个体与集体的教育教学计划。 38. 合理利用教学资源，科学编写教学方案。 39. 合理设计主题鲜明、丰富多彩的班级和少先队活动。
	（十）组织与实施	40. 建立良好的师生关系，帮助小学生建立良好的同伴关系。 41. 创设适宜的教学情境，根据小学生的反应及时调整教学活动。 42. 调动小学生学习积极性，结合小学生已有的知识和经验激发学习兴趣。 43. 发挥小学生主体性，灵活运用启发式、探究式、讨论式、参与式等教学方式。 44. 发挥好少先队组织生活、集体活动、信息传播等教育功能。 45. 将现代教育技术手段整合应用到教学中。 46. 较好使用口头语言、肢体语言与书面语言，使用普通话教学，规范书写钢笔字、粉笔字、毛笔字。 47. 妥善应对突发事件。 48. 鉴别小学生行为和思想动向，用科学的方法防止和有效矫正不良行为。
	（十一）激励与评价	49. 对小学生日常表现进行观察与判断，发现和赏识每一位小学生的点滴进步。 50. 灵活使用多元评价方式，给予小学生恰当的评价和指导。 51. 引导小学生进行积极的自我评价。 52. 利用评价结果不断改进教育教学工作。
	（十二）沟通与合作	53. 使用符合小学生特点的语言进行教育教学工作。 54. 善于倾听，和蔼可亲，与小学生进行有效沟通。 55. 与同事合作交流，分享经验和资源，共同发展。 56. 与家长进行有效沟通合作，共同促进小学生发展。 57. 协助小学与社区建立合作互助的良好关系。
	（十三）反思与发展	58. 主动收集分析相关信息，不断进行反思，改进教育教学工作。 59. 针对教育教学工作中的现实需要与问题，进行探索和研究。 60. 制订专业发展规划，积极参加专业培训，不断提高自身专业素质。

表 5 – 13　　《中学教师专业标准（试行）》专业能力（2012）

专业能力	（九）教学设计	38. 科学设计教学目标和教学计划。 39. 合理利用教学资源和方法设计教学过程。 40. 引导和帮助中学生设计个性化的学习计划。
	（十）教学实施	41. 营造良好的学习环境与氛围，激发与保护中学生的学习兴趣。 42. 通过启发式、探究式、讨论式、参与式等多种方式，有效实施教学。 43. 有效调控教学过程，合理处理课堂偶发事件。 44. 引发中学生独立思考和主动探究，发展学生创新能力。 45. 发挥好共青团、少先队组织生活、集体活动、信息传播等教育功能。 46. 将现代教育技术手段整合应用到教学中。
	（十一）班级管理与教育活动	47. 建立良好的师生关系，帮助中学生建立良好的同伴关系。 48. 注重结合学科教学进行育人活动。 49. 根据中学生世界观、人生观、价值观形成的特点，有针对性地组织开展德育活动。 50. 针对中学生青春期生理和心理发展特点，有针对性地组织开展有益身心健康发展的教育活动。 51. 指导学生理想、心理、学业等多方面发展。 52. 有效管理和开展班级、共青团、少先队活动。 53. 妥善应对突发事件。
	（十二）教育教学评价	54. 利用评价工具，掌握多元评价方法，多视角、全过程评价学生发展。 55. 引导学生进行自我评价。 56. 自我评价教育教学效果，及时调整和改进教育教学工作。
	（十三）沟通与合作	57. 了解中学生，平等地与中学生进行沟通交流。 58. 与同事合作交流，分享经验和资源，共同发展。 59. 与家长进行有效沟通合作，共同促进中学生发展。 60. 协助中学与社区建立合作互助的良好关系。
	（十四）反思与发展	61. 主动收集分析相关信息，不断进行反思，改进教育教学工作。 62. 针对教育教学工作中的现实需要与问题，进行探索和研究。 63. 制订专业发展规划，积极参加专业培训，不断提高自身专业素质。

表5-14　　《中等职业学校教师专业标准（试行）》专业能力①（2012）

专业能力	（九）教学设计	34. 根据培养目标设计教学目标和教学计划。 35. 基于职业岗位工作过程设计教学过程和教学情境。 36. 引导和帮助学生设计个性化的学习计划。 37. 参与校本课程开发。
	（十）教学实施	38. 营造良好的学习环境与氛围，培养学生的职业兴趣、学习兴趣和自信心。 39. 运用讲练结合、工学结合等多种理论与实践相结合的方式方法，有效实施教学。 40. 指导学生主动学习和技术技能训练，有效调控教学过程。 41. 应用现代教育技术手段实施教学。
	（十一）实训实习组织	42. 掌握组织学生进行校内外实训实习的方法，安排好实训实习计划，保证实训实习效果。 43. 具有与实训实习单位沟通合作的能力，全程参与实训实习。 44. 熟悉有关法律和规章制度，保护学生的人身安全，维护学生的合法权益。
	（十二）班级管理与教育活动	45. 结合课程教学并根据学生思想品德和职业道德形成的特点开展育人和德育活动。 46. 发挥共青团和各类学生组织自我教育、管理与服务作用，开展有益于学生身心健康的教育活动。 47. 为学生提供必要的职业生涯规划、就业创业指导。 48. 为学生提供学习和生活方面的心理疏导。 49. 妥善应对突发事件。
	（十三）教育教学评价	50. 运用多元评价方法，结合技术技能人才培养规律，多视角、全过程评价学生发展。 51. 引导学生进行自我评价和相互评价。 52. 开展自我评价、相互评价与学生对教师评价，及时调整和改进教育教学工作。
	（十四）沟通与合作	53. 了解学生，平等地与学生进行沟通交流，建立良好的师生关系。 54. 与同事合作交流，分享经验和资源，共同发展。 55. 与家长进行沟通合作，共同促进学生发展。 56. 配合和推动学校与企业、社区建立合作互助的关系，促进校企合作，提供社会服务。

————————

① 教育部：《教育部关于印发〈中等职业学校教师专业标准（试行）〉的通知》，2013年，http://www.moe.gov.cn/srcsite/A10/s6991/201309/t20130924_157939.html，2020年11月24日。

续表

专业能力	（十五）教学研究与专业发展	57. 主动收集分析毕业生就业信息和行业企业用人需求等相关信息，不断反思和改进教育教学工作。 58. 针对教育教学工作中的现实需要与问题，进行探索和研究。 59. 参加校本教学研究和教学改革。 60. 结合行业企业需求和专业发展需要，制订个人专业发展规划，通过参加专业培训和企业实践等多种途径，不断提高自身专业素质。

表5-15 《特殊教育教师专业标准（试行）》专业能力①（2015）

专业能力	环境创设与利用	39. 创设安全、平等、适宜、全纳的学习环境，支持和促进学生的学习和发展。 40. 建立良好的师生关系，帮助学生建立良好的同伴关系。 41. 有效运用班级和课堂教学管理策略，建立班级秩序与规则，创设良好的班级氛围。 42. 合理利用资源，为学生提供和制作适合的教具、辅具和学习材料，支持学生有效学习。 43. 运用积极行为支持等不同管理策略，妥善预防、干预学生的问题行为。
	教育教学设计	44. 运用合适的评估工具和评估方法，综合评估学生的特殊教育需要。 45. 根据教育评估结果和课程内容，制订学生个别化教育计划。
		46. 根据课程和学生身心特点，合理地调整教学目标和教学内容，编写个别化教学活动方案。
		47. 合理设计主题鲜明、丰富多彩的班级、少先队和共青团等群团活动。

---

① 教育部：《教育部关于印发〈特殊教育教师专业标准（试行）〉的通知》，2015年，http://www.moe.gov.cn/srcsite/A10/s6991/201509/t20150901_204894.html，2020年11月24日。

续表

专业能力	组织与实施	48. 根据学生已有的知识和经验，创设适宜的学习环境和氛围，激发学生学习的兴趣和积极性。 49. 根据学生的特殊需要，选择合适的教学策略与方法，有效实施教学。 50. 运用课程统整策略，整合多学科、多领域的知识与技能。
		51. 合理安排每日活动，促进教育教学、康复训练与生活实践紧密结合。
		52. 整合应用现代教育技术及辅助技术，支持学生的学习。
		53. 协助相关专业人员，对学生进行必要的康复训练。
		54. 积极为学生提供必要的生涯规划和职业指导教育，培养学生的职业技能和就业能力。
		55. 正确使用普通话和国家推行的盲文、手语进行教学，规范书写钢笔字、粉笔字、毛笔字。
		56. 妥善应对突发事件。
	激励与评价	57. 对学生日常表现进行观察与判断，及时发现和赏识每一位学生的点滴进步。 58. 灵活运用多元评价方法和调整策略，多视角、全过程评价学生的发展情况。
		59. 引导学生进行积极的自我评价。
		60. 利用评价结果，及时调整和改进教育教学工作。
	沟通与合作	61. 运用恰当的沟通策略和辅助技术进行有效沟通，促进学生参与、互动与合作。 62. 与家长进行有效沟通合作，开展教育咨询、送教上门等服务。 63. 与同事及其他专业人员合作交流，分享经验和资源，共同发展。 64. 与普通教育工作者合作，指导、实施随班就读工作。 65. 协助学校与社区建立良好的合作互助关系，促进学生的社区融合。
	反思与发展	66. 主动收集分析特殊教育相关信息，不断进行反思，改进教育教学工作。 67. 针对特殊教育教学工作中的现实需要与问题，进行教育教学研究，积极开展教学改革。 68. 结合特殊教育事业发展需要，制订专业发展规划，积极参加专业培训，不断提高自身专业素质。

二 教育实践与体验的现实要求

"互联网＋"是时代不断发展的重要体现方式，愈来愈多的成分与互联网完美衔接，形成了优质要素。教育实践与体验的获得亦受到"互联网＋"的影响，双方在潜移默化的影响下将会发掘出重要的信息资源。逐步完善教育实践体系，为教师形成相关体验提供良好的基础。富勒1969年编制的《教师关注问卷》揭开了教师专业发展的序幕，其提出的"关注"阶段理论：任教前关注阶段、早期求生阶段、关注教学情境阶段以及关注学生阶段，分别对应着师范生、新手教师、老教师以及名师。教师不同专业发展阶段应具备与其相适应的教育实践活动，由此能够进一步整合资源，为培养"互联网＋"背景下的个性化教师提供可靠型保障。

"实践、认识、再实践、再认识，这种形式循环往复以致无穷，而实践和认识之每一循环的内容，都比较地进到了高一级的程度。"① 通过实践能够让教师切身领会与教育相关的内容，从而为教师准确把握教学相关技巧、创新教学风格提供基础。"教育实践是指人类有意识地培养人的活动。"② 通过制定教育目标，能够使教师准确把握教学方向与大纲，提高教学的条理性与准确性；将数据库当中的教育资源相整合，不断优化教育资源，提升教育资源的整体性与全面性；将优化自我与借鉴他类教育模式相融合，不断更新完善教育模式，促进教育模式的新颖性与时代性；逐渐完善相关保障体制，令师资队伍、组织管理、激励政策机制有效衔接，保障教育实践的可行性与优质化；建设开放型教育实践平台，提升教育实践的全覆盖率。

体验式学习的过程分为："具体的体验—对体验的反思—形成抽象的概念—行动实验—具体的体验，是一个不断整合，不断提高的学习过程。"③ 在此理论的影响下，逐渐培养教师体验式教学思维，优

---

① 《毛泽东选集》第1卷，人民出版社1967年版，第296、297页。

② 顾明远：《教育大辞典》，新疆出版社2003年版，第773页。

③ ［美］库伯：《体验学习：让体验作为学习与发展的源泉》，王灿明等译，华东师范大学出版社2008年版，第25页。

化能力结构，促进教师个性化教学进程，进而实现教师优质发展。体验式教学思维经过教师的逐渐适用与发展，不断呈现积极的作用。在互联网的作用下，行为体验与内心体验相结合，为教师的全方位发展产生不可忽视的促进作用。由里至外、从内部到外部，覆盖范围广，作用着重体现。

"互联网+"背景下的教育实践与体验的获得在课程内容体现上应能体现教师专业能力的七大领域。如"教育教学设计"围绕情景创设、教学设计、活动策划和资源利用四个方面具体开展："组织与实施"应包含良好的师生关系（见资料3）、学生的主体地位、教育技术的运用、教学突发事件的应对等多个层次；"激励与评价"应依照国家课程改革的要求定位为形成性评价、激励性评价和多元评价共存；"沟通与合作"应从教师与学生、教师与同事、教师与学校和教师与社会四个人际互动的方面加以获得；"反思与发展"是需要教师注意研究教育教学问题和制订专业发展计划两点内在要求。

资料3：师生关系中常见的沟通障碍[①]

1. 命令、控制、指挥

命令、控制、指挥信息会给学生造成一种印象：他的感受、需求或问题并不重要，他必须顺从教师的感受与需要，使学生产生对教师权力的内在害怕和自己内心的软弱感。例如，"你上课为什么大声讲话？给我闭嘴！"因为没有顾及学生的感受，只是教师单方面在发出信息，学生在没有得到尊重的状况下，有可能对教师产生怨恨、恼怒和敌对情绪，如顶撞、抗拒，故意考验教师，甚至大发脾气。

2. 警告、威胁

这种信息与命令、控制、指挥很相似，只是再加上不服从的结果，例如，"如果你再这样下去，我要对你采取一系列的措施了！"它们可能使学生感到恐惧和屈从。又如，"如果你再不改，

---

① 唐思群、屠荣生：《师生沟通的艺术》，教育科学出版社2001年版，第59—62页。

我就打电话给你的家长，叫家长来见我！"警告与威胁也可能引起学生的敌意。学生有时可能对此做出教师不希望的反应："好啊，我不在乎！"或者即使教师叫来了家长，学生的态度也是完全保持消极状态的沉默，干脆不作交流。

3. 训诫、说教、说"应该"和"必须"

这种信息的表达，预先设立了立场，使学生感受到与教师之间地位的不平等，感受到教师在运用权威，导致学生容易对教师产生防卫心理。教师运用这些沟通模式时，常会使用这些短语："你将会""你应该""如果你听从我的劝告，你就会……""你必须"等这类训诫的信息在向学生表达教师不信任对方的判断，并认为对方应该最好接受别人所认为对的判断。对于年级越高的学生而言，"应该"和"必须"的信息越容易引起抗拒心理，并更容易激起他们强烈地维护自己的立场的行为。

4. 过度忠告或建议

这样的信息是在向学生证明教师不信任他们自身解决问题的能力。过度忠告或建议有时使学生变得对教师产生依赖心理，不再自己思考，面临紧要关头便向外界权威求助。这种信息的传递，会不断削弱学生致立判断的能力和创造力，养成"人云亦云"的心志。

5. 中伤、归类、揶揄

"你以为你很聪明吗？不要自以为懂得很多了！""你怎么这么贪玩，一点儿也不像快要考试的人！""我就知道你不行！"这样的语言都是属于中伤、揶揄类的。它的后果是让学生感到自尊心受到伤害，随之出现反击心态。

6. 给予泛泛之词

当我们做出对另一个人的肯定或否定的判断时，如果这种评价是粗浅之词，例如，"你是一个好孩子"、"你真让我失望"、"你对待同学太没有礼貌"、"你需要改正缺点"等，这种一般性的泛泛而论的评价对于学生的成长是无益的。当我们要去安慰一个痛苦中的人时，泛泛之词同样是隔靴搔痒，例如，"不要难过"、"不要着急"等，都是些没有意义的安慰。

7. 不愿积极地聆听

这种沟通方式是不管学生内心的真实感受，教师在与学生的对话中，把主要的注意力放在说服学生上面，而不是先听学生说，只是在单项输送信息给学生，例如，"今天找你来是要与你讨论你这次考试失误的事情。你存在的问题是粗心，记住：下次考试要专心！"等，其实学生有时考试失误未必是因为粗心，也许是睡眠不足导致学习时注意力不集中，也许是情绪原因，也许是对考试的重视度不够等。老师找学生来谈话，目的是帮助他找到失误的原因，但老师单方面地只说自己的意见，没有聆听学生的想法，也就导致谈话无效。

8. 强加于人

这是一种微妙的下命令，但它可以更巧妙地隐藏在貌似很有礼貌的、富于逻辑的陈述中，讲话的一方只有一个心态：我要对方接受我的观点。因此，不给对方发表自己意见的机会，而使谈话非常简捷迅速。比如，"昨天晚上你有没有照我的话去做功课？你知道如何来安排时间吗？让我来告诉你……"这种交流的目的是影响学生，但这种交流的方式所产生的后果是学生并不理解，有时反倒产生防卫和抵触心理。

9. 随意指责和批评

随意指责学生是教师常犯的一个沟通错误。很多教师认为批评学生是为了帮助学生，但是过多随意的指责批评会导致相反的结果。学生对自身的评价大多是汇集父母、教师以及生活上具有影响力的人对他们的评价所形成的。教师轻易地指责批评较其他信息更令学生感到自卑、不安和反感。学生的反应往往是："你也好不到哪里去！"在学校中最得不到学生尊重的教师是经常对学生施以否定评价的教师。面对这种信息的时候，学生会出于自尊心维护自己的形象，也会因为这种批评导致学生以后在教师面前掩饰自己的感情，不愿将内心世界向教师打开。

第六章 "互联网+"背景下个性化教师培训模式

模式往往用来指出事物结构的主观理性形式，其包括以前经验中形成和面对现象时立即形成的两部分①。"模式"这一表述就像"系统"一样在各个领域被广泛应用着。在经济学中，模式是指主体行为的一般方式，是理论和实践之间的中介环节②；在传播学中，模式是指科学研究中以图形或程式的方式阐释对象事物的一种方法③；在心理学上，模式往往又被等同于"范型"④。

上一章从培训的内容方面探讨了课程体系的建立，本章主要借助OBE理念来探讨个性化的教师培训模式设立的四个方面，借以为"互联网+"背景下的教师培训课程的模式化（如课程的分类、课程的连续性和课程的反馈等）提供分析和数据基础，从而为"个性化教师"的培训提供策略和方法。

第一节 个性化教师培训模式的理论依据

"互联网+"背景下的教师培训从内容上来看，大致可以分为三类：一是教育信念与责任的培养，如教师职业理解、教育教学态度和个人修养等；二是教育知识与能力的学习，如学科知识、教学知识和通识知识等；三是教育实践和体验的获得，如教育教学设计、激励与

---

① 彭漪涟、马钦荣：《逻辑学大辞典》，上海辞书出版社2010年版，第271页。
② 陈世清：《经济学的形而上学》，中国时代经济出版社2010年版，第31页。
③ 郭庆光：《传播学教程》，中国人民大学出版社2011年版，第10页。
④ 杨治良：《简明心理学辞典》，辞书出版社2007年版，第417页。

评价和沟通与合作等。

培训内容与培训模式是紧密相连的,一方面,培训内容依托于合理的培训模式加以开展;另一方面,不同的培训模式,对培训内容的选取有着不同的价值取向。从某种意义上说,培训内容的选取划定了教师培训的下限,培训模式的效能决定了整个教师培训的上限。

"互联网 +"背景下的个性化教师培训模式一定是以学习产出(Outcomes – Based Education,OBE)为基础的成果导向型模式,其主要应包含:学习产出定义(Defining)、学习产出实现(Realizing)、学习产出评估(Assessing)和学习产出使用(Using)四个维度[1]。

一 "OBE"教育理念的内涵

"OBE"作为 20 世纪由美国教育家斯巴迪(Spady)提出的教育理念[2],因从关注学生的角度出发而备受各国欢迎。"OBE"理念关注的是教育结果而非教育过程,以关注结果为基础的教育必然要求教师明确四个方面:一是明确地聚焦于最终有意义的结果;二是为成功扩大机会并提供支援;三是对所有成功寄予较高的期待;四是从最终的结果反向设计[3]。简要地说,就是教师要明确学生的学习成果是什么、为什么是、怎么达成以及是否达成。

教师的教学过程是由各个要素协调安排而构成的一个整体,不同的排列则会构成不同的教学结构。而所谓的教学要素,是指课程目标、课程内容、教学方法等相互关联的因子。但一个教学整体由哪些要素构成、它们之间如何关联、制约和影响,这些问题只有针对学习成果的定位与分析才能排列具体化(见图 6 – 1)。

---

① Achaarya C. ,"Outcome – based education(OBE):a new paradigm for learning", *CDTLink*,No. 3,July 2003,p. 94.

② 1981 年著名教育学家 Spady 在其著作《以成果为本的教育:争议和答案》中首次提出"以成果为本"(Outcomes – Based Education,OBE)的教育理念。

③ 姜波:《OBE:以结果为基础的教育》,《外国教育研究》2003 年第 3 期。

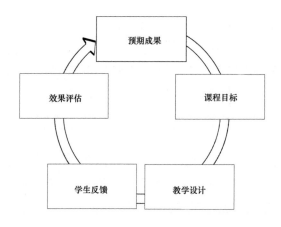

图 6 - 1　基于 OBE 理念的课程设计理念

二　OBE 教育理念的外延

实施 OBE 教育理念是以学习产出为基础的成果导向型模式，其主要应包含学习产出定义（Defining）、学习产出实现（Realizing）、学习产出评估（Assessing）和学习产出使用（Using）四个维度[①]。这也是 OBE 教育模式易于传统教育模式的四个方面（见表 6 - 1）。

表 6 - 1　　　　　　　　　OBE 教育模式和传统教育模式

OBE 教育模式（产出）	传统教育模式（输入）
学习产出定义 学习成果	学习输入定义 教学内容
学习产出实现 学生中心；主动学习；学生反馈	学习输入实现 教师中心；被动学习；教师意愿
学习产出评估 多种评估；形成性评价	学习输入评估 单样考核；终结性评价
学习产出使用 基于成果持续改进	学习输入使用 基于分数划定总结

---

① Achaarya C., "Outcome - based education（OBE）：a new paradigm for learning", *CDTLink*, No. 3, July 2003, p. 105.

（一）学习产出定义（Defining）

OBE 理念认为，学生的知识构成主要是通过学习成果产生并围绕学习成果来建构的，知识通过学习成果的产出是最完美的生成方式。大多数的课程设计都应该建立在学习成果产出的基础之上。

学习产出定义下的教育观认为，教育在于如何来满足教育相关者的要求和期望，这些相关者包括学生、教师、学校、家长和社会等。这种取向的教育观关心的是如何通过学习成果的设计来传递文化，主张所有的教学元素都应该围绕着学习成果来开展，而学习成果的确立，是为了从浩瀚的知识海洋中筛选出和教育相关者密切相关的内容加以合理组织和编排，使之能适应学生的身心发展以及社会文化的不断变迁，因而整个教学的开展具有极强的逻辑性和关联性。

（二）学习产出实现（Realizing）

学习产出实现是以预期学习成果为基点，以学生的个人主体性为中心，它主张通过对学生预期达成成果的分析来确定培养方案、设计相关课程、规划培养模式。大多数这样的产出方式具有成果导向，围绕着如学生学到了什么、研究性探讨、个性化教学以及学生的学习轨迹等来开展。采用学习产出实现来开展的教学，通常允许在教学过程中关注学生的主观能动性，教学的主体不再仅仅围绕着单个教师作为核心来开展，而是要兼顾学生和教师的双核心，它主张摆脱狭隘的"车厢式"教学，强调重视学生的个人学习成果的反馈，这种观点并不是否认教师的教学意愿，而是坚决拒绝将教师的灌输式作为教育的主要手段；它不主张以学习内容、学习教材和学习时间来作为教育基本出发点，而是以学生动机及社会政治文化影响作为教育的起点和终点。

（三）学习产出评估（Assessing）

围绕着学生成果的评估，将学生评价过程中情感和认知的增长作为形成性评价的中心，以促进学生达成预期成果为目的，是学习产出评估的价值取向。联合国教科文组织总干事马约尔指出"首先应为发挥今天和明天生活在地球上的人的一切潜力创造条件，人既是发展的第一主角，又是发展的终极目标"。① 教育的评价不是把人作为工具来进行衡量，而是作为可持续发展的个体来评估。

学习产出评估主张学习评估应围绕着学生的整个学习轨迹来考核和评价，不仅通过阶段性测试来测量学生的思维能力，而且应该把学生看作是一个发展的过程，其在过程中的人生观、价值观、世界观以及知识体系的形成绝不是一朝一夕之事。教育不仅应该评价学生的"当前状态"，更要关注学生"未来状态"。

学习产出评估应该作为学习和教学评估的出发点和归宿，目的是为学生的学习成果的定义和学习成果的实现提供持续改进的依托。这种取向并不是对分数考核的否定，它一方面仍然坚持以分数或证书来衡量学习效果；另一方面更着眼于学生的个性化发展，构建属于每个个体独有的学习过程和反馈。其对评价方式的变革在于不强调学生的对比，而是在针对性评价的过程中，运用多元手段来推动学生的个人进步，是评价方法学生主体化的根本所在。

（四）学习产出使用（Using）

以学习产出定义、学习产出实现和学习产出评估为中心的 OBE 理念并不是相互独立存在的，而是通过相辅相成来达成学习产出的使用。

从学习产出的使用来看，教育的最终指向应该是学生能基于每次学习成果的反馈持续改进，当前我国传统教育模式对于学生学习使用的态度往往是以输入为中心的。这种模式过于强调知识本身，忽视了学生的能力素质培养；过于强调具体学科知识的独立性，忽视各学科之间的交融性；过于强调知识生成的速度，忽视了学生的主动参与的批判性。在教育教学过程中，学习成果是否可以作为一个发展中的主体，终身学习对于是否被列为学科学习的中轴，都会影响到学生对于学习的基本认知。

以学习产出使用为串联的 OBE 理念应该遵循两个基本原则：

---

① 联合国教科文组织国际教育发展委员会：《学会生存——教育世界的今天和明天》，华东师范大学比较教育研究所译，上海译文出版社 1979 年版，第 8 页。

1. 将教学型知识转变成学习型知识

教学型知识强调的是知识的累积，以教师为中心，注重的是"教"；学习型知识强调的是知识的发展，以学生为中心，注重的是"学"。"授人以鱼不如授人以渔"，学生的发展是一个充满活力、充满激情的过程，如果知识仅仅是代表着数据，那么培养出来的学生也一定仅仅是一个完美的"知识储存器"。

2. 根据学习成果导向来设计课程

不仅要让学生在学科的知识中遨游，更要学会考虑学生在未来如何构建自己的学科体系，掌握适应自身发展的核心知识，培养实践能力。在教育教学的过程中，应将学生的实际经验作为结业的核心部分，学生通过认知不同的实践，来反馈学习成果，并从中学会不断改进。

资料 1："以 OBE 理念推动人才培养持续改进"①
——北理工专业建设工作推进纪实

2017 年 6 月 29 日，参加完《机械制造工程学 A》考试的同学纷纷离开考场，而对于这门课的主讲教师焦黎来说，"考试"却才刚刚开始，由机械工程专业责任教授组织的课程评价会，将要对这门课程的教学目标达成度进行考核评价，有了这个评价，焦黎才能进行下一轮的课程建设和讲授。

基于评价的持续改进，是华盛顿协议框架下国际实质等效认证所倡导的理念之一。《机械制造工程学 A》作为机械工程专业的核心课程，是我校立项进行 OBE 规范化改造的课程之一。课程根据其承接的毕业要求指标点，从工程知识、问题分析、设计/开发解决方案、研究、环境和可持续发展等方面细化教学目标，以教学目标为导向设计教学大纲、教学内容、教学策略和考核办法并开展教学，然后进行目标达成情况的评价。通过实施课

① 北理：《以 OBE 理念推动人才培养持续改进，北理工这样做》，2017 年，https：//www.sohu.com/a/208779725_154262，2020 年 8 月 1 日。

程的 OBE 改造，任课教师和学生都更加清楚课程在知识、能力、素质等方面的教学要求，对教师的"教"和学生的"学"均产生了显著的促进作用。

OBE 与 Washington Accord

OBE（Outcome Based Education），即成果导向教育，亦称能力导向教育、目标导向教育或需求导向教育，是指教学设计和教学实施的目标是学生通过教育过程最后所取得的学习成果。自 1981 年由 Spady 等人提出后，OBE 理念和方法被公认为是追求卓越教育的有效方法，受到世界各国著名大学的重视。作为国际化程度最高、体系最完整的本科工程教育国际互认协议——《华盛顿协议》（*Washington Accord*），全面接受了 OBE 理念并将其融入到工程教育专业认证中。2013 年 6 月，中国加入《华盛顿协议》，2016 年 6 月，中国成为《华盛顿协议》正式成员，这意味着中国工程教育认证结果将在《华盛顿协议》正式签约国和地区实现互认。因此，面向世界一流大学建设，将 OBE 理念作为我校本科专业建设改革的方向，意义深远。

反向设计，正向实施，以 OBE 理念重构课程体系

"我们想让学生取得什么样的学习成果?"

"为什么要让学生取得这样的学习成果?"

"如何有效地帮助学生取得这些学习成果?"

"如何知道学生已经取得了这些学习成果?"

在北理工新版本科培养方案第一次修订会上，主持人一连串的发问，引发了与会者们的思考与讨论。2015 年，北理工全面启动新版本科培养方案和课程大纲的修订工作，在教学设计过程中落实 OBE 理念，成为此次修订的重要工作。

成果导向教育倡导反向设计原则。新版培养方案根据专业对毕业生在毕业五年后能够达成的职业和专业成就提出培养目标，由此确立学生毕业要求，明确学生毕业时应该掌握的知识和能力，并将其细化为知识能力指标点，用矩阵图的方式说明课程体系与毕业要求指标点的对应支撑关系。教师根据支撑矩阵关系编

写课程教学大纲，设计课程教学目标、课程内容、教学方法、考核方式等。

学校新版本科培养方案在修订时不仅需要充分体现反向设计、正向实施的原则，使得"需求"既是起点又是终点，还明确了三个要求，即学校人才培养目标定位的先进性、符合专业人才毕业能力素质要求的可实现性，以及有利于多元化人才成长的灵活性，以此来最大限度地保证培养目标与结果的一致性。值得一提的是，我校2016版培养方案还通过各类课程模块的高弹性组合，提供了多条专业人才成长路线，具有"模块化、多元化、高弹性"的特色。带着全新理念的新版本科培养方案为形成与国际接轨的教育模式奠定了良好的基础。

2017年，学校启动了面向世界一流大学的专业核心课程对标建设，其核心指导思想是选取世界一流大学课程作为标杆，按照OBE理念对课程目标、课程内容、教学模式、教材建设、师资队伍、达成评价等方面进行改革，逐步实现与世界一流大学课程的实质等效。

用OBE理念引领专业持续改进，不断提高人才培养质量

"北京理工大学的化学工程与工艺专业是一个基础研究与工程实践应用相兼容的专业，培养具有解决复杂工程问题的复合型人才是我们的目标之一，按照OBE理念设计人才培养体系，对我们专业的持续改进提出了很高的要求，也起到了极大的推动作用。"化学与化工学院教学副院长张小玲说道。

2014年，北理工化学工程与工艺专业第一次通过了中国工程教育专业认证。之后，该专业进一步以OBE理念引领专业持续改进，使人才培养过程更加规范，质量保障体系更加健全；进一步改善了化工实验室、化工技术基础实验室等实验教学平台条件，建成了2080平方米的化工实验教学中心，包括总价值700余万元，共计215台（套）的仪器设备；按照OBE理念对毕业设计进行改造，在毕业设计的各个环节强调了对相关能力指标点的支撑；并于2017年以《无机化学》、《精细化工专业实验》、《环境安全与绿色化学》等课程作为试点，开展

构建基于 OBE 理念的在线开放课程资源，为专业持续改进起到推动作用。

"我们将认真研究专家的反馈意见，继续改进，建成一个更加符合'以学生为中心，以学习成果为导向，不断持续改进'等 OBE 理念的化学工程与工艺专业。"伴随着认证反馈会上王晓锋副校长代表学校的表态发言，我校 2017 年工程教育专业认证专家现场考查活动顺利结束。在这次为期 3 天的现场考察中，中国工程教育认证协会专家组详细考察了化工原理实验室、化工技术基础实验室等实验教学条件和人才培养体系后，专家组在认证反馈会上表示："在持续改进方面，北理工的化学工程与工艺专业是我们见过的做得最好的一个专业！"

为加快以 OBE 理念引领专业持续改进的步伐，北京理工大学在 2016 年 22 个专业启动 OBE 改造的基础上，2017 年进一步扩大到 27 个专业。2017 年 6 月，教务处出台《北京理工大学本科专业评估实施方案（试行）》，按照 OBE 理念全面启动专业评估和认证工作，计划从 2017 年至 2020 年，分期分批对全校所有专业启动 OBE 规范化改造和评估认证工作。毕业设计 OBE 改造的试点范围进一步扩大到机电、机械、光电、信息、自动化、计算机、化学化工和生命 8 个学院的所有专业。

从试点至全面推进，建立与国际接轨的质量保障新体系。

作为我国高等教育质量保障体系的重要组成部分，工程教育认证将为我国高校广大工科学生打开未来的国际工程执业通道，并有助于提升专业的国际认可度和影响力。

基于这一认识，北京理工大学从 2010 年就开始启动了工程教育专业认证工作。2011 年，光电信息工程专业成为学校第一个通过认证的专业。此后，学校在大力实施 OBE 改革的同时，按照学科专业一体化的发展思路，综合考虑各专业综合实力、受益学生人数等因素，分批次积极推动各专业实施国际实质等效认证、国际认证和国际评估。

截至 2017 年，北京理工大学已有安全工程、机械工程、车辆工程、光电信息科学与工程、测控技术与仪器、电子信息工程、电子科学与技术、通信工程、自动化、计算机科学与技术、软件工程、材料科学与工程、化学工程与工艺共计 13 个专业通过中国工程教育认证，覆盖全校 6989 名学生，占工科专业在校学生的 72.3%。通过认证专业数量居全国高校第二、北京市高校第一。

此外，管理与经济学院于 2011 年顺利通过了 AMBA 的初次认证，成为我国第 10 所通过此项认证的管理学院；2014 年通过了 EQUIS 认证，成为我国第 14 所通过 EQUIS 认证的管理学院；并于 2016 年通过了 AACSB 的预认证。2016 年以来，机械、数学、力学、信息与通信工程、电子科学与技术、光学、仪器科学与技术等学科及所属专业陆续进行了国际评估。

经过 8 年的努力，我校专业认证已经从试点走向全面推进，专业建设工作取得初步成效。伴随着认证工作的不断推进，北理工初步建立了以学生为中心、以成果为导向的本科教学质量保障新体系。在此过程中，还培养了一批对 OBE 理念有深刻理解的认证专家、管理人员和教师，为建立与国际接轨的教学质量保障体系奠定了基础。

"我们通过对任课教师、教学管理人员进行 OBE 理念和专业认证等系列培训，使'以学生为中心，以学习成果为导向，不断持续改进'三大理念逐渐深入人心并落实到日常教学活动中，逐步实现了以教为中心向以学为中心、终结性评价向发展性评价、重知轻行向知行合一的三大转变。"教务处副处长林海这样说道。

2017 年 9 月，北京理工大学正式入选全国 36 所世界一流大学 A 类建设高校。展望未来，在"双一流"建设过程中，学校将继续以 OBE 理念推动本科人才培养的规范化、科学化、国际化建设，按照国际实质等效认证的要求和世界一流大学的标准加强专业内涵建设，着力提升专业的国际认可度和国际影响力，为建设世界一流大学奠定坚实的基础。

第二节　个性化教师培训模式的设计框架

为了提高"互联网＋"背景下个性化教师的培训效果，笔者主要借鉴 OBE 理念的四个维度作为指导来研讨教学模式的设计。

教师的培训是具有能力与素养的双重价值，但这种价值只有在符合教师身心发展后才具有意义，而教师的身心发展又需要依托于社会发展变迁。"互联网"作为新时代世界发展的核心载体，可以通过大数据和云端处理技术对教师本身和社会影响做出分析，并使分析结果运用到教师培训的全过程中。基于这样一种先决条件，本章将个性化的教学模式分为需求调研、学习设计、培训评估与反馈改进四类，分别对应了 OBE 理念中的学习产出定义（Defining）、学习产出实现（Realizing）学习产出评估（Assessing）和学习产出使用（Using）四个维度。

需求调研是学习产出定义在教师培训中的应用，是指对教师培训课程的确立，是整个培训过程的起步，符合教师和社会发展的课程库对于教师的培训成果起着关键作用；学习设计是学习产出实现在教师培训中的应用，是指以学习成果为导向的培训方式的设计，是整个培训过程的主体，一个较好的培训方式对于教师培训成果的实现起着发动机的作用；培训评估是学习产出评估在教师培训中的应用，是指培训的考核评估方式，形成性的评估方式对于教师培训起着润滑剂的作用；反馈改进是学习产出使用在教师培训中心的应用，是指培训的个性化和可持续发展性，一个以培训教师的终身为基调的发展对于教师培训起着动力源的作用。

一旦将整个培训过程划分为需求调研、学习设计、培训评估与反馈改进四个方面，本节就可以设计整个个性化教师培训模式。图6－2是教师培训模式的框架雏形，其中圆环最核心的四个循环对应着四个方面，四周扩散的空白处是需要一步步分解完成的。

这个培训模式的设置是为帮助"互联网＋"背景下的培训平台提供一种便捷的思维程序，它可以为整个教师培训提供一种思路，但并不代表培训模式就局限于此。实际的培训设计中情况往往会更加复杂多变，对于四个可循环的阶段，又可以根据实际背景加以扩散展开。

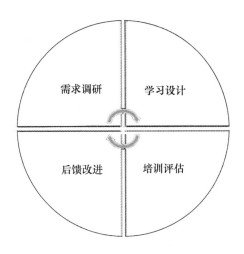

图 6 - 2 教师培训模式设计（雏形）

一 需求调研：项目菜单模式与课程超市模式

"需求"（Demand）一词的英文有名词"所需之物"和动词"强烈要求"的含义，是表示人们在某一特定的时期内有购买某些产品的意愿，其广泛应用于经济学领域，可以分为单个需求和市场需求。单个需求是指单个消费者对某种商品的需求；市场需求是消费者全体对某种商品需求的总和。[①]

教师单个需求的确定和整个社会市场需求的区分是教师培训体系中最基础和重要的起步。以小学教师培训为例，个人的成长需要决定了课程设置上的个性，市场需求决定了课程设置上的共性，两者结合就解决了"小学教师的培训成果导向"。

然而，现阶段很多教师在进行培训前，往往绕过需求调研这一环节就直接进行课程体系和课程结构的设计，由于缺乏顶层设计和个体性发展的整体考虑，常常易于把培训成果流于形式，导致许多教师培训完仍然一头雾水。也许很多教师培训设计者认为，我们在整个培训设计中已经对市场需求有所衡量，只是没有明确表述出来。但是，如

---

① 金焕：《经济学及应用》，中国劳动社会保障出版社 2018 年版，第 19 页。

果市场需求一直处于若明若暗的状态，缺少科学的程序作为指导，这样的需求调研，很有可能偏离了教师的个人意愿和社会定位，只是凸显了培训机构的主观臆断。

教师的单个需求应该由教师本身的发展决定。这就要求在整个培训过程中，我们不应单单把被培训的教师作为教育对象，而应更多地从服务对象角度出发。培训课程的设置一定要体现培训教师的发展需要。当前，"项目菜单"的培训模式较为符合培训中单个需求，其主要强调依托于被培训主体的个人需要来开设培训"课程菜单"，以"缺什么补什么，怎么缺怎么补"来贯穿课程设计。"菜单式"培训模式与传统的方式相比，发生了三大变化：一是学员的学习态度发生了根本变化，由过去的"要我学"变成了现在的"我要学"；二是学习方式发生了变化，由原来的套餐式、板块式，变成了灵活的组合式，大大提高了学习效率；三是学习时间发生了变化，由过去硬性规定学习时间变成弹性学习时间，学员可以自己安排学习时间。①

社会的市场需求应该由整个社会的期望决定。这就要求无论是课程的设置还是培训目标的设置，都不应该仅仅停留在培训课程本身，而是受政治、经济和文化的共同制约。基于目前的培训形式来讲，"课程超市"较好地满足了基于社会的市场需求，超市是零售业的一种呈现方式，在教育上的引用则较多地体现在学校课程层次上。将"超市"的上述运营理念推广到"课程超市"上，意味着"课程超市"应具备以下两个核心特质：其一是课程商品的丰富化；其二是作为"消费者"的学生拥有自主、灵活选择的权利。综合以上两点得出"课程超市"的本质内涵即是：作为"运营者"的学校努力提供数量繁多、类型丰富的"课程商品"，学生以"消费者"的身份进入其中，并在"导购员"教师的引导下，结合自己的爱好、兴趣、需求、能力等来自由挑选适合自己的课程组合，获得专属于自己的个性化"课程采购清单"。② 这一过程，在教师培训中则体现在培训课程

---

① 周建标：《开设"菜单式"培训是公务员培训的新趋势》，《继续教育研究》2006年第1期。

② 马健生、李洋：《为每个学生提供适合的教育：何以不可能或何以可能——基于课程的教育功能的分析》，《北京师范大学学报》（社会科学版）2016年第6期。

能否以"多而全，广而深"的容量来填充基于社会发展对被培训教师的期望，能让被培训者从不同程度和不同角度来寻求社会预期成果的达成。

OBE 作为一种成果导向的培养模式，需要通过对教师的单个需求和社会的市场需求来设计预期成果，而结合"互联网＋"技术通过"项目菜单"和"课程超市"则保证了需求调研顺利进行，理顺了课程开设上的逻辑性和关联性，提升了整个教师培训的课程质量。

假如确定以"项目菜单"和"课程超市"来作为需求调研的支柱，就可以将其填充到图 6 - 3 中来呈现。

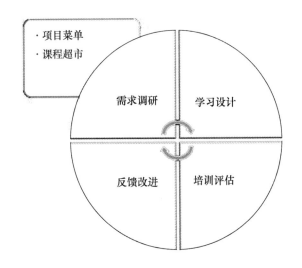

图 6 - 3 教师培训模式设计：落实需求调研

资料 2："课程超市"，让教师自己选①

为了帮助北京西城区内教师开展有目的有针对性的研修学习，提升教师培训质量，西城区在区内开展广泛调研的基础上，开设了集教研、科研、进修及信息技术一体化的研修一体课程。

---

① 现代教育报：《课程超市、专属定制……这样的"花式"教师培训，你喜欢吗?》，2018 年，http：//www. sohu. com/a/234142459_ 100908，2020 年 8 月 22 日。

该课程为教师设置划分了基础类、拓展类、选择类三类课程，使教师可以针对自身学习需求进行选择。

同时，西城区还利用"西城教育研修网"和"西城区中小学教师继续教育管理系统"平台技术，保障区内教师培训得以有序推进、高效运行。在"西城教育研修网"上，无论教师们有什么样的学习需求，甚至是教育教学中的"疑难杂症"，都能在这里找到答案。

这里不仅有种类繁多、内容丰富的课件、案例、试题、讲座等音频、视频和文本资源，网站还特别创建了教师个人工作室和年级、学科协作组，并通过研修员组织和引领下的观课评课、主题研讨、视频案例研修等形式，促进了教师自修和合作研修，营造了专业引领、同伴互助、个人自修相结合的网络学习共同体。

而与之相配套的"西城区教师研修课程质量监控平台"，则对教师学习培训有了科学的记录和评估。借助系统，平台实现了网上发布课程、网上审核课程、网上选课、网上即时评价并计入学分等功能。这些功能使教师研修"步步留痕"，提高了教师学习的积极性和自觉性，也保证了培训课程顺利实施和持续改进。

参与课程学习的教师们表示，这种课程设置方式就像一个"超市"，将不同类别、内容和层次的课程提供给教师，让其自主选择，激发了他们的学习兴趣，提升了学习效率。

对此，西城教育研修学院李玮老师表示，西城区"研修一体"的教师教育课程将教师培训与教研指导相结合，设置了基础类、拓展类、选择类三类课程。三类课程穿插交错、互为补充，面向全区教师开放，既促进了教师专业发展，又缓解了工学矛盾，实现了真正意义上高质高效的研修一体。

二 学习设计：师徒模式与影子教师模式

落实了需求调研，设计培训模式分析框架的下一步就是围绕着学习设计来开展。

然而，目前的教师培训存在着对教材和教师过多依赖的现象，教师培训就是学完配套教材，配套的教材又由培训者来编排或选定。有些教师培训甚至把自编教材设置为培训的评价考核指标之一，尽管教材和培训者在整个教师培训中占有重要地位，但他们是否遵循了把被培训教师作为中心？一方面，由于部分教材和教育者在培训过程中常常忽视被培训教师的中心地位，一些培训课程落后以及枯燥无趣就不足为怪了。另一方面，如果培训者在课程培训中占有主导地位，他们往往会追求课程整体的自身完整性，对部分培训教师而言就会存在培训内容的重复性。

教师的培训应主要以被培训者为中心来开展，构成整个培训的知识体系和方法主要用来支撑被培训教师的主观能动性，而主观能动性又通过阶段性反馈来对培训知识的深度和广度做调整。现代教育多提倡的学生中心依然适用于"互联网＋"背景下的教师培训，在短短的一段培训旅程中，如何能让被培训教师从浩瀚的课程海洋中构建自身的知识体系是至关重要的，这就更需要围绕着学习产出实现来开展整个培训的学习设计。

不同的学习设计都带着自身体系的观察和分析来看待知识的传递和发展，都有着自身的思维优势。但就"互联网＋"背景下的教师培训而言，师徒模式和"影子教师"无疑是万千方法中最为合适的学习设计。

培训者和被培训者之间的关系特点势必影响到整个培训过程，良好的双方关系对于培训的积极性和主观性有着深远的意义。一般而言，结合 OBE 理念，师徒模式是教师培训中的一种核心设计。

尽管师徒模式由来已久，现阶段存在很多分支点，但它们之间依然有着共性的认知。师徒模式实质上是新手教师在"看中学"（Learning－by－watching），"做中学"（Learning－by－doing）。通过观察、选择、借鉴和模仿，吸收大量的外部知识和蕴含于资深教师教学行动中的缄默知识，在实践中提高自己的教学技能，渐进拥有教学知识和智慧。这种观察、模仿以及在此基础上的创新，大都是在默默无闻、不知不觉中发生的，是一个潜移默化的过程，也是优秀教师的隐性知识转变为一个新手教师的隐性知识的过程。[①] 而师徒模式在"互联网＋"背景下的教师培训主要体现为通过线上技术来展现不同教师的专业风采，可以通俗地比喻为通过在网上甄选不同师傅的菜系烹饪特色，在线下依据材料和菜谱来传递菜系文化。

可以想象，这是一项复杂的活动。如何通过师徒模式来进行教师培训中的一脉相传？当前的学习设计主要需要参考"影子教师"的课程模型建构来完成传递，"影子教师"在国内广泛应用于国培计划和省培计划领域，其在实践经验的引领下主要由课程活动和研修活动两大板块构成。课程模块的主要内容：（1）基础内容——教学设计、课堂教学行为、教学问题及其策略、教学评价、教学反思等；（2）拓展内容——校本研修、行动研究等；（3）特色内容——学校文化、学科建设等。围绕以上课程内容的研修活动有：（1）基础活动——课例示范、课堂实践（一课多上、同课异构、异课同构、师徒 PK 等）、主题研讨、经验分享等；（2）拓展活动——教研组活动、集体备课活动、小组学习、主题汇报、微型课题研究等；（3）特色活动——角色体验、调查走访、对跟岗学校信息反馈、专业技术竞赛等。[②]

一般而言，"互联网＋"背景下个性化教师培训学习设计也包含着两条路径：一是由线上的基础培训教学构成，这个阶段确定的往往是以相关基础的学科知识为主，培训者则根据课程目标来选择内容和编排时间；二是主要通过线下实践研讨反馈来完成，教师先从线上学到基础知识，根据自身设计情况开展实际教学，然后再把实践教学中的疑惑和不足通过网络和师傅分享改善。

师徒模式和"影子教师"模式，都是根据 OBE 理念选择的学习设计，将这些补充到图 6 - 4 教师培训模式的框架中。

---

① 赵昌木：《创建合作教师文化：师徒教师教育模式的运作与实施》，《教师教育研究》2004 年第 4 期。

② 徐猛、汪翼：《"影子教师"培训的课程模型建构与实施——基于知识建构与能力提升的视角》，《中小学教师培训》2014 年第 6 期。

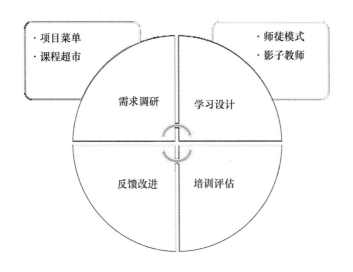

图6-4　教师培训模式设计：规划学习设计

三　培训评估：课证融合与在线社区模式

依据需要制定了课程，规划了学习设计，还需要将这些融入到成果体现中，以便通过教与学的过程来审核被培训教师是否达成了预期的学习成果。构建教师培训中的评估环节的目的在于能够使需求调研和学习设计建立起明确的逻辑关系，并把整个培训过程回归到成果导向上，这也体现了OBE理念的核心思想。

由培训评估来检验成果获得，可以通过形成性评价来评估，一般而言：

（1）如果一项预期成果在整个培训构成中仅仅集中于最终的考核评价来检验，这样的培训是短暂而无效的，可以考虑通过增加培训完成外的检验来对预期成果进行成长性评价。

（2）如果一项成果在各个评价阶段之间是起伏不定的，就有可能影响培训效果，这时最好能对整个过程进行及时评价来反馈，以尽可能地掌握动态学习轨迹。

（3）如果一项重要的预期成果是由线上教学完成的，就应该加设一些线下实践。如果一项预期成果的评价是依靠最终考核来检验的，就要考虑是否来通过课程之外的社会评价来佐证。当然，教师培训的整个过程中，一定要予以教师自我评价和反馈。

（4）如果一项预期成果同时需要多门课程来共同检验，一是确定其核心课程的评价指标，二是要结合其他连接课程共同来考虑联合评估的可能性。

总之，对于每一个预期成果的评估，都应该是一个多元的、可持续的评价过程。使用"课证融合"和"在线社区"，有利于在"互联网 +"背景下对培训评估的整体性研究。

所谓"课证融合"常常运用在职业教育中，是指在教学过程中，将该专业的职业资格标准融入专业的教育要求中，根据能力、知识、素质要求，进行课程的整合，使课程结构、教学内容和教学进度安排与职业考证的内容、要求和时间相一致。[①] 其主要有八个关键点：第一，国家职业标准是制定专业人才培养方案的依据之一；第二，选准本专业最贴近的职业资格证书；第三，选对本专业职业资格等级；第四，选好教学环节中的职业技能鉴定切入点；第五，职业资格证书计为相关专业课学分；第六，采取"课证成绩互认"形式，对接"双证书"；第七，实行以专业实践教学体系为主线、实践与理论并重；第八，以全国职业技能大赛引领专业职业技能培养，以竞赛标准补充完善课程体系建设内容。[②]

"在线社区"主体是大众用户，属于用户生成内容（User Generated Content，UGC）的生产模式。社会大众是不同分工领域人员的集合，是撇开专业背景的总称，也是从消费者和社会层面来看的总体。大众用户进入生产领域时，呈现出产销合一、专业与共享和类型多样的特点。[③]

使用"课证融合"和"在线社区"来作为培训评估模式的扩展，其目标是落实和强调培训预期成果的可成长性和个性化。让每一个培训者的培训证书处于一个可升级的状态（见图 6 - 5）；让每一名培训成员可以通过"在线社区"（如知乎、MOOC 和抖音等）去分享和检验自己培训的预期成果，这本身也是围绕着以成果为导向的共识过

① 何静等：《高职院校制订"课证融合"式教学计划的实践与思考》，《职业技术教育》2007 年第 17 期。

② 袁秀英等：《实现高职教育"课证融合"需把握的八个关键》，《中国职业技术教育》2010 年第 24 期。

③ 赵夫增：《互联网时代的在线社区生产模式研究》，《科学学研究》2009 年第 4 期。

程。而让被培训教师通过这一培训评估，对于自己整体的学习成果的达成和情感获得予以整体把握，从而更积极主动地走进终身学习。

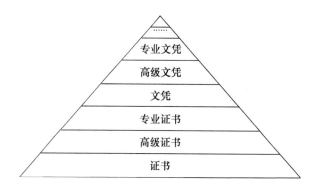

图6-5 成长性的"课证融合"

当我们按照以上评估来对个性化教师培训模式进行框架补充时，就在成果导向上落于实处（见图6-6）。

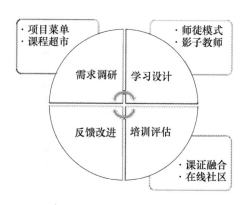

图6-6 教师培训模式设计：确立培训评估

四 反馈改进：私人订制模式与个人学习空间模式

教师的个性化培训模式体现在一定个性上，即培训者应针对教师的个人意愿进行单独设计。这一指向也应该是以成果为导向的，其主要体现在反馈改进中：第一步是根据市场调研来为培训教师制订具体教与学的目标；第二步是围绕着学习设计来选择课程内容和编排教学方式；第三步是将上述两步分解到培训评估中来检验。除此之外，培训者应该根据成果反馈做到及时对前三步进行实时改进，确保每一步都和被培训教师完美契合，以促进培训教师完成预期的成果目标。

一般而言，为符合 OBE 理念中的学习产出使用，通常会采取私人订制和个人学习空间来实现培训的反馈改进。

所谓"私人订制"培训模式是指：遵循教师专业成长规律，以教师专业标准要求为依据，紧密结合学校专业发展目标，充分考虑教师个人实际情况、个人兴趣和个人需求，对教师培训实施订制服务。培训项目设置、培训方案针对性、培训效果是"私人订制"培训模式的主要评价要素①。

教师个人学习空间（Teacher's Personal Learning Space，TPLS）专指为教师专业化成长构建的个人学习空间（Personal Learning Space，PLS）。PLS 是整合当前主导的两种数字学习环境设计范式（虚拟学习环境和个人学习环境），协调教与学的第三方空间。TPLS 的构建为教师的终身专业成长提供了一种途径，教师可以根据自身需要选择合适的工具进行学习环境的构建和数据内容的融合处理。②

对于反馈改进，尽管"私人订制"和"个人学习空间"有不同的特点，但也有很多共同之处。其主要有以下 13 个程序：①记录下培训教师对于培训预期成果的想法的打算；②给培训拟定一个主题思想；③拟定培训大纲；④制定培训目标要求，并分解到培训的各个时期；⑤将上述条目进行分类，如理念、知识和实践等；⑥根据被培训教师的已有知识技能来扩充最近发展区；⑦为整个流程中的知识信息建立思维导图；⑧依据思维导图建立流程图；⑨确定各个流程中的重难点；⑩确定教学内容的排序；⑪确定所使用的教学方法；⑫选取评估方案；⑬整理总结。这 13 个程序并非直线型的顺序，在实际的反馈改进中，各个程序是可以增删和相互调换的。

---

① 姬瑞海、李存霞：《中职教师"私人定制"培训模式的研究与实践》，《职业》2018 年第 26 期。

② 谭支军：《教师个人学习空间的构建——一种教师专业化成长新途径》，《成人教育》2015 年第 2 期。

"私人订制"和"个人学习空间"是可以相互交融的，全国高校教师网络培训中心的项目定制板块则有着最直接的体现。其主要分为项目定制实施流程指南、定制项目推荐区和项目定制需求意向三个板块。实施流程主要有提出需求、意向沟通、专家诊断、项目设计、组织实施、效果评估和成果验收7步（见图6-7）；定制项目推荐区包含高校新教师培训、高校教师教学方法与能力提升、高校教师信息技术能力提升和高校教师科研能力提升等9项；项目定制需求意向表则主要通过问卷来设计反馈改进。[①]

· 项目订制实施流程指南 ·

提出需求　意向沟通　专家诊断　项目设计　组织实施　效果评估　成果验收

图6-7　项目订制实施流程

戴尔蒙德指出：成功的课程体系改革取决于六个关键因素：第一，要制订出高质量的培养目标；第二，要考虑这些可以操作的目标是否能用学生学业成绩等表现形式卓有成效地描述和说明出来；第三，这些培养目标是否真正落实到了具体的课程教学中；第四，在不同层次的教学和各个培养环节中，教学要求和评价方法之间是否匹配；第五，课程教学目标与所选择的教学方法是否匹配；第六，学校有关教学部门和任课教师在整个课程改革中是否有参与热情和责任感。[②] 这些因素对教师培训的反馈改进有着指导意义。

通过"私人订制"和"个人学习空间"，可以将"互联网+"背景下个性化教师培训模式的框架补充完整（见图6-8）。

---

① 全国网络教师培训中心：《项目定制服务》，2018年，https：//custom. enetedu. com/，2020年6月23日。

② Diamond，R. M.，*Designing and Assessing Courses and Curricula*：*A Pract ical Guide Revised Edition 2nd ed.*，San Francisco：Jossey – Bass Publishers，1998，p. 127.

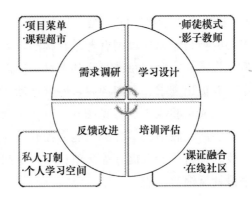

图 6 - 8　教师培训模式设计：完成反馈改进

第七章 "互联网＋"背景下个性化教师培训方法

融合了移动网络、物联网络、人工智能的"互联网＋"，势必会在教师培训方式等方面帮助教师培训突破瓶颈，带来质的变化。

——笔者

第一节 网络环境下任务驱动教学

在现实生活中，人们总是以某种动力来驱使完成任务。建构主义学习理论强调学生的学习活动必须与任务或问题相结合，探索和引导学习者的兴趣和动机，创造真实的教学环境，让学生在真实的任务中学习。学生的学习不仅是知识从外到内的转移和传递，而且是学生积极建构自身知识和经验的过程。通过新知识与原有知识经验的互动，不断丰富和充实自己的知识，提升自身能力。

一 网络环境下任务驱动教学概述
（一）任务驱动教学法的含义

任务驱动教学法就是建立在建构主义理论的基础上，以学生为中心，基于任务驱动的教学方法，是建构主义理论在教学中的一种尝试。这种教学方法以网络为基础，教师根据教学目标，将教学内容设计成一个或多个学习任务，学生则充分利用网络学习平台，通过对任务进行分析、探究找到完成任务的途径和方法，完成教师布置的学习任务，进而掌握知识与技能，并且在学习的过程中，培养了自身创新意识和创新能力，并提高了分析问题和解决问题的能力。

（二）网络环境下的任务驱动教学特征

网络环境下的任务驱动教学作为一种新型的教学模式，主要借助信息技术环境被广泛应用于不同学科、不同类型的教学活动中，改变了传统的课堂教学结构，使学生在亲身体验和实践的任务活动中，实现知识内容的自主习得和知识意义的建构。

1. 教学任务贯穿教学过程，并具有个性化特征

在任务驱动的教学模式中，任务贯穿整个教学过程，提出具体任务是前提，分析任务形成解决方案是关键，通过自主学习和协作学习完成任务是关键。可以说，整个教学模式围绕任务的创建、完成、总结和评估来进行。在设计教学任务时，教师可以根据学生的基础和能力对学生进行分类，并为每一类学生设计不同的学习任务。同时，借助网络，他们可以随时检查学生的学习情况，并适当调整教学任务。需要注意的是，任务的创建不仅需要一定的真实性和趣味性，以提高学习者的学习兴趣，而且还要有目标导向和可操作性，以便于学生探索和培养学习者的创新思维。在任务完成过程中，教师应引导学生总结、梳理和提炼任务，分析任务设计活动中的代表性问题，并及时进行讨论和指导。最后，必须通过沟通和评估进一步规范任务驱动学习中学到的新概念、方法和技能。

2. 师生关系中"教师主导、学生主体"地位的体现

任务驱动教学模式以学习者的学习为中心，强调学习者的学习过程必须与学习任务相结合，通过完成任务来激发和保持学习的兴趣和动力。在这个教学模式中，学习者具有学习的主动性，而教师则控制着教学活动的过程。一方面，在任务驱动教学模式中，教师是任务的设计者、任务过程的指导者和任务完成的评估者。例如，在任务设计中，教师应根据教学目标的具体要求设计适当的任务；在任务指导过程中，教师及时为学生完成任务提供必要的指导和帮助。另一方面，任务驱动教学模式有助于充分发挥学生的主导地位，提高学生的自主探究能力，培养合作交流的精神。首先，任务驱动的教学模式使学生处于与当前学习主题相关的真实学习情境中，可以有效激发学生的学习兴趣，促使学生积极探索和发现，完成相关

知识的建设，提高学生的自主探究意识和能力。其次，任务驱动的教学模式使学生能够根据实际情况提出、分析和解决问题，并在解决问题的过程中构建知识和技能。在完成任务的过程中，学生可以根据自己的理解自由选择解决问题的方法，通过多角度、多方位的思考，有效促进学生创新思维和创新能力的培养。最后，教师设计的任务，学生既可以独立完成，也可以协同完成。因此，在完成任务的过程中，学生需要与他人进行合作和沟通，不断调整和完善自己的观点，从而促进任务的有效完成。

3. 教学评价的动态性与多样性

传统的教学评价主要通过课程结束后的考试成绩和日常作业的完成程度来衡量。然而，在网络环境下，任务驱动式教学评价呈现出动态性和多样化的特征。一方面，基于任务驱动的教学评价具有动态性特点，它需要动态评估学习者在学习过程中的每一个环节。如学生是否理解任务要求、是否可以灵活地应用知识来解决问题、能否独立完成任务、参与态度是否积极等。同时，评价还应注重学生的自我评价，使他们对评价的过程和质量承担责任，这对培养学习者的评价能力，使其成为积极的终身学习者至关重要。另一方面，任务驱动式教学评价也具有多样性的特点，网络在线学习时间、课程浏览频率、资源下载次数、作业完成情况等各种指标均可以作为评估依据。此外，任务驱动式学习过程通常以学生为中心，学习内容是开放和动态的。为了确保其开放性和动态性，评估方案也应具有多样性，对学生在学习过程中创建和发现的资源，如新的相关资料、心得体会等应积极肯定，并通过合理的评价方案帮助学生获得适当和多样化的资源，从而确保学习内容的良性循环。

二 任务驱动教学在个性化教师培训中的应用

任务驱动模式引领下的教学方法不同于传统教学法的改革，其核心是以学习者自主探究学习为中心，不断发展学习者的学习能力和信息能力，对于"互联网＋"背景下个性化教师培训具有重要借鉴和指导意义。

（一）任务驱动式个性化教师培训流程

在个性化教师培训过程中，"任务驱动"教学方法不再以教科书或知识点为主线，而是以任务为线索，系列模块组织培训活动。因此，任务的确定、任务的完成和任务的评价成为"任务驱动"个性化教师培训的主要环节。

1. 前任务：明确需求，提出任务

培训需求是培训活动开展的前提，体现了个性化教师培训的基本价值。个性化培训首先要通过分析明确教师个人能力与教学改革实践所需的能力之间的差距，定期组织教师培训需求分析，对每位教师现有的知识、技能和创新能力进行诊断，并与工作所需的技能水平相比，制订相应的培训计划。在培训需求明确后，任务驱动的教学模式强调从问题或任务入手，根据培训目标建立任务。需要指出的是，培训任务不应该太困难，也不应该太容易。在设计任务时，应根据"最近发展区"理论设计中等难度的任务，并适当增加挑战，鼓励教师以协作的方式完成任务。最后，培训师指导教师在解决问题的过程中进行自我探索、合作交流，在解决问题的过程中获得知识的建构和综合能力的培养。

2. 任务环：任务驱动，解决任务

在任务驱动教学中，任务驱使学习者完成任务，而完成任务将有助于形成学习者的成就动机，使学习者在学习中实现质的变化。在培训过程中，培训师应通过指导掌控整个培训过程的内容、进度和方向，以便为学习者提供思考的机会和时间，让教师尽可能多地进行自主学习。通过培训任务驱动，从行为到心理促使教师从被动学习到主动学习，实现"你得学习"到"我要学习"的转变。鉴于教师在分析和解决任务时遇到的困难，培训师应提供解决问题的相关线索，例如为教师提供各种认知工具和学习资源，或为教师提供工具和资源的获取途径。如果有必要在课后完成任务，培训师还可以通过电子邮件、微群等信息沟通工具为教师提供必要的指导和帮助。同时，培训师应鼓励教师之间进行合作、交流和讨论，通过不同观点的交锋进一步促进教师知识意义的建构，形成新的认知结构。

3. 后任务：注重反馈，评价任务

任务的完成并不意味着知识技能构建的完成，还必须对学习效果进行评价，这是"任务驱动"教学法的最后阶段。任务驱动教学应是一种反思活动，完成任务后，为了检查和促进教师达到预期目标并找出培训中的突出问题，培训者应评估教师任务完成的结果。一方面，评价应主要基于教师是否能够在完成任务的过程中真正掌握新的知识和技能，以及他们是否能够深刻理解和巧妙运用新知识和新技能解决新的问题。对此，培训者可采用"学习文件夹"的模式，将每个教师在培训期间完成的作业、调查问卷、网上主题讨论记录等学习成果整理成其个人的"学习文件夹"，以反映教师在每一学习阶段的发展状态，从多个维度如教师的自主学习能力、协作学习能力、网络信息素养以及运用现代教育技术从事教学的能力等进行动态评价。另一方面，在评价方法上，除了培训者的评价外，还应注意教师个人学习成果的自我评价，增强教师学习过程中的自我评价意识，从而促使教师检验、调整和规范自己的学习行为。

（二）任务驱动式个性化教师培训的实践策略

作为成人学习者，教师的学习以教学实践为中心，以具体任务和问题为导向，以教师的积极参与为基础。根据教师学习者的特点，个性化教师培训的组织必须设计适当的调节机制，通过多种方式和策略提高教师参与学习过程的水平，从而提高教师培训的效率。

1. 以"任务"为导向引发教师"质变学习"的发生

在任务驱动模式的教师培训中，培训者应通过任务提示等一系列脚手架的建立，始终坚持以任务为锚，不断探索知识内容与实践的结合，有效设计任务活动程序，最终满足个性化教师培训需求，实现培训目标。需要注意的是，基于具体任务的培训需要培训者关注具体问题。一方面，应引导教师深入系统地学习特定内容的学科知识，通过任务挖掘与新知识相顺应的旧经验，并引导教师通过教学实践整合和运用这些知识。在此过程中，任务的设计首先要具备趣味性与成就感统一的原则，使学习任务的出发点、主观愿望和最终的教学目标成为一个相互制约的整体。其次，任务设计应具有灵活性原则，教师可以通过多种方式实现，并在预期的时间内完成。最后，任务的设计应具有层次性，以满足不同学科、不同水平教师的需求。另一方面，培训课程创建的任务驱动教学模式应以成人质变学习理论为教育理念，根据远程教育规律和成人学习的特点设计和实施整体教学任务，丰富和重构教师新经验体系，着力评判性反思，促进教师"质变学习"的发生。

2. 以"外动力"激发教师主动学习的"内生力"

任务驱动教学模式的应用，其主要目的是促进教师更好更有效地完成培训任务，而教师个人的认知情况、情感以及社会特征等对于教师的学习过程都具有一定的影响。因此，培训需要以"外动力"激发教师主动学习的"内生力"。首先，培训应以教师的学习需求为重心，在培训学习平台搭建完成后，严格教师培训学时学分管理制度，对不同层次与类型的培训课程赋予相应学分，通过课程类别及学分来引导教师根据自身需求合理进行课程选择，从而推动教师专业成长的可持续发展。但需要注意的是，课程选择不需要进行过多干预，以避免绑架教师的学习需要，影响教师对培训学习的参与感和归属感。其次，给予教师丰富的环境刺激，如通过完善的薪酬制度激励、榜样激励、教师学习共同体的激励等使教师感到付出与收获成正比，从而在外在环境中激发教师主动学习的"内生力"，为教师专业成长、实现自我价值保驾护航。

3. 以"协同竞争"为方式实现教师知识的意义建构

"协同竞争"来自生物学中的"协同进化"思想，指物种间相互作用所带来的物种基因的变化。所谓协同，就是在非平衡的情况下，子系统的某些运动趋于一致且所有的子系统都趋于这种运动模式，从而协调一致地运动以形成一个新的有序结构。通过这种"协同"教师学习组织可以成为一个发展有序的系统。所谓竞争，就是系统之间或系统内部要素之间相互较量、相互竞争，力争获得主导地位的活动与过程。[①] 对于教师专业学习而言，一个安逸舒适的平衡状态并非良

---

① 黄金煜、郑友训：《自组织理论在教师专业学习中的应用》，《教学与管理》2016年第12期。

好的外在环境，而一个有活力的教师学习组织必定是复杂且非平衡的状态。因此，在任务驱动教学模式中，应创造协同竞争的机会为教师的学习带来一定的压力和动力，如通过创建合作小组、研修小组等增加教师协同学习的机会，使不同教师从不同的经验体会、不同的思维模式、不同的学科视角展开对话和交流，在思想和观点上形成碰撞和火花，从而形成新的学习和交流常态，为教师的多元化发展提供条件和可能。

南通市"任务驱动式"中小学教师全员网络培训方案①

一、培训目标

通过网络研修，加深对教师自主专业发展以及"以学定教"、"以学施教"理念的理解和掌握，掌握"备课"、"上课"、"评价"的重要技能和方法，完成一个单元的"备课"、"上课"、"评价"等实践性作业，提升教师课堂教学能力和学科素养。

二、培训对象

1. 小学：语文、数学、英语、品德与生活（社会）、音乐、体育、美术、信息技术8个学科的在职在岗教师。

2. 初中和高中：语文、数学、英语、思想品德、物理、化学、生物、历史、地理、音乐、美术、体育、信息技术13个学科的在职在岗教师。

3. 非任课教师的校级领导和上述学科以外的其他学科专职教师可自主选择一个学科参加培训。

三、培训原则

1. 针对性原则

本次培训的课程开发团队由南通市一线优秀教师和学科教研员组成，紧扣中小学各学科教材，以单元备课、上课、评价案例为载体，实施任务驱动式网络研修，力求兼顾各学科各年级，"所学即所教"，学用结合，贴近教师课堂教学实际。

---

① 中国教师研修网：《2014年南通市中小学教师暑期全员远程培训》，2014年，http：//train. teacherclub. com. cn/dts/channel/2014nt_ 801/index. html，2020年7月4日。

2. 任务驱动原则

本次培训设置真实的任务情境和递进式的研修任务，参训学员可依照任务流程，"做中学"，"学中做"，自主学习，协作研修。

3. 自主选学原则

本项目的设计坚持以教师的需求为中心，参训学员可根据自己的实际情况在"任务大厅"内自主选取研修任务，确保培训更具实效性。

四　培训安排

（一）总体安排时间表

时间	学习安排
项目启动	由南通市教育局组织召开项目启动仪式
研修指导专家、辅导员培训	以集中方式对项目管理者、研修指导专家、网络班级辅导员进行培训
预热学习	学员使用自己的学习账号登录培训平台，核对个人基本信息，在网上熟悉操作流程并进行学习预热；班级辅导员组织学员上线预热，创建本班QQ群并引导学员加入，建设班级沟通渠道
远程学习	学员在线观看课程，撰写研修作业，参与互动交流；研修指导专家和班级辅导员在线辅导、答疑
线下实践	学员结合远程学习所获运用到教育教学实践中，并完成、提交作业
考核评优	进行考核评优，项目总结，成果提炼

（二）远程学习阶段安排

根据本次培训目标，培训内容共60学时，学员自主选学30学时，分四个阶段完成，每个阶段均采取任务驱动的方式。每个阶段分别为学员设计需完成的不同任务，并为每个任务匹配学员需要学习的课程、需要参加的活动、需要提交的作业，引导学员进行规定任务学习和自主拓展学习。具体内容及阶段安排如下：

第一阶段 通识课程				
研修任务	本阶段设计一个任务，学员必须完成			
任务描述	课程学习	研修主题活动	作业要求	答疑
任务一：结合自己的实际情况，写一份本学期个人教学改进计划。 研修步骤：观看课程视频—查看文本资料—开展研修活动—撰写研修作业—参加答疑活动	1. 自主发展取向的教师专业成长； 2. 从精彩教到有效学； 3. 师德评书； 4. 信息技术与课程整合	研修活动：主题研讨——教师职业是谋生手段还是育人事业	作业： 从精彩教到有效学，结合自己的实际情况，写一份本学期个人教学改进计划	通识答疑

第二阶段 学科教学备课素养				
研修任务	本阶段设计两个任务，学员选择一个完成即可			
任务描述	课程学习	研修主题活动	作业要求	答疑
任务一：制定单元教学目标——结合课程标准三维目标的要求，提炼一个单元的教学目标，绘制单元教学三维目标图（表），并对图（表）进行说明	单元备课策略（分学科）	项目组研修活动一：教学目标这样定	作业一：提交一个单元三维目标图（表）及说明	
任务二：提炼单元核心知识，找出教学难点——绘制单元核心知识图，标注出单元教学难点，选择其一，制定教学情境设计方案	单元备课策略（分学科）	项目组研修活动二：核心知识这样理、教学难点这样破	作业二：提交一个单元的核心知识结构图及一个教学难点的教学情境设计方案	

第三阶段　学科教学上课素养				
研修任务	本阶段设计两个任务，学员选择一个完成即可			
任务描述	课程学习	研修主题活动	作业要求	答疑
任务一：撰写教学案例——选取自己课堂教学发生的非预设性事件，撰写一篇教学案例或教学反思	单元上课实践示例（分学科）	研修活动一：大家一起晒反思	作业一：提交一份教学案例或教学反思	
任务二：填写课堂观察表单——分析其他学员的一节课堂实录，围绕"教师教什么"、"怎么教"、"学生怎么学"、"学得如何"，进行观课评课，填写评课记录表	单元上课实践示例策略（分学科）	研修活动二：大家一起来品课	作业二：提交评课记录表	

第四阶段　学科教学评价素养				
研修任务	本阶段设计两个任务，学员选择一个完成即可			
任务描述	课程学习	研修主题活动	作业要求	答疑
任务一：编制单元测试卷——围绕一个单元的教学活动，填写"双向细目表"，据此编制一份单元测试卷和组卷说明	单元学习评价示例（分学科）	研修活动一：单元试卷巧设计	作业一：提交一个单元的测试卷和组卷说明	分学科专家答疑
任务二：撰写单元试卷分析及跟进辅导方案——根据学生反馈，进行单元试卷分析，并据此反思教学，制定跟进辅导方案	单元学习评价示例（分学科）	研修活动二：辅导方案精设计	作业二：提交一个单元的试卷分析及跟进辅导方案	分学科专家答疑

五 考核评价

（一）参训学员考核评价

对参训学员从规定任务学习与自主拓展学习这两个方面进行考核，满分为100分，60分为合格（积分无上限）。

考评维度	考评说明	考评细则					
规定任务学习60%	规定任务学习是考核内容，以考核任务成果和课程学习情况为主，总分60分	课程学习	参与活动	提交作业	互评作业	参加答疑	满分
		含观看必修和选修课程，通过1个随堂测，每15分钟计1分	每参与1个活动，计4分	提交1篇作业计4分	互评5篇作业计3分	参加1次答疑计2分	60
自主拓展学习40%	自主拓展学习以考核教师借助社区开展互动交流与协作学习等行为产生的学习积分为主。（注：每10个积分累计转换成绩1分）	得分项（选做积分包括：贡献积分、活跃积分和魅力积分，每10个积分累计转换成绩1分，最高折合40分，积分无上限）					满分
		贡献积分		活跃积分		魅力积分	
		1. 写日志（2个积分/篇）2. 传资源（3个积分/篇）3. 发话题（1个积分/篇）4. 发问答（1个积分/篇）5. 写作业（2个积分/篇）		1. 观看课程（1个积分/15分钟）2. 评价课程 3. 标注课程 4. 评价作业 5. 评价日志 6. 评价资源 7. 评价话题 8. 下载资源 9. 关注同伴 10. 参与辩论 11. 参与协作文档（2—11为1个积分/次）12. 评分作业 13. 参与活动评价（12—13为2个积分/次）		1. 资源被下载（2个积分/次）2. 作业被评论 3. 日志被评论 4. 资源被评论 5. 话题被评论 6. 作业被评分（2—6为1个积分/次）	40

（二）班级辅导员考核评价

对班级辅导员从以下两个方面进行考核：一是本人的工作情况得分，占比50%；二是本网络班级学员的平均得分，占比50%。

坊主（班级辅导员）成绩＝本人工作情况得分×50%＋班级学员的平均得分×50%

考核实行百分制，60分为合格。

考评维度	考评说明	考评指标	得分细则
过程指导（满分20分）	考察班级辅导员在学员学习过程中遇到学习内容与学习流程问题时获得支持的情况	根据学员学习的合格率进行评价	学员合格率95%以上：计20分；80%—95%：计15分；60%—79%：计10分；50%—59%：计5分；50%以下不计分
过程管理（满分20分）	考察班级辅导员在学员学习过程中有效组织学员参与学习、把握整体学习进度、反馈学习的情况	根据学员学习的参训率，参加学情通报等指标进行综合评价	学员参训率达到95%以上：计15分；85%—95%：计12分；70%—84%：计8分；50%—69%：计5分；50%以下不计分；参加1次学情会，计1分
资源建设（满分30分）	考察班级辅导员结合学员实际问题制订研修计划、设计研修活动的情况	根据创建活动数量进行综合评价	提交1份研修简报计5分；发起1个研修活动计4分
评价推优（满分30分）	考察班级辅导员培养学员、推荐学员、引领学员的情况	根据评价、推优等指标进行综合评价	点评1篇作业计1分；评选1篇精华作业计1分

第二节　基于 P2P 的自主协作学习

一　基于 P2P 的自主协作学习概述

（一）基于 P2P 的自主协作学习含义

1. P2P

P2P 即"peer－to－peer"，peer 在英文中即"同等的人"、"同

伴"和"伙伴"之意,因此 P2P 可以理解为"伙伴对伙伴"或称为"点对点"式对等网络。近年来,P2P(点对点网络)已成为计算机行业关注的热门问题之一,《财富杂志》将 P2P 列为影响互联网未来的四大技术之一。

与传统网络传输思想不同,P2P 技术中整个网络没有中心服务器,它改变了传统通过服务器浏览或下载的 C/S(客户机/服务器)模式,允许用户与用户之间通过建立链接的方式进行直接的文件共享与交换,将人们直接地连接起来,让人们通过互联网进行直接的交互,而不必像以往那样必须连接到服务器去浏览与下载文件。因此,每一个 Peer 的权利和义务都是平等的,在这种模式下,所有网络节点上的设备都可以建立 P2P 对话,信息的需求者同时也是信息的提供者。在信息传输速度方面,它可以充分利用每一台计算机的计算能力,访问相同信息的人越多,速度就越快,网络信息交流就变得更容易、更直接、更高效。另外,网站不再被网络主导,每个用户节点处于平等的地位,可以真正参与到对等的交流中。

2. 基于 P2P 的自主协作学习

随着网络信息技术的飞速发展,人们的学习方式得以不断改变,网络在线学习已成为学习者获取知识和能力的重要途径。与传统学习方式不同,网络学习能充分实现以学习者为中心,新型学习资源和学习方式的变革也进一步激发了学习者的学习兴趣。而学习方式的变革不应只是线上与线下学习场域的混合,更应该兼备多元化追求,如自主学习与合作学习相互融合的过程。无论是线上学习还是线下学习,都应该是共生、共建的过程。在线课程平台的文本、视频、PPT 等资源为学习者自主学习提供信息资源,而网络平台所拥有的交互功能则为合作学习提供了合理空间,并且能使合作学习突破时空界限,使小组在线自主协作学习成为常态。

在线上课堂上,自主学习、协作学习、探究学习的开展已成为教育改革的亮点,自主学习是协作学习的基础,合作学习是协作学习的动力。而当前,虽然传统的在线协作学习已在远程教育领域得到了广泛应用,但是由于无法有效实现协作分组、交互功能差等因素,个性化学习体现不足,学习者在学习过程中无法将自己的学习收获、心得体会等立即记录下来，也无法实现个性化的知识管理和交流，不利于学习者创新思维和创新能力的培养。

而随着 P2P 技术的发展，网络交流、文件共享、即时通信以及任务协作等工作有了新的技术支持。随着网络信息技术和网络教育的不断发展，基于 P2P 的自主协作学习系统也已经成为了在线教育的重要研究方向。在该网络环境下，学习系统可以为学习者创设适宜的学习环境，为自主协作式学习的顺利开展提供强有力的支持。在 P2P 技术支持下，学习者可以通过网络参与自主学习和协作学习，主动下载和共享学习资源，可以独立选择学习内容，控制学习过程，实现自主学习，并开展最广泛的协作学习与交流。基于 P2P 的自主协作学习模式中，学习者成为了教学的主体，它改变了传统以教师为主体的教学方式。

（二）P2P 技术支持的自主协作学习网络环境

1. 平等、多向、丰富的网络交互平台

P2P 技术支持的自主协同学习系统可以构建一个优越的网络交互平台，它允许用户通过建立链接直接相互通信，使每个用户可以平等地参与协作学习，有效提高协作学习水平。首先，P2P 技术可以实现自由平等的交互。P2P 技术不再使用服务器浏览或下载的 C/S 模式，而是允许用户通过直接建立链接来相互通信，从而让交互享有充分的自由，类似于在现实情境中展开的交互。学习者可以根据自己的实际需要自由选择交互对象，并开始讨论某个主题，其他学习者也可以自由选择加入讨论、表达意见或退出讨论。其次，P2P 环境中的交互式网络是多方向的。参与协作的学习者可以以某个在线课程或是某个信息资源节点作为交互对象和信息源，也可以通过建立直接交流链接，向在线专家、教师请教，还可以与自己的学习伙伴在平台上进行讨论交流，使这一交互平台呈现多向性的特点。最后，P2P 技术构建的交互式平台具有丰富的交互式内容，交互式信息可以表达为文本、语音、视频、图像等多种形式，这些交互内容可以充分满足学习者的学习需求。

2. 流畅的多媒体信息传播体系

对于协作式学习而言，协作者之间是否可以平滑地传输多媒体信息在很多情况下决定了协作学习效果的质量。在传统的 C/S 传输模式下，过多的信息传输会导致服务器负载过重、传输效率低等问题，从而使信息传输延迟，实时性能不足。而在 P2P 技术的支持下，"交互内容"所在的位置得以改变，不再单单存在于几个主要服务器上面，而是扩展了信息源，让所有用户的 PC 都能够处理交互内容，从而使用户从多个来源获取所需信息，大大缓解了 C/S 传输模式中主服务器负载过大的难题。也就是说，当观看视频流媒体时，用户不仅可以从服务器端获取视频内容，还可以与正在观看视频的用户交流媒体内容。用户可以同时从多个来源下载视频。用户越多，可用的视频源就越多，与过去只能从服务器端下载的方式相比，效率和速度有了很大的提高。简而言之，通过 P2P 技术，视频、语音和其他多媒体信息可以按需、高效点播，使丰富的多媒体信息得以在学习者之间自由、流畅地传递，可以帮助学习者产生思想的建构，从而增强他们对知识的理解和技能的掌握，让学习者更自由、更轻松地参与协作学习。

3. 多样的网络共享信息资源

在网络环境中，网络用户希望获得更多的共享资源，因为更多共享资源意味着能够学习更多知识。特别是对于参与协作学习的学习者，如果交互式平台可以提供足够的共享资源，那么它将对协作学习有很大帮助。在 P2P 模型中，参与协作学习的学习者都是资源接收者和资源共享者，每个学习者都可以获得他人的共享资源并与他人共享资源。换句话说，参与共享和协作的每个成员都是信息接收者和信息提供者，并且彼此具有相同的地位。因此，共享信息具有多样性的特征，这比以往诸多网络共享方式更加充分和有效。此外，此类信息有助于学习者构建知识框架、认知策略和思维方式。在 P2P 环境中，协作组的成员是相互依存的，信息源是整个协作组，这增强了协作组的内部凝聚力并提高了协作的充分性。通过这些完全共享的资源，学习者可以进行有效的自我探索和协作学习，不断改进认知策略，优化思维模式，构建新知识，从而不断发展他们的创新思维和实践能力。

二 P2P自主协作学习模式下个性化教师培训

基于P2P的自主协作学习模式不仅使学习者能够对学习内容进行自主选择，还能够对学习时间进行自主安排，并根据学习任务制订学习计划，向他人共享自己的学习资源。对于个性化教师培训而言，自主协作学习模式能够满足个性化教师培训需求，促进教师实现自主协作学习，具有重要的实践意义。

（一）P2P自主协作学习模式下个性化教师培训过程

对于个性化教师培训而言，基于P2P的教师自主协作学习过程主要包括以下几个步骤：

1. 个性培训内容的选取

基于网络的自主协作学习平台，课程内容极为丰富，并使在线培训课程成为融合文字、动画、视频、探究任务、虚拟实验等资源的系统化、可选择的知识图谱，教师可通过在线学习系统自主选择学习内容，自主定义学习进程，甚至可以通过网络进行培训内容定制服务。在P2P自主协作学习系统中，教师可以在认证后根据自己的培训需求选择合适的培训课程或搜索相关的学习资料进行自主学习，并将学习目录信息保存到学习日志数据库中。在独立学习模块中，除了选择系统提供的学习内容外，教师还可以从学习资源数据库下载独立学习所需的资源，并根据学习内容和任务制订个性化学习计划，安排好自身培训学习的时间和空间。

2. 协作学习小组的创建

教师在自主协作学习系统中选择培训内容后，系统将从学习日志数据库中提取具有相同或相似学习兴趣的学习者，并将其划分在相同的合作学习组。协作学习小组的建立主要基于教师的学习兴趣，并根据教师的年龄结构、性别结构、学科差异、学习风格差异等进行分类。通常，小组规模仅限于四至七人。协作学习小组分组有两种主要方式：第一种是对具有相同或相似学习兴趣的教师进行分组，并将具有相同特征的教师划分为一个协作小组，以确保小组成员具有更多的共性并缩小他们的差异；第二种是以互补的方式对教师进行分组，把存在一定差异的教师划分为一个协作小组，他们的学历层次、学科范围、学习方式等存在较大差别，通过扩大组内学习者的差别来实现组内的互帮互助，达到互补的目的。

3. 自主协作学习的实施

分组后，教师将能够进入协作学习小组空间，这是协作学习小组成员之间协作学习的重要场所，空间包含学习资源库、小组讨论和数据检索等模块。在这个空间，协作学习小组可以正式进行协作学习。自主协作学习开始实施后，学习资源小组将教师所需要的各种学习资源，如各种学习工具、资料、软件等提供给协作小组，成员可以自主学习，也可以在小组空间自由讨论，不受时间和地区的限制，通过与小组成员交流合作找到问题的最佳解决方案。应该指出的是，自主合作学习的实施与培训师的主导作用是分不开的，为了确保参与教师的讨论内容在学习目标范围内，培训师应合理规划学习进程，制定活动评估指标，确保合作学习活动不仅要紧密结合培训内容，还要使教师通过讨论达成共识，最终实现学习目标。协作小组成员在协作学习过程中的表现将会被记录下来，教师可以据此对小组成员给出评价。

4. 协作学习效果的评价

基于 P2P 的协作学习效果评价是一个相对开放的系统，评价包括对学习者学习效果的评估和对小组学习结果的评估。在自主协作学习的过程中，教师将记录他们的学习日志并将其记录到学习日志库中。在合作小组完成学习目标和任务后，培训管理者可以根据教师参与合作交流的积极性和教师在合作学习过程中的表现及协作学习结果如报告、论文等进行客观的评价。培训管理者应该合理控制协作过程，及时总结各组的优缺点，并给予适当的评价，不仅要评估学习成果，还要评估学习过程。同时，教师本人还需要评估自己的学习效果，审视自身完成的任务或学习过程中学到的知识，以达到自我监督的效果。此外，协作小组的成员还需要相互评价，并且相互评价的内容将被保存到协作档案库中。

（二）P2P 自主协作学习模式下个性化教师培训策略

1. 建立有效的激励制度，避免"搭便车效应"的发生

"搭便车效应"是指每个人都希望与他人"搭便车"，无须付出便享受他人的成果。在自主协作学习中，虽然教师团队成员客观上存

在共同的利益，但从社会心理学的角度来看，很容易形成"搭便车"的心理期望，个别教师在协作学习中缺乏主动性，坐享他人的讨论成果，也有的教师表面参与了活动，但却"表热实冷"，活动中没有发挥应有的作用。因此，激励机制的建立主要是为了防止"搭便车"现象，鼓励合作教师在享受学习资源的同时分享有用的学习资源。激励机制中包含奖励和惩罚两种方法，该系统的奖励方法主要是根据教师共享资料被下载的次数、共享资料的受欢迎程度和在线服务时长等指标来判断，教师共享资料的被下载次数越多、受欢迎的程度越高和在线提供服务的时间越长，则其获得的奖励就越多。奖励的方式可以多样化，如奖金、增值服务、信誉度、荣誉度等，教师获得的奖励与教师的贡献值相关联，贡献值越高就越能够享用更加优先的服务。但是，如果教师不分享学习资源或分享较少的学习资源，他们将受到一定程度的惩罚，他们的贡献价值相对较低，可以享受的增值服务就会减少。当存在学习资源竞争情况时，该系统将优先考虑具有较高贡献值的教师。另外，如果教师长时间未共享学习资源，他们的累积贡献值将自动丢失，这是为了鼓励教师定期登录系统并增加他们的贡献值以提高其自主协作学习的积极性。

2. 优化协作学习环境，满足教师个性化需求

在基于P2P的网络自主协作学习中，为实现教师个性化培训的目标，必须多角度优化协作学习环境。首先，自主协作学习系统的开发应真正为教师培训提供技术先进、管理到位、运行可靠的泛在化学习大平台，构建教师适应性的个性化教育服务系统和研修学习系统。培训平台的开发应注重为教师提供丰富的应用工具，如资源发布工具、交互工具、调查工具、共同创作工具、社区工具、学习管理工具等，并尽可能以可视化的操作方式提供给教师。其次，协作学习资源不仅仅是高高在上引领教师发展的引擎，更要为参训教师培训提供服务。如果没有需求细化分析，资源的设定以及相应外延问题都会浮于表面，培训平台的吸引力会大打折扣。因此，协作学习资源的开发要从静态变为动态，针对教师学习特性和认知风格，明确资源的设计风格，只有做好每一步，才可以使协作学习资源紧密结合教学实际，真正做到以参训教师为中心。最后，协作学习过程的设计应采用"学用

结合"的思路，重案例问题的设计，重群体讨论的组织，以激发教师的问题意识为主旨。

3. 建立教师电子成长档案袋，促进评价多元化发展

教师电子成长档案袋是促进教师培训实现评价即时性和多元化发展的重要举措。对此，首先，应建立基于自主协作学习平台的教师电子成长档案袋，设计教师自我需求评估、培训总结、资源获取、教研反思、未来研修计划等几个模块。为使评价维度实现多元化发展，可将教师培训心得、教学随笔、研究论文、设计作品、课堂案例、微课展示等发布在交互平台上，多角度评价教师培训成果。其次，重视形成性评价，通过对教师教学、科研、日常管理工作、课外学习等成果的全方位连续记录，帮助教师找到教学中的不足，达到自我诊断、自我发展的目的，摒弃以往评价的形式化和功利化，实现"以评促改"的功能。最后，电子档案袋评价的对象应多元化，不仅包括参训教师本人，还应间接对培训机构、培训管理者进行评价，通过全方面的跟踪式培训记录能够帮助培训机构总结、反思培训管理和效果。总之，教师成长档案袋通过教师的自我监控、网络评估、后台记录等方式可以直观地反映教师在培训过程中取得的成长和不足，并对培训效果给予反馈。它不仅可以激发教师参与研讨的兴趣，促进教师之间的成果交流、经验分享、思想碰撞，还能提高教师学习的效率，成为教师专业发展的见证。

知识拓展

Wikispaces 在线协作学习支持平台[1]

Wikispaces（www.wikispaces.com）始创于 2005 年，致力于为全球教育者与学生提供免费易用的在线协作学习平台，注册用户超过 1000 万人，其宗旨是让学生乐于在现代化、便捷化的网络环境中进行协作学习。作为世界知名的、以 Wiki 技术为核心的在线协作学习支持平台之一，Wikispaces 具有操作便捷、协作

---

① 马英伟：《基于 Wikispaces 平台的"跨文化交际"课程在线协作学习模式研究》，《中国信息技术教育》2018 年第 11 期。

共享等突出特征，师生均可在该平台进行不受时间或空间限制的交流与协作。Wikispaces 支持课堂的多样化需求，包括基于项目的学习、小组讨论、教学考核与评价等。一般来说，Wikispaces 最常用的功能包括支持用户自建页面以实现资源管理与共享、支持发起讨论实现异步时空对话、支持创建项目、提供参与情况数据统计等。Wiki 技术在国外教育领域的应用时间较长，并凭借简易性、开放性、协作性等优势在语言教学领域得到了较为广泛的认可，近年来在我国教育领域也引起了诸多专家学者的注意。

Moodle 平台①

Moodle 的英文全称是 Modular Object – Oriented Dynamic Learning Environment，即模块化面向对象的动态学习环境，是澳大利亚的 Martin Dougiamas 基于建构主义理论开发的一个课程管理系统。Moodle 的教育理念先进、开放，且因其具有免费、开源、功能强大等特点而深受国内外教师和广大爱好者的欢迎。Moodle 是以建构主义学习理论为基础的平台，其设计与开发充分体现了建构主义所倡导的思想理念，即强调协作、探究，学习的过程应该是学习者对话、协作、互动、共同思考、合作解决问题的过程。以此理念为基础的 Moodle 平台课程的搭建，将更加注重师生地位的平等，倡导主动、协作和交互的学习行为。

Moodle 的系统结构是模块化的，其中汇聚了众多的课程活动模块，包括学习资源、作业、论坛、测验、Wiki 和调查等模块。管理员或教师可采用自由组合的动态模块设计，根据课程的特点和教学需要将模块任意组合，建构适合学习者学习的网络环境。Moodle 还能记录追踪学习者的学习活动，完整地记录学生的整个学习过程。通过统计每个学生的活动，显示图形报告，包括每个模块的细节（最后访问时间、阅读次数），还有参与讨论的情况，方便教师获得学习情况反馈，形成每位学习者的电子档案。

到目前为止，Moodle 的用户、基于 Moodle 构建的课程数量一直处于上升趋势。Moodle 在国内被译为魔灯，由上海师大的黎

---

① 夏洪文：《教师信息技术基本技能》，重庆大学出版社 2013 年版，第 234 页。

家厚教授引入推广,目前,已被国内的众多中小学、高校接受使用。

第三节 网络名师工作室

随着新时代教师队伍建设工作的不断推进,人们越来越关注教师专业发展,而教师专业发展也成为一切教育改革的动力。提高教师专业化水平已经成为世界各国教师培训的共同目标[①]。国内学者徐红等(2019)认为教师培训是其专业发展的必然要求,教师专业发展是其培训的重要依据[②]。在教育改革的进程中,如何促进教师实现有效成长、如何为教师提供专业的发展平台成为迫在眉睫的问题。而传统的教师培训模式已经无法满足当前教师专业发展的需求,网络名师工作室作为"互联网 +"背景下个性化教师培训的一种全新尝试,具有高度的实践价值与现实意义。

一 网络名师工作室概述

(一)网络名师工作室的概念界定

查阅已有文献,目前对"网络名师工作室"的概念和内涵尚没有形成统一的定论,而且意义相近的术语颇多,诸如"网络名师工作站"、"名师网络工作室",本书统一以"网络名师工作室"来指其他相似的概念,若其内涵与本书中网络名师工作室之意相统一,则视为将其内容涵盖进去。

本书参考北京大学教师教育中心(2015)撰写的《中国名师工作室发展报告》中对"名师工作室"的界定:"在政府教育主管部门指导下,集教学、科研、培训等职能于一体的教师合作共同体。名师工作室制度坚持以名师为引领,以学科为纽带,以先进的教育思想为指导,旨在搭建促进中青年教师专业成长及名师自我提升的发展平

[①] 章家谊:《"以学员为中心"的教师培训课堂建构:理念与设想》,《上海教育科研》2019 年第 7 期。

[②] 徐红、董泽芳:《改善我国教师专业发展机制的八大建议》,《教育研究与实验》2019 年第 3 期。

台,打造学校教育领域中有成就、有影响的高层次教师团队。"① 将
网络名师工作室定义为:"是由某一地方教育行政主管部门组织和管
理,用名师姓名或者专业特色命名,集教学、科研和培训等职能于一
体,教师自愿参加的合作共同体,是为解决各地中小学师资队伍的建
设、名师资源的辐射、专项课题的研究等问题而专门组建、有固定人
员参加、有明确具体活动内容的非行政组织机构。"网络名师工作室
从本质上来说是一类网络环境下专业学习共同体。

(二) 网络名师工作室的兴起背景

党的十九大报告中专门提到了"教师队伍建设"即"培养高素
质教师队伍,倡导全社会尊师重教",突出了教师队伍建设在整个教
育事业中的优先地位。中共中央、国务院于 2018 年 1 月印发《关于
全面深化新时代教师队伍建设改革的意见》(以下简称《意见》)。②
《意见》的出台,是党中央立足新时代作出的重大战略决策,为造就
党和人民满意的高素质专业化创新型教师队伍提供了行动指南和根本
遵循。纵观党史,党中央面向教师队伍建设制定如此重量级的政策文
件尚属首次,具有划时代的里程碑意义。2018 年 2 月,教育部等五
部门印发《教师教育振兴行动计划 (2018—2022 年)》,提出了五大
目标任务、十大行动,用 5 年左右的时间建设一支高素质专业化创新
型教师队伍。这是当前和今后一段时期内加强教师队伍建设、提升教
育质量水平的战略性举措。

伴随国家相关文件的颁布,近些年来以提升优秀教师整体素质为
主旨的各类名师工作室应运而生。值得一提的是,作为诞生于本土的
一种新兴事物,名师工作室尚未在全国范围内大面积推广开来。只有
名师队伍不断扩大,充分发挥名师的引领、示范、辐射作用,才能以
点带面,将名师资源为更多的教师所共享,从而逐步提升整个教师队
伍的专业化水平,促使人民满意的优质均衡教育最终实现。教育部联
合财政部、国家发改委等部门在 2014 年 11 月 16 日发布的《构建利

---

① 北京大学教师教育中心:《中国名师工作室发展报告 (2015)》,现代教育出版社
2016 年版,第 3 页。

② 中共中央、国务院:《中共中央国务院关于全面深化新时代教师队伍建设改革的意
见》,2018 年。

用信息化手段扩大优质教育资源覆盖面有效机制的实施方案》（教技〔2014〕6 号）中提出：鼓励教师利用网络学习空间开展协同备课和网络研修，形成共同备课、教学研究、资源共享等一体化协作交流机制。网络名师工作室是名师工作室在信息化时代下的发展产物，网络名师工作室充分依托网络发挥名师的示范、引领、带动和辐射作用，共享名师优质资源，引领教师实现从优秀到卓越的转变，是促进教师专业发展的理想载体。

（三）网络名师工作室的运行现状

近年来，各地在深化教育改革中不断加强对名师的引领，对相关经费和政策的扶持，坚持以信息化支撑引领教育现代化，构建信息化教育教学环境。一线城市和沿海城市这些教育发达地区更是抢占先机，纷纷开展名师网络工作室项目建设，为本地区的教育发展注入了新的活力。

二　网络名师工作室在个性化教师培训中的应用

传统的教师培训方式已经无法促进教师创新意识的培养，个性化教师培训将是教育的新趋势。网络名师工作室结合学员的个体差异开展个性化教学，全面记录学员的学习行为、学习特征以及学习过程，分析学员的学习风格、学习模式、学习需求以及学习态度，对学员进行学习指导，促进学员的个体发展。通过这样的措施，实现促进教师个性化发展的目的。因此，网络名师工作室作为"互联网＋"背景下个性化教师培训的一种全新尝试，具有高度的实践价值与现实意义。

（一）网络名师工作室下个性化教师培训机制

1. 师承效应机制：网络名师工作室实现"名师出高徒"

师承效应，是指在人才培养的进程中，采用"师傅带徒弟"的方式，继承优良传统、实现创新发展，从而达到名师出高徒的效果。当前，名师网络工作室的师承具体体现在两个方面：一是显性师承，即学习文化知识、教学方法等名师的教学知识与理念；二是隐性师承，即继承名师的教育理念与学术道德。一般来说，显性师承的效果比较容易体现，而隐性师承的效果却很难得到评估或量化，但这些隐性的理念与价值观对教师的发展有着更加深远的影响。网络名师工作室遴选成员、悉心培养、搭建平台、引领成长的过程，其实就是成员教师的个性化培训的过程，在这个过程中促进了成员专业发展，实现师承效应。

名师通过悉心培养，严格把关引领教师的个性化发展。名师一般都是特级教师，具有一线教学的丰富经验。他们因材施教，将长期积累的理论知识与每位成员分享。但实际上，在网络名师工作室的运行周期内，名师能够教授的知识相对有限，更重要的是通过传授其独到的教学方法，引领工作室成员的发展。对于名师而言，培养成员教师的过程，是对多年工作经验的总结运用，也是对其教学理念的传承。在与青年教师思想碰撞的同时，也为名师今后的教学工作创造了新的思路。与此同时，在网络名师工作室的运行周期内，名师严格把关团队质量。名师始终关注成员教师的成长过程，重视成员教师创造的隐形价值，严格、公正地评判每一位成员的成果。名师通过严格把关，反馈成员自身存在的问题，并针对问题给出指导意见，促进成员教师的成长成才，促进工作室团队质量的提升。再者，名师不断为成员搭建平台，创造学习机会。在网络名师工作室中，名师因材施教，根据成员的不同特点，利用自己的人脉与资源为成员搭建广阔的学习平台，为优秀的成员教师创建高水平的"人才链"，促进他们更好的学习成长。

通过网络名师工作室的引领成长，真正实现"名师出高徒"。网络名师工作室是实现教师个性化培训、促进教师专业发展的重要平台，能让成员教师少走弯路，引导成员走向学术前沿，促进青年教师的成长成才。

2. 互惠共享机制：网络名师工作室推进教师共享知识

互惠共享是知识双向交流的过程，是获得知识的过程也是分享知识的过程。

通过互惠共享机制能够实现知识效用的最大化，能促进成员教师的个性化培训有效进行。成员教师通过网络名师工作室内部的互惠共享促进有效学习。一方面，成员通过与名师之间的共享获取知识。成员教师与名师之间的互惠共享属于低位势知识个体与高位势知识个体之间的共享。由于成员教师与名师之间知识数量和质量差距较大，对于高位势知识个体而言，共享需要耗费大量的人力、物力。随着知识在工作室中的分享，知识的重要程度将会减弱，在一定程度上牺牲了知识的未来收益。

这种共享形式在一般组织中较难实现，但由于全体成员对组织有着高度的热情、信任与组织认同，只要兴趣在共享活动就会一直存在。另一方面，成员教师通过彼此共享获取知识。成员教师之间的共享一般有三种情况：（1）一对一的共享；（2）一对多的共享；（3）多对多的共享。成员通过名师工作室交流自我的教学思想和教学个性，展示自我的教学个性特征，听取建议。教师可以设计自我评价表，体现自我的个性追求和发展区域。开发课堂，在明晰自己教学个性特色的同时展示教学个性，还可以邀请同事参与、评价。虽然成员的个人知识、能力相对有限，但成员教师通过各种工作室要素间的互动和集体性的学习活动共享自己的学习资源、学习工具、学习经验，提升了工作室优质资源的利用率，不仅促进了成员教师的有效学习，也大大提升了工作室的综合竞争力，也为网络名师工作室的发展注入了活力。

3. 凝聚力机制：网络名师工作室引领教师凝聚力量

凝聚力是存在于组织成员中的一种力量。这种力量是在共同目标之下，教师通过紧密合作所产生的。凝聚力强的网络名师工作室，其教师之间的整体紧密程度较高，工作室的合作行为更多，信息流通较为畅通，能够取得的学习效果更好；凝聚力较弱的网络名师工作室，其教师的整体紧密程度较低，教师积极性较差，信息流动较为阻塞。网络名师工作室的名师与教师之间、教师与教师之间分享信息、建立关系，其紧密程度是衡量组织凝聚力强弱的重要标准。在网络名师工作室理想的运行状态下，网络名师工作室的领衔人一般都是网络核心，他们在网络化的组织中处于核心位置，激励教师工作，促进教师之间的人际协作。所有教师都建立起网络连通，通过教师之间的相互联系以及相互作用提升组织的凝聚力。

但是，在网络名师工作室的现实运行中，往往很难达到理想的运行状态。首先，在网络核心之外，只有15%—20%的组织教师处于组织的积极组。这些学科带头人的紧密程度相对较高，他们在自身工作职责范围以外，花费大量的时间成本，参与网络名师工作室日常活动开展，参加解决工作室的问题，与不同部门和教师建立起网络连通。这部分学科带头人紧密相连，是工作室人际网络的重要部分，对提升工作室的凝聚力有十分重要的作用。其次，大部分的学科带头人处于外围组，他们偶尔参与工作室的活动，但仍与网络名师工作室的其他教师保持着网络连通。最后，剩余的一部分学科带头人很少与工作室沟通交流，很少参加工作室开展的各项工作。他们与工作室的紧密程度相对较低，逐步成为了人际网络的边缘人物。

这种边缘化同时受到内在因素和外在因素的影响。一方面，学科带头人受家庭、年龄、受教育程度、性别等因素的影响，会产生一种"同质凝聚"的强烈倾向，这种倾向使他们倾向于寻找与自己在很多方面相近的人，除非在迫不得已的情况下，才会与那些和自己不同性格的人接触。这种倾向会强烈地影响到网络名师工作室教师之间的紧密程度，并最终影响到工作室组织的凝聚力。另一方面，由于工作室教师经常面临时间与空间的阻隔，在一定程度上加大了活动开展的难度，严重打击了教师的积极性，导致教师的边缘化甚至被迫退出。

网络名师工作室必须通过开展有效活动使教师的连通状态得到改善，尽可能将边缘化的教师重新融入工作室的人际网络中，提高教师的紧密程度，提升网络名师工作室的组织凝聚力。网络名师工作室的凝聚力能够提升教师的价值信念以及组织认同感，帮助教师树立更加明确的目标，使教师更加主动地参与到工作室的学习和培训中。在促进教师个性化培训和个人专业能力提升的同时，能够更加有效地实现工作室知识的交流、分享和创新。

4. 共生效应机制：网络名师工作室促进教师专业发展

共生效应最早是指自然界之中一种相互依存、相互影响、相互促进的现象。而在网络名师工作室之中，同样也存在着类似的现象。网络名师工作室的教师之间共享知识、传递信息、密不可分。网络名师工作室的这种共生效应能够促进成员教师的成长成才，使教师在共生中比单独时取得更多的收获，如知识获取、教学技能提升以及经验增长等，实现共生效益。当一个网络名师工作室正式组建后，全体参训教师便组成了一个共生团体。共生团体处于共生环境之中，这种环境既包括工作室内部环境，也包括社会环境和教育环境。网络名师工作室的教师在共生环境中相互了解、相互适应，并寻求共生发展。

教师在共生发展中会面临许多影响因素。一是共生时间。充足的共生时间为共生团体提供了更多的机会。如果时间周期过短，则不利于教师的相互了解，但时间也不宜过长，否则会消耗教师大量的精力，不利于日常教学工作的开展。二是紧密程度。紧密程度代表了教师之间的相互关系，紧密程度高则工作室的合作行为更多，信息流通较为畅通，具有较强的凝聚力。三是资源互补程度。资源互补程度代表了教师相互弥补的能力。资源互补程度高说明教师能够充分调动团体优势，完善工作室的资源配置，实现资源共享。四是知识共享程度。高度的知识共享能够促进知识的创新，使知识变得更有价值，能够产生一定的共生效益。五是信任程度。共生发展，依靠的是相互信任。如果不能保持对其他教师的信任，则会对组织的共生产生负面影响。网络名师工作室的教师在共生发展之后，将会进行调整。此时，共生团体将进入下一个共生循环，而部分共生团体也随之淘汰。

网络名师工作室的共生效应，不是简单的教师叠加，而是一种优势互补、一种资源整合、一种协同竞争。首先，由于教师之间的知识结构、技术水平、教学能力都各不相同，教师在网络名师工作室之中互帮互助、取长补短，能够帮助教师剔除不利因素，有效降低了外部阻力和冲击，突破教学工作中的瓶颈。其次，工作室的教师集合自身优势，共享学科资源，优化网络名师工作室的资源配置，能够大大节约资源成本和时间成本，提升了工作室的资源整合能力。最后，教师之间的共生，能使教师在紧密联系中相互影响与相互促进，使教师不断提高自身要求，提高教师的积极性与主动性，提升了教师的竞争热情。教师通过协同竞争，共同进步，为网络名师工作室创造更多的成果。网络名师工作室通过共生效应机制促进了教师的成长，促进了新知识的产生，最终实现共生效益。

（二）网络名师工作室下个性化教师培训策略

1. 完善网络平台建设

作为个性化教师培训的载体，网络名师工作室的平台建设是核心工作，亟须做好平台底层整体架构的功能设计。全国有很多地市建立了网络名师工作室，但是网络传输不稳定，有相当数量的网站打不开；由于平台空间的容量有限，从而导致平台负载过大而不能满足教师上传资源的需求。这些问题直接影响到了名师与学科带头人的工作积极性，个性化教师培训也就无法正常开展。

2. 增强名师引领作用

从参训教师的角度来看，一般而言，他们更愿意与名师进行在线交流，不管是课堂教学方面还是教师自身未来专业发展方面，名师的回答显然更具有权威性和吸引力。所以，名师参与研修话题的发布与交流讨论，引导参训教师进行深入交互，可以更好地促进工作室在线交流、互动。名师研修话题的发布与工作室教师研修话题的发布成正比例关系。换句话说，名师话题发布得越多，工作室整体研修话题的数量就会越多。所以，名师的示范作用就显得越发重要。① 对于工作室教师来说，名师亲自参与话题的发布与交流，起到了很好的示范作用，同时拉近了名师与参训教师的距离。

从经济学的角度来看，消费者的消费行为要受周围人们消费水准的影响，这就是所谓的"示范效应"。同样在教师培训领域，也存在着"示范效应"。一般情况下，名师就可以作为榜样或典范，供其他参训教师学习，无论是在教学经验上，还是在业务能力上，都能够对成员进行良好示范，促进成员教师专业发展。当然，名师参与研修话题的发布还可以有一定的监督作用，当名师发布话题时，其他教师会争先恐后地发布，在名师面前积极表现，名师的参与更在无形中引导着教师交流的方向。工作室导师还可以组织临床诊断活动，聚集教师课堂，参与备课、说课、上课过程，研究教学成效，制度改变方案。这是促进参训教师个性发展、完善教学结构、发展个体体验的有效途径。

3. 完善评价体系

评估是检验网络名师工作室成效的重要手段，是工作室不可或缺

---

① 朱宁波、严运锦：《名师工作室中名师身份解析：回归、拓展和超越》，《教育科学》2019 年第 2 期。

的重要部分。网络名师工作室需要对成员进行多方面、多层次的综合评判，不能只注重结果。但当前网络名师工作室的评估方式存在许多问题，其功利性显而易见。网络名师工作室的评估方式应有所改变，注重过程评价，完善评价体系。

第一，网络名师工作室应尽可能地采取过程性评价。浙江省网络名师工作室不应只以定量数据将工作室划分为优秀、合格、不合格三个等级。评价时还应关注成员的学习过程，给予教师更多的改进时间和机会。采取过程性评价使目标与过程并重，对教师学习的动机态度、效果、过程以及与学习密切相关的非智力因素进行全面的评价。

第二，网络名师工作室不能只采用单一化的他人评价。这种评价方式过于简单化，缺乏说服力。网络名师工作室应建立综合化的评价体系，将名师评价、成员自评、成员互评、学校参评作为评价内容。采用成员自评，使成员教师对自身情况有准确清晰的定位，发现存在的不足之处，对前一阶段的学习成效进行评判，促进成员的自我发展、自我完善与自我实现。采用成员互评，从不同角度了解自己、发现问题。成员教师通过长时间的相处，彼此有较深的了解，能够得到较为真实和具体的信息。采用学校参评，结合成员教师在学校教学中的表现，考察成员教师的实践教学能力、专业知识水平，对教师的教学闪光点和教学个性进行总结，展示优秀教师的教学风采。全面准确且及时地归档教师的个性发展情况，通过教师发展诚信档案记录每个教师的个性化培养过程，在评价体系中纳入教师的个人发展情况，检验成员教师在名师工作室中的学习成效。

4. 加大宣传和支持力度

苏霍姆林斯基说过，"想让教师的劳动能够给教师一些乐趣，就应当引导每一位教师走上从事研究这条幸福的道路上来！"网络名师工作室就为教师提供了这样一个研究的平台。教育行政机关应该加大宣传力度，让更多的学校领导和一线教师乃至全社会认识到网络名师工作室在个性化教师培训中的地位和功能，为名师工作室活动的开展扫清障碍，同时吸引更多的教师加入名师工作室这个共享平台，加强各地区教师间的分享和交流，从而促进整体教师队伍素质的提升。

网络名师工作室的经费主要来自教育行政部门的拨款，但在现实情况中，拨给名师工作室的经费有时很难及时到位，这不免会使名师工作室陷入"巧妇难为无米之炊"的尴尬境地。因而应当在资金保障方面做到开源节流。其一是注重开源，改变传统依靠财政拨款的单一经费来源的方式，通过多渠道筹措教师实践共同体工作的活动经费，建立教师实践共同体学习成本分担机制，成立共同体成员外出学习专项资金等方式对工作室成员的学习给予物质保障，让工作室成员能够安心修炼，提升自我。其二是注重节流，将有限的资金优先运用于教师实践和专业学习与发展的需求上，并且成立教师实践共同体财务使用制度，提高对资金使用的监督力度和使用的有效性。

5. 提升教师内在力量

学员是网络名师工作室的建设主体。无论是学者们从不同角度不同层面对名师工作室的功能和价值提出各种应然性的描述，还是教育行政机关制定一系列考核评价监督管理政策，都是一种外在的应然性的规定。真正推动网络名师工作室可持续性发展的根本力量在于网络名师工作室这个学习共同体内部的每个成员自身。

在网络名师工作室中，学员只有真正把握好驱使自我行动的内部动力，并在教育教学实践的过程中进行自我调节，加强动机的调配，才可能实现真正的自我认知。具体而言，首先，成员要明确自己培训的目的，敢于设定目标，既有仰望星空的勇气，又有脚踏实地的恒心。认清自我内驱力和人生发展的方向，志存高远，不被眼下的困难吓倒，不被逆境折服，不轻视自己，沉静下来的同时让自己拥有强烈的斗志。其次，成员要根据自己的能力、性格、经验等，找到适中的目标、易于实现的近期目标，并明确在共同体中的个人发展目标，与名师共同协商制定个人专业发展规划。最后，成员要拥有自我超越的意识，主动依托网络名师工作室中的资源研究教育和培养自我，在实践中历练，在全面认识自我的过程中实现个人愿景。

此外，还应当将师德建设贯穿于网络名师工作室的个性化教师培训的始终，更多的是渗透在各类活动中，使成员教师把教育教学当作实现人生价值的事业，具有追求卓越、勇于超越的意识，具有强烈的反思意识和发展意识，具有强烈的专业自律、专业自主意识，较高的师德水平、专业知识、专业能力和专业智慧。成员每一步成长都需要教师具有较强烈的内驱力，内驱力源于成长需求。因此，一是建立以专业素养和教育智慧提升为取向需求；二是建立专业品位提升与超越的需求。"名教师是自身修炼出来的"，最大限度地开发创新潜能，使其实现自我规划、自我反思、自我发展。

第八章 "互联网＋"背景下个性化教师培训"金课"建设

第一节 "互联网＋"背景下个性化教师培训"金课"建设的逻辑理路

> 要合理增加课程难度，拓展课程深度，真正把"水课"转变成有深度、有难度、有挑战度的"金课"。
>
> ——教育部部长陈宝生

教师培训课程体系作为教师培训的重要载体，是教师专业发展过程的重要支撑，对教师培训理念的树立、教育知识的掌握和教学智慧的生成起着至关重要的作用。而当前的教师培训课程"水课"居多，面临着知识陈旧、教学方法滞后、教学评价单一等一系列问题。因此，打造"高阶性"、"创新性"、"挑战度"的教师培训"金课"势在必行。

一 "互联网＋"背景下个性化教师培训"金课"建设的逻辑起点

教师的核心素养作为教师素质的内核，具有统率性、引领性，不仅可以促进教师其他专业素养和能力的发展，更是深化教师培训改革、建设教师培训"金课"的重要支撑。

（一）教师核心素养的内涵

教师核心素养是指教师能够应对复杂教育、教学情境的能力，是能够满足学生发展要求、成功开展教育教学工作的能力。关于"教师核心素养"内涵的理解，可以从两个方面进行：一方面，教师承担教师角色必须具备师范素养。师范素养主要从"职业"的角度出发，指教师所必不可少的师范性课程知识和要求，它具体指教师师德、教育学相关课程和一些基本技能、技巧和组织管理能力等。另一方面，教师作为一名专业技术人员所具有的学术素养。学术素养主要从"专业"的角度出发，指教师所应具备的扎实的学科专业知识和一定的教育科研能力。需要指出的是，教师核心素养的这两个层面是相互统一的，它们是教师适应未来角色生存与发展所需的关键能力、必备品格与价值观念。在一定程度上，教师的核心素养具有内在性和终极性的意义，它是教师内在的秉性，教师培训的目标就是提升教师的核心素养。

（二）教师核心素养的提升：个性化教师培训"金课"建设的逻辑起点

近年来，"许多国家、地区和国际组织都把核心素养视为课程设计的 DNA，努力制定基于核心素养的教育或课程标准，期望在核心素养统领下开展教育改革"①。而把培养什么样的教师作为课程建设和价值的重要刻度，就是要以教师核心素养为依托，促使教师在与课程的实质相遇中重构课程话语体系，这不仅有助于增强课程理念自觉，也有益于凝聚更富自信的课程本身。因此，个性化教师培训"金课"建设应深刻理解教师核心素养与"金课"建设的内在逻辑联系，确定教师核心素养在"金课"建设中的逻辑起点地位。

一方面，教师核心素养的提升是个性化教师培训"金课"设计的轴心和起点。基于教师核心素养的"金课"建设就是要以教师核心素养为逻辑起点，在课程目标、课程内容、课程实施等方面进行整体规划和设计。具体而言，个性化教师培训"金课"建设的目标应主要体现通过"金课"培养教师具有什么样的核心素养和使教师的核心素养发展到什么程度这一指向，这是个性化教师培训"金课"建设的"方向"。个性化教师培训"金课"建设的内容应侧重通过何种

---

① 邵朝友等：《基于核心素养的课程标准研制：国际经验与启示》，《全球教育展望》，2015 年第 8 期。

课程体系促进教师核心素养的养成，在此基础上不断优化课程体系，增强课程间的相互联系，这是个性化教师培训"金课"建设的"载体"。教师培训"金课"建设的实施应确保通过怎样的课程运行实践确保教师核心素养的形成与发展，在实施中应着力探索有益于教师核心素养提升的新途径、新方式，这是个性化教师培训"金课"建设的"抓手"。

另一方面，教师核心素养的提升是个性化教师培训"金课"实施质量的最终体现。传统上，课程评价更多关注的是学习者到底掌握了多少学科知识，而指向核心素养的教师培训"金课"实施还应聚焦于教师核心素养的养成与提升。可以说，核心素养让人们真正从"人"的角度出发来思考、定位教育，更能体现以生为本的思想，这些价值也并非空中楼阁，而是依托于实实在在的课程行动得以实现。[①]因此，基于核心素养的课程评价应通过对"金课"的监测、诊断和评估，重在体现基于教师核心素养的评价理念与模式，这是个性化教师培训"金课"建设的"杠杆"。此外，课程评估的最终指向在于如何更好地建设教师培训"金课"，即课程改进应以如何更好地培养教师核心素养和更好达成教师核心素养发展目标为旨归，撬动并推进基于教师核心素养的教师培训课程改革，并在此过程中更好地彰显课程对教师核心素养培育的价值。

二 "互联网＋"背景下个性化教师培训"金课"建设的逻辑主线

坚持师范性与学术性的融合是当前教师培训"金课"建设的逻辑主线，也是教师培训"金课"建设必须面对的学科理性思考，它是贯穿整个课程建设的主线，既要满足对教师核心素养养成的要求，也要为教师学习发展提供持久的动力。

（一）"师范性"与"学术性"之争

所谓"师范性"即课程的"实践取向"，认为在培养师资的课程设置、教育教学等方面，师范教育应体现出有别于其他各级各类教育

---

① 崔允漷、邵朝友：《试论核心素养的课程意义》，《全球教育展望》2017 年第 10 期。

的独有的、基本的属性或特性。在教师培训中强调"师范性"，就是强调教师基本的教学技能，重视教师"如何教"的问题。所谓"学术性"即课程的"学术取向"，认为高等师范教育应按照师范性质和特点使教师具有一定的学科知识水平和从事科学研究的能力。在教师培训中强调"学术性"，就是强调教师的专业水平和科研能力，重视教师"教什么"的问题。正如布鲁贝克所言："必须建立一个机构来传递深奥的知识，分析、批判现存的知识，并探索新的学问，……大学的首要职能是完成这些任务。"① 长期以来，教师培训课程似乎始终面临着"师范性"与"学术性"之间的矛盾。而课程设计过于强调学术性会淡化教师培训教学能力的培养，强调"师范性"又会淡化教师学术能力的提升。"师范性"与"学术性"之争是教师培训发展历程中不可回避的核心问题，也是当前个性化教师培训"金课"建设必须关注的焦点问题。谋求"师范性"与"学术性"的和谐统一，注重教师培训双专业特性，提升教师的核心素养是我们研究的主线，也是"金课"建设最终的归宿。

（二）"师范性"与"学术性"的融合：个性化教师培训"金课"建设的逻辑主线

我们应看到的是，"学术性"与"师范性"并不是非此即彼的恶性对立关系，而是相互统一的。一方面，"学术性"是体现"师范性"的学术性，没有"师范性"的"学术性"则是孤立的。未来的教师培训课程若只有专业方面的理论知识而缺乏一定的师范训练会直接影响未来的教师培训质量。另一方面，"师范性"是基于一定学术水准下的"师范性"，没有学术性的"师范性"是肤浅的，缺乏活力的，只强化师范训练而缺乏教育科学学术理论储备也会影响到师范教育在整个教育体系中的独特地位。正如在教师培训"金课"建设中，若只是一味强调教学实践，而缺乏深层次的学科专业知识和实践经验总结，那么教学实践智慧就难以产生，也无法有效地应用于之后的课堂教学。因此，高质量教师队伍的培养并非限于培养技术型、经验型的"出色的雇员"（the good employee），也不是培养单纯掌握丰富的

---

① 金久仁：《教授治学的应然性与实现路径研究》，《黑龙江高教研究》2015 年第 11 期。

学术知识、具有学术背景的"初级教授"（the junior professor），而是要培养兼有师德、师情、师才和师艺的教育专门家。① 对此，教师培训的目的应着眼于培养未来的教育家，在注重和加强教师培训"金课"建设过程中，一方面应切实提高教师的专业理论水平，另一方面还要加强对教师培训理论方面的训练，使未来每一位教师都能掌握系统的教育学、心理学理论知识，提高教师理论素养。总之，在教师培训"金课"建设中，我们应始终以"师范性"与"学术性"的融合为逻辑主线，既关注教师师范素养的养成，又要重视学术性知识的获得，二者是相辅相成、缺一不可的。教师培训"金课"建设只有真正做到"师范性"与"学术性"相统一的原则，才能真正实现培养高精尖课程的目标。

三 "互联网＋"背景下个性化教师培训"金课"建设的逻辑依据

个性化教师培训"金课"是创新教师培养模式、实现教师核心素养提升的高质量课程，应具有高阶性、创新性、挑战度三大标准。但在实际建设过程中，应尽力避免"金课"建设存在的"高阶性"与"低阶性"、"创新性"与"陈旧性"、"挑战度"与"无挑战"之间的矛盾，合理统筹，输出精品。

（一）"高阶性"与"低阶性"

所谓"高阶性"，就是知识能力素质的有机融合，是要使学习者掌握高阶知识、形成高阶思维、发展高阶能力。而"低阶性"与"高阶性"相对应，指低阶层次的课堂，学习者拥有的是低阶知识、低阶思维和低阶能力。在现有的诸多教师培训课程中，"低阶性"课程即"水课"居多，而这些课程无形中影响着整体的教师培训质量和人才培养质量。对此，我们应厘清"高阶性"与"低阶性"的矛盾，为教师培训"金课"建设提供逻辑上的依据。

首先，高阶知识主要是程序性知识和策略性知识，而低阶知识主

---

① 康翠萍：《师范性与学术性统一：高等师范教育运作的基本原则》，《江苏高教》2001年第3期。

要是陈述性知识。陈述性知识主要是关于是什么、为什么和怎么样的知识，是一种静态的知识。程序性知识和策略性知识是关于如何做、如何思维的知识，是一种动态的知识。[①] 在现有部分教师培训课程中，低阶知识主宰课堂，学习主要是被动聆听、理解和记忆的过程。这种"饭来张口"的课堂影响着学习者程序性知识和策略性知识的获得，从而扼杀了高阶思维和高阶能力的养成。其次，高阶思维与低阶思维相对应，高阶思维是在高阶知识水平之上的心智活动，是学生在解决复杂问题、获得高阶知识的过程中产生的，对应于布卢姆教育目标中的高阶认知过程包括分析、评价和创造，低阶认知过程包括记忆、理解、应用。[②] 在传统教师培训课程中，学习者往往停留在刻板的教师技能训练等低级思维中以获取低阶知识。而随着信息技术、云计算及大数据的发展，知识推陈出新的周期日益缩短，这种知识本位的课程内容和教学方式与培养教师核心素养背道而驰。如何培养更具创造性思维和创新能力的人是教师培训需要面临的共同问题。最后，高阶能力是以高阶思维为核心的完成复杂任务的心理特征。而在低阶认知的浅表学习中，学习者按部就班、不求甚解，学习旨在"通关"，这无形中使教师培训在培育教师高阶能力方面的有效性大大降低。

（二）"创新性"与"陈旧性"

所谓"创新性"，是指课程内容要反映前沿性和时代性，教学形式呈现先进性和互动性，学习结果具有探究性和个性化。"陈旧性"与"创新性"相对，指课程内容陈旧、过时，教学形式单一且缺乏互动性，学生学习效果差。当前教师培训课程大多以"水课"居多，课程良莠不齐，很难满足教师培训的实际要求。

首先，个性化教师培训"金课"应扶新去莠，及时更新反映前沿性和时代性的课程内容。而长期以来，教师培训的内容相对滞后于科学技术的发展，崭新的教育教学实践与传统课程的陈旧内容之间出现巨大鸿沟，使教师对滞后的课程内容态度冷淡甚至望而生畏。在信息

---

① 李志义：《"水课"与"金课"之我见》，《中国大学教学》2018 年第 12 期。
② 董安美等：《学生高阶思维在翻转课堂的课堂互动中的发生路径》，《现代教育技术》2019 年第 2 期。

化潮流的冲击下，教师获得知识的途径极大拓展，为此，必须对教师培训课程内容根据教育新形势和信息技术进行重构，让教师培训课程内容回归教育逻辑，使之适应新媒体时代的要求，避免出现教与学之间的断层。其次，个性化教师培训"金课"应充分利用信息技术，告别独白和灌输，走向对话和探究，使师生互动更快捷高效。然而，在现有的一些教师培训课堂中，教师对于解决的问题往往停留在对过程和步骤的认知层面上，并没有形成对问题背后知识科学的深刻理解。课堂气氛常常看似热闹活跃，实则流于形式，缺乏聚集反思的实践活动、师生聆听与对话的协作，课堂未能真正实现学习者对知识的自主探究、深度理解和意义建构。最后，个性化教师培训"金课"应构建知识、能力、素质有机融合的课程体系，培养学生解决复杂问题的综合能力和高阶思维，满足学生个性化学习需求。而当下占主流的课堂教学多为教师通过多媒体演示课件将文字、图像、数据等传递灌输给学生，这种单向、递进式传递由"事实和概念"堆砌起来的知识集合，其结果是限制而非促进学生的认知加工活动。因此，个性化教师培训"金课"应改变教师对知识的机械记忆和被动接受的学习方式，通过探究式学习、个性化学习重点培养教师批判性思维和发展问题、解决问题的能力。

（三）"挑战度"与"无挑战"

所谓"挑战度"，是指课程有一定难度，需要跳一跳才能够得着，老师备课和学生课下有较高要求。"无挑战"即课程没有挑战度，学生轻轻松松就可以完成课程内容。

长期以来，教师培训课程普遍存在"低挑战度"问题，教师只靠单纯的机械识记便可轻松过关，学习积极性不高，课程的受欢迎程度大大降低。教师培训课程提供的内容大部分是经过"精细筛选"或"改造"后的理论知识，学习者主要进行的是表面的知识学习，这种学习往往脱离实际的社会情况和学习者的生活经验，容易导致课堂知识获取的"惯性"。只有当学习者面对的知识内容渗透在复杂的问题域和真正的社会条件中，学习者才可能会有机会将多学科的概念和方法应用到不同的情境和知识领域中，明确所学知识有效使用的脉络和使用的限域，使知识"条件化"，这是"挑战度"学习发生的必要前提。[①] 具有高挑战度的课程，对于教师来讲是一个自我"求学"的过程，而不是培训者"教你学"的过程。苏联著名心理学家维果斯基的"最近发展区理论"认为，教学应为学生提供带有难度的内容，调动学生的积极性，发挥其潜能，超越其"最近发展区"而达到下一发展阶段水平，然后在此基础上实现在"下一个发展区"的发展。因此，在内容的呈现方面，具有挑战性的课程必须从"脱离情境"的呈现转向创设复杂、真实的学习活动所需的问题情境。建立在一定挑战基础上的课程内容不能简单地指向课本中零散而具体的知识点，而是要指向核心思想和对学科的深刻理解，通过精心设计的挑战性问题，激发教师对课程的好奇心和冲动感，进而使教师在培训过程中不断收获喜悦感、成就感。

四 "互联网＋"背景下个性化教师培训"金课"建设的逻辑展开

新时期，大力建设五大类型"金课"即线下教师培训"金课"、线上教师培训"金课"、线上线下混合式教师培训"金课"、虚拟仿真教师培训"金课"和社会实践教师培训"金课"是教师培训"金课"建设的逻辑展开，也是教师师范素养和学术素养提升的有力举措。

（一）线下教师培训"金课"

线下教师培训"金课"即传统教学模式下"教师教、学生学"的课程形式，主要由培训者根据实际课程安排，在固定的时间和地点为教师讲授课程，是教师学科知识素养和教学技能素养养成的重要途径。线下课程使面对面的沟通与交流具有很强的互动性，培训者可以根据教师的听课情况实时调整课程计划和安排，课堂反馈更为及时。值得注意的是，线下教师培训"金课"不同于传统的课堂"满堂灌"教学，在课程理念、课程内容、课程实施等方面都应体

---

① 张静、陈佑清：《学习科学视域中面向深度学习的信息化教学方式变革》，《中国电化教育》2013 年第 4 期。

现课程之"金"。首先,在线下"金课"设计理念上,应真正体现"以学习者为中心"。"金课"不是一成不变、不可改动的经验,而是由教授者和教师在学习过程中不断建构、动态生成的课程。在教授者与学习者关系上,也应明确学习者是主体,高质量课程的建设离不开教师主体意识的激发和积极主动的参与。其次,在线下教师培训"金课"内容的组织中,应灵活设计,真正做到满足教师之所需,按需施教,供需对应。如在教师信息素养的教学中,可以增加如可视化思维的思维工具软件、思维导图、概念图等课程的学习,把批判能力、创造性思维、问题解决能力、合作交流能力培养类的课程纳入教师培训课程体系中来。最后,线下教师培训"金课"的实施应以教师学习的内在机制为依据,真正关注教师学习的全过程,让教师在充分的参与、互动、体验、实践与反思中建构新知识,实现深度学习。①

(二) 线上教师培训"金课"

"互联网＋"背景下,多媒体技术的应用使得人们的学习场所、时间大大增多,受教育的时间不再固定,只要拥有一部智能手机就可以实现随时随地的移动学习。在这一教育空间中,教师培训不再局限于线下课程,只要有网络的地方,教师就可以实现线上课程的学习,丰富性的学习资源为教师拓宽了知识视界,深化了知识理解,提升了自身的创新意识与实践能力。线上教师培训"金课"是教师接受教育的必要构成,而线上教师培训课程设计如何定位,是每一位课程设计者需要思考的问题。对于教师培训"金课"而言,充分理解特定环境下不同阶段教师学习的特质,建立积极科学的课程体系和制度安排,通过更加规范和人性化的教学手段提升教师学习的主动性,不断提升教师核心素养,既是当前教师培训线上课程需要积极面对的重点,也是教师培训发展的价值旨归。对此,线上课程的设计应从教师的基本需求和兴趣出发,考虑其真正诉求,设计出可长期进行的课程方案,并在时代发展中及时更新、与时俱进。同时,线上课程应借鉴

---

① 陈霞:《以教师学习为中心的教师培训课程重构路向》,《教育发展研究》2017 年第 18 期。

现代教学理念，以未来教师需求为导向，"按需施教"，注重个性化、差别化的教育，探索适应不同学科教师专业化、多样化、多层次学习需求的教学形式，从"灌输式教学"走向"互动式教学"，使教授者在"教"中探学求学，教师在"学"中挖掘潜力，不断进步。最后，线上课程模式中"教师"与"学生"应是一种新型的、开放性的关系。这种开放关系体现了教师和课程教师之间是教学相长的关系，二者的身份在一定程度上可以互换。通过各种在线学习工具、大规模开放在线课程（如慕课、微课等），培训者可以实现与教师的在线互动，分享自身观点并与其他学习者进行讨论，移动学习随时随地发生。另外，开放性的培训课程体系也将促使教师自己成为课程资源的建设者和分享者。

（三）线上线下混合式教师培训"金课"

混合式学习是目前教育领域的一个热词，它整合了在线学习与传统课堂学习的双重体验，让教师能够因材施教，对学习者实行分级教学，满足每位学生的个性化学习需求，引导学生自主学习、探索意识的培养。未来的教师培训工作也将借助互联网构建教师多维学习空间，一维是线下，一维是线上，同时通过互联网将线上与线下结合起来，形成教师学习的多维立体空间。在传统教师培训中，由于时空限制，教师"教"与学生"学"的过程统一在课堂上进行，造成学习节奏快，教师参与兴致不高，学习效率低下等问题。混合式学习则能针对这些问题及时调整教学方式，通过视频、音频、图像等将学习者不能有效理解的知识内容放在线上与学习者进行沟通、讲解。如翻转课堂就是线上线下混合式教学的有效策略和方式，它是对师生双主体教学的具体化，并将大数据思维引入传统课堂，实现"隐性教育"与"显性教育"、课内与课外的有效结合，在此过程中，学生成为知识体系的"建构者"，教师成了引导和帮助学生的"脚手架"。[①] 通过线上与线下的有机结合，实现在有限的课堂时间内将重点、难点传授给教师。另外，大数据分析还带给教师分门别类的学习资源和丰富多

---

① 谢首军、陈庆庆：《建设思想政治理论课"金课"的标准与类型》，《中国大学教学》2019 年第 2 期。

样的学习建议等，使专家指导和同伴帮助下的教学设计、实施、评价、改进等教学实践及反思更具针对性、实效性。总之，以教师发展为中心的混合式教师培训"金课"将有效提高教师培训质量，指向学习者个性化的发展。

（四）虚拟仿真教师培训"金课"

传统教师培训课程中存在的实用性教育理念、平面化知性训练对教师批判性思维和探究精神等核心素养的培养造成一定的困境，对此，需要通过新型学习方式的转变重构课程系统、焕发学生课堂活力。而虚拟仿真课程则是利用虚拟现实技术模拟或虚构一些情景，供学习者观察、操作和构建对象，从而获得相似的真实体验或掌握知识理论体系的规则。虚拟现实技术在教育中的应用是一个质的飞跃，它可以创建一个"自主学习"的环境，把传统学习模式的"以教促学"转化为学习者通过自身与信息环境的相互作用来得到知识、技能的新型学习方式。对于教师培训而言，虚拟仿真"金课"是教师培训课程与现代教学手段和技术的结合，它可以在很大程度上缓解传统教学的诸多现实困境，助推教师培训质量变轨超车。一方面，虚拟仿真"金课"是对教师培训课程教育教学形态的丰富和创新，它利用虚拟手段模拟设计接近于真实情况的教学场景，通过多维立体呈现教学素材，可以使学习者产生很好的参与感和沉浸感。如通过教师基本技能虚拟仿真实训室、中小学校远景实景课堂的建立，教师可以在虚拟环境中开展技能训练，实现普通实验无法开展或难以完成的教学功能。另一方面，虚拟仿真"金课"还具有泛在性，适用于不同规模、不同教学情境、不同课程内容的教学，教师足不出户便可体验多种学习情境，不仅大大节约了成本和时间，还有效推动了实践空间的拓展。总之，虚拟仿真"金课"是"智能＋教育"的新途径，其建设和开发是实现教师培训课程异彩纷呈、多种多样的有力举措，也必将开启教师培训课程的新征程。

（五）社会实践教师培训"金课"

《教师培训振兴行动计划（2018—2022年）》指出，要"推动实践导向的教师培训课程内容改革和以教师为中心的教学方法变革"，"加强教师培训院校教师培训教学技能实训平台建设"，"构建全方位教育实践内容体系"①。对于教师培训而言，社会实践教师培训"金课"应将社会参与方面的核心素养转化为贴近教师的现实生活且能被教师理解的教学内容，使教师在社会实践参与中领悟核心素养蕴含的深意，并成为教师获取实践性知识、增强教育教学实践能力的核心途径。对此，教师培训"金课"应从多角度出发，通过高质量实践性课程比例及校内外实践教学活动和比赛的增加，全面培养教师的教学实践能力。一方面，个性化教师培训课程应适当增加实践性培训课程的比例。实践性课程是有效培养教师具体的实践教学能力，提高教师未来就业能力的重要支撑。对此，可通过微格教学、模拟课堂等形式，让教师通过多种途径参与到教育教学活动中，亲临虚拟或真实的教学现场，在实践中去体验课堂所学的知识和技能，从而发现理论和实践之间的差距，进而更好地改进教育教学实践。另一方面，增加教师实践教学训练的机会，组织教师参加校内外组织的各项实践教学活动与比赛，是推进教师自身专业发展与教学能力提升的重要环节。如通过教师教学技能大赛等竞赛活动，进一步加强教师创新精神、实践能力与教师综合技能的培养，以赛促教、以赛促学，促进教师核心素养的全面提升。

第二节 "互联网＋"背景下个性化教师 培训"金课"教学境界

信息时代，互联网正以改变一切的力量在全球范围内掀起一场前所未有的深刻变革，这也给个性化教师培训带来了机遇与挑战。互联网技术的发展推动了教师培训的教学内容、教学方法、教学评价、学习方式等各个方面的变革。"互联网＋"个性化教师培训有助于解决教师培训实践中的问题，"互联网＋"个性化教师经培训正成为教师专业发展的新趋势。然而，"互联网＋"时代的个性化教师培训应如何将教学效果最大化？课程作为教师培训中最微观、最根本、最核心

---

① 朱胜晖、宁莎莎：《基于实践性知识生成的师范生实践课程改革研究》，《西北成人教育学院学报》2019 年第 1 期。

的要素，是解决好个性化教师培训效果的关键问题。所以，在互联网背景下，追求个性化教师培训的"金课"教学境界，将会扩大教师培训效果，使每个参训教师受益。

一 "互联网＋"背景下个性化教师培训"金课"教学境界的内涵

那么，在互联网背景下，如何理解个性化教师培训"金课"教学境界的内涵呢？作为教学境界的下位概念，对于教学境界的溯源，有助于阐释"互联网＋"背景下个性化教师培训"金课"教学境界的内涵。

（一）教学境界溯源

《现代汉语词典》对"境界"有两种基本解释：其一，是指"边疆、疆界"；其二，是指"事物所达到的程度或呈现出的情况"。第一层面上的"境界"在佛经中常引申为个人在人的感受能力之所及，或精神上所能达到的境地，如《佛学大辞典》有云"自家势力所及之境土"①。而第二个层面的"境界"常用于道德、文学、艺术等领域，是一个十分重要的美学概念，指的是艺术作品所能呈现出来的主体情思和审美对象相互交融、虚实结合、启人想象的艺术世界②。中国近现代著名学者王国维的《人间词话》所强调的境界正是这一层面上的含义，指的是作词这样的精神活动方面所应达到的哲学境界。

教学是人类特有的精神性和文化性传承活动，教学也是一门艺术，也蕴含一定的美学价值，因此教学也有教学境界之说，达到一定境界的教学谓之上乘教学。顾名思义，教学境界就是教学所能达到的程度或呈现出的情况，是教学过程中教育者与学习者双方在教学目标的指引下，在一定的教学情境中通过创造性的教学活动所达成的一种理想的教学状态，是师生精神互动创生且共同享有的意义世界。③ 作为一种有目的的创造性劳动，师生双方在教学过程中应该有一种自觉

---

① 周锡山：《人间词话汇编汇校汇评》，北岳文艺出版社2004年版，第1页。
② 傅璇琮等：《中国诗学大辞典》，浙江教育出版社1999年版，第52页。
③ 史晖：《论教学境界》，《教育理论与实践》2010年第31期。

的追求，这种追求一定不是仅仅满足于将书本上的知识以教师口耳相传的方式传递给学生，也不仅仅囿于教师完成规定性的教学任务、学生考出好的成绩，而是超越功利取向，在更高的层次上促进人的发展，提升人的意义和价值。这种自觉追求的结果，最终达至一定的教学境界。达至一定境界的教学，我们便可称之为理想的教学。教学境界需要根据不同的教学目标、教学对象、教学内容和教学过程做出适当的调适与修正，或侧重其一或关注全部，以最终实现教学效果的最优化为旨归。

（二）教学境界特征

诚然，不是所有的教学都能称为达到了教学境界。那么，何种程度或表现为何种状况的教学才能称为达至教学境界呢？换个角度来说，教学境界的特征有哪些？一般而言，教学境界主要有以下三个方面的特征。

1. 情境性

"境非独谓景物也，喜怒哀乐，亦人心中之一境界。故能写真境物、真感情者，谓之有境界。否则谓之无境界。"这是王国维对诗词有无境界的界说，也就是说，境界并非单纯的写景，还应包括人的内心世界、内在情感，实际上就是说诗人必须对自己所写的对象有鲜明真切的感受，"情动于中而形于言"，情境结合，浑然一体，方才构成完整的境界。文学境界如此，教学境界更是如此。因为教学境界不同于文学境界单纯是主体对客体的作用，而是教师和学生双主体相互作用，不是人与物之间发生关系，而是人与人之间的相遇，因而其情感的因素更加明显、更加突出。"由于教学是在一定的场合进行的，教学的境界就具有一定的情境性，与一定的情境联系在一起，是一种十分具体的境况，具有'场'的特点。又由于是在一定场合下，一群人的活动与交往，因此，还具有情感性。"情景交融，是教学境界的显著特征。于漪老师讲《春》，仿佛春天来到了课堂；讲《雪》，雪野即在眼前；讲《卖火柴的小女孩》，学生会和她一样对小女孩产生同情，就是这样的一种效果。在这种状态下，师生都达到最佳状态，从而产生一种"高峰体验"，一种"极易引起狂喜、极易使人得到启示的体验，使人豁然开朗、极端幸福、欣喜若狂的体验"。这种教学境界，是一种幸福的境界，有助于促进人的个性充分发展，促进人的精神世界丰满。

2. 审美性

美学家宗白华认为，"艺术境界主于美"。教学境界同样主于美。"美，是自由运用客观规律（真）以保证实现社会目的（善）的中介结构形式。"教学活动通过传递人类文明成果促进个体的社会化，从而实现社会目的。它既是美的创造活动，也是一种审美活动。教学在创造美的过程中，通过创造主体（教师和学生）的感官引起主体的精神愉悦。美是和谐，在中西方美学范畴中，都认为美是对立统一，是恰到好处的协调和适中；教学境界的美是和谐的美，是统一的美，是师与生的协调统一，是人的身与心的和谐统一，是真与善的统一，是教学内容与形式的统一。美是自然流畅，正如中国古典美学主张的浑然天成、不假雕饰的风格，教学境界也不是刻意雕琢而成的，而是内生于教学情境、附着于教学过程的。教学过程，小至一堂课的教学，起、承、转、合要自然巧妙；大至一门学科的教学，从教学设计到教学组织，都必须讲究流畅自如，浑然一体，不见斧凿之痕。语文特级教师王崧舟这样形容他的教学追求：一堂好课，如一幅国画，总要讲究整体的布局和格调，启课、结课，板块、细节，承接、转换，文本、拓展，都力求精美、别致；一堂好课，如一首交响乐，总要讲究旋律、节奏、配器、音响的和谐；一堂好课，如一盘围棋，最讲究一个"气"字，有气则活，无气则死。课的最高境界是无痕、无课、无为，这是一种"课不异人，人不异课；课即是人，人即是课"的境界，亦即"人课合一"的境界。这种"人课合一"的境界，即达到了审美的境界。

3. 超功利性

我们并不否认，教学是有功利取向的。但作为一种理想的教学状态，教学境界应当是超越现实功利的。"所谓超功利性，就是摆脱物质欲望的追求，不夹杂实用、功利的目的，精神完全处于一种自由、解放的状态。"超功利的自由、解放状态，是教育教学追求的较高层次的目标之一。教学中的自由是对人而言的，它意味着互动的两个主体的主体性相互确认，其主观能动性在作为客体的外在条件面前得到充分的发挥。教学中的自由是在关系中生成的，对于外界来说，自由意味着能够摆脱受束缚的"被奴役"的状态，人成为自由的主体而非驯服的、"被压迫"的主体；对于自身来说，自由就是人按照本身固有的内在本性的要求去支配自身的发展，是主体的自我实现。自由的教学境界昭示着人超越一己私欲，进入了忘我之境。超越功利的自由之境的教学是一种创造性的教学，教师超越任何既定规则和模式的束缚，充分展示自己的教学个性，彰显独特的教学风格，洒脱自然，从心所欲，如行云流水，"常行于所当行，常止于所不可不止"，在不知不觉中体验到创造的幸福和快乐。学生与教师、与教学情境融为一体，如临幽境，如坐春风，充分领略教学的无限魅力。

（三）影响个性化教师培训"金课"教学的关键要素

在互联网背景下，影响个性化教师培训"金课"教学的关键要素主要有下述几项：

1. 课程模块

个性化教师培训的整体设计与开发并不是"事前固定"的，而是由训前预设和训中动态生成两部分构成。一方面，培训者根据需求调研，预先设计系统化的课程模块。另一方面，培训者根据培训中学员的学习情况和需求，设计针对性专题。"系统化模块"体现培训设计的预设性、模块化原则。项目设计者指出："系统化课程模块，可以帮助教师在工作中系统地提升能力。"预设的课程内容来源于培训前对学员的需求分析及对专家和学员的深入调研，最终选取学员迫切需要的内容，包括"政策学习—理论学习—经验学习—实践反思"四个模块。"生成性专题"是半结构化课程的重要组成部分。"生成性专题"可解决学员学习中的"突发"问题，还能有效地激发教师的学习兴趣，因为"生成性"的产生机制在于教师的内在需求。[①]

2. 学习方式

在"互联网＋"背景下，个性化教师培训的学习方式具有"线上＋线下"相结合的混合式学习特点。这种学习方式是指为教师网上学习、移动学习、现场集中学习、工作场所学习等多种学习方式完全

---

① 朱旭东、宋萑：《论教师培训的核心要素》，《教师教育研究》2013 年第 3 期。

融合的教师专业学习方式。参训教师利用混合式学习能够有机整合面对面教学和在线学习，面授学习的不足，又能有效利用各种学习的优势，提升学习效果，以达到降低成本、提高效益的一种学习方式①。

3. 学习支持服务

学习支持服务是指针对参训教师的学习需求和问题，提供有针对性、个性化的学习支持服务。它包括持续学习跟踪与个性化学习支持两个方面。"持续学习跟踪与监测"是提供精准的学习支持服务的前提。学员当前的学习状态如何？是否按时完成模块任务？学习过程中是否遇到棘手问题？要了解这些问题，可以借助大数据监测和问卷调查等量化手段，从主观和客观两个角度关注参训教师学习情况，实现对学习的持续跟踪与监测。"个性化学习支持"指基于持续学习跟踪与监测结果，项目管理者及导师为学员提供个性化学习支持。"个性化学习支持"是实现精准服务的手段，包括学习提醒、个别辅导、定期答疑等。由于先前经验、学习风格、学习方法等的差异，学生学习会表现出不同的进度和问题，因而需要精准的学习支持和服务。②

4. 互动方式

在互联网背景下，个性化教师培训中的互动是指学员、导师、专家、技术人员等的互动和交流。这种多元互动的方式有专家引领、双导师大学、同伴互助、技术支持四种类型。③ 在多元互动环境下，培训中的各个主体能够进行深层次、全方位的交流，从而拓宽视野、增长才干。在这种多元互动交流中，参训教师能够获得高质量的学习体验。④

5. 评价方式

"互联网＋"背景下个性化教师培训的评价具有多主体评价和多层次评价两个特点。多主体评价，指学员、同伴、导师、平台系统等多主体针对学员学习开展的评价，包括系统评价、学员自评、同伴互

---

① 李克东、赵建华：《混合学习的原理与应用模式》，《电化教育研究》2004年第7期。
② 江涛：《混合学习视域下学习支持服务机制研究》，《中国职业技术教育》2016年第11期。
③ 冯晓英等：《"互联网＋"教师培训NEI模式构建——基于扎根理论的研究》，《开放教育研究》2019年第2期。
④ 张铁道、张晓：《研修评估：学员反馈：幼儿园新入职教师研修评估报告》，《中国教师》2015年第15期。

评和导师评价，涵盖了主观评价与客观评价、内部评价与外部评价。[①]
多评价主体可以从不同角度为评价提供信息，有利于被评价者更全面
地认识自己，同时也有利于学员反思自己、锻炼评价能力。[②] 多层次
评价，指从学员满意度、学习知识和技能、组织支持和变化、新知识
和技能的应用、学生学习效果等内容层面开展的评价。[③] 评价培训项
目的实施情况及效果有利于保障评价的全面性。

二 "互联网＋"背景下个性化教师培训的四重教学境界

"金课"教学境界作为一种理想的教学状态，并没有一个固定的
标准或现成的模式。它因创造主体特质的差异，可能达到不同的程度
和境况，也因不同人的理解差别会有不同的表现形式。教育部高等教
育司司长吴岩总结大学课堂教学有五重境界，分别为 silence（安静）、
answer（回答）、dialogue（对话）、critical（质疑）、debate（争论）。[④]
本书认为，在"互联网＋"背景下，个性化教师培训存在五重教学
境界。

（一）第一重境界：适应教学

个性化教师培训的第一重教学境界是适应性教学，这种教学境界
的主要特征是教学过程整体上完整流畅，不知终端，符合一定的教学
原则，各个教学要素之间有大致的逻辑关系。知识的传授与获得是这
一教学境界的主要目标。"教学从其产生的那一天起，就是通过对知
识、经验的传习和延续而完成其基本使命的。"因此，知识传承既是
个性化教师培训的起点，也是个性化教师培训的基本形式和途径。但
是当知识成为唯一目的，成为限制人的精神自由的钳制力量时，教学
便走向了其反面。在这种教学境界的观照下，实际培训中培训专家更
多关注的是自己对培训过程的掌控情况，而较少考虑学员的反应；遇

---

① 冯晓英等：《"互联网＋"教师培训 NEI 模式构建——基于扎根理论的研究》，《开
放教育研究》2019 年第 2 期。

② 吕啸等：《基于发展性评价理念的网络教学平台学习评价系统设计》，《电化教育研
究》2011 年第 2 期。

③ Guskey, T. R., "Evaluating professional development", *Educational Quality*, No. 49,
2000, pp. 198 – 201.

④ 吴岩：《建设中国"金课"》，《中国大学教学》2018 年第 12 期。

到意外情况时，培训专家的第一选择是怎样回归到设计好的教案，课前刻画的痕迹较为明显；教学目标虽然也在培训专家的考虑范围之内，但并没有内化贯通，培训带有强制"灌输"的特点；培训专家不敢放手让学员去主动探索，这就使学员的能动性受到很大影响。

（二）第二重境界：有效教学

这是个性化教师培训的第二重境界。对有效教学的关注始于人们对教学是科学抑或艺术之争。20世纪之前，人们普遍认为教学更多的是一种艺术活动，恰如夸美纽斯（J. Comenius）所言，教学是"把一切事物教给一切人们的全部艺术"。但随着心理学、物理学、测量学的发展，人们对教学科学成分的认识逐渐加强，开始重视教学的实际效果，甚至是可以测量的效果。顺着这种研究思路，20世纪50年代，布卢姆（B. S. Bloom）率先提出了教学目标的分类理论，他主张教学就是要掌握预先确定的具体目标，只有这样的教学才是有效的，所以，应"为掌握而教"。一般来说，有效教学的反面并不是无效教学，因为绝对意义上的"无效性"教学根本就不存在，而从教学的规范性定义来看，"教学都应该是有效果可言的，根本无效的教学，绝不可滥称为教学"。有效教学是相对于未完成任务的教学或负效教学而言的，它的判断标准就是教学的预期目标。如果离开这个标准去空泛地谈何为有效教学，那就没有多大的实际意义了。由此可知，有效教学是以培训专家与学员顺利地完成预期的培训目标为底线的，但在培训的时间要求上并无严格限制。

（三）第三重境界：高效教学

个性化教师培训的第三重境界对教学提出了更高的要求，即教学不仅是有效果的，还有一个效率方面的追求。《大教学论》开篇便开宗明义地指出："寻求并找出一种教学的方法，使教员因此可以少教，但是学生可以多学……使传授某种学科或某种艺术的时候，速度来得较快一点。"现在人们常说"向45分钟要质量"，就是这种教学效率思想的直白表达。高效教学主要包括两层含义：其一，在单位时间内达到尽可能多的教学目标；其二，在达到预期教学目标时，让学员获得更多的预期之外的发展，这种发展没有止境。在知识与技能、过程与方法、情感态度与价值观三维教学目标中，每一种维度都只规定了教学所要达到的最低标准或努力方向，而这个目标本身却具有无限深化的空间，这实际上就为教学产生预期之外的效果提供了可能。处于高效教学境界的培训专家，往往拥有很强的教学效能感和教学监控能力，能够合理地安排培训的密度。相对于有效教学，这种教学一般具有更高的教学效率，参训教师因此也能够获得更快的发展。

（四）第四重境界：魅力教学

魅力教学是个性化教师培训的最高教学境界。教学以教学生活本身为目的，教学生活是教员与学员共同生活的真实组成部分，不再是以往实现其他生活的工具和手段。"课堂教学应被看作师生人生中的一段重要的生命经历，是他们生命的有意义的构成部分。对于学生而言，课堂教学是其学校生活的最基本构成部分，它的质量直接影响学生当前及今后多方面的发展和成长；对于教师而言，课堂教学是其职业生活的最基本组成部分，它的质量直接影响到教师对职业的感受、态度和专业水平的发展、生命价值的体现。总之，课堂教学对于参与者具有个体生命价值。"[1] 教学由此具备了师生生命中的本体地位。在个性化教师培训中，教员与学员双方相互以"全人"的名义和平等的身份进入对方世界，学员拥有了展现情智、志趣和多彩生命的机会，而教员也可以率性地展现自己的生活情趣和人格本真，个性、创造、探究、生成、艺术等词汇开始具有丰盈充实的含义而成为教学的关键词。从这个意义上说，教员就已经不只是用书本上的知识去教育学员，更是用自己对人生的体验、用自己对事理的洞见、用自己饱满的激情、用自己活跃的灵魂在从事教师培训。这种境界，无论教师还是学生，都超越世俗功利的束缚，自由地、尽情地挥洒教学的智慧，张扬生命的活力。叶澜教授早在20世纪90年代就发出"让课堂焕发出生命活力"的呼唤，她认为，"只有在这样的课堂上，师生才是全身心投入，他们不只是在教和学，他们还在感受课堂中生命的涌动和成长；也只有在这样的课堂上，学生才能获得多方面的满足和发展，教师的劳动才会闪现出创造的光辉和人性的魅力，教学才不只是与科

---

[1] 叶澜：《让课堂焕发出生命活力——论中小学教学改革的深化》，《教育研究》1997年第9期。

学而且是与哲学、艺术相关，才会体现出育人的本质"。达到这样的教学境界，教师和学生的自我实现才有可能。自我实现是人的发展的最高境界，也是教学的最高境界。在这个境界里，个体的生命内涵不断丰富，生命活力充分彰显，生命价值永续生成，生命意义自由生长。在这一过程中，教员身上所体现的深刻的智慧犹如花的芬芳、酒的醇香，飘溢四方，沁人心脾，它净化着学员的心灵，也引导着教员自身的进步。

"境界有大小，不以是而分优劣。"需要说明的是，尽管这里将个性化教师培训的教学境界划分为四重，但是并无意区分哪一境界好、哪一境界不好。在个性化教师培训的实践中，也并非某一境界单独呈现，往往是多重境界以综合、渗透的方式出现在教学过程中。

三　"互联网＋"背景下个性化教师培训"金课"教学的价值追求

在"互联网＋"背景下，个性化教师培训的"金课"教学能集中展现教师培训所追求的真善与崇高。作为一种面向生命主体、体现生命意志、彰显生命价值、促进生命成长的活动，个性化教师培训的价值取向主要涵盖下面几个方面。

（一）教学内容的个性化品质

培训内容是个性化教师培训的核心问题。个性化教师培训内容的建构一般都是从分析社会需求和学员需求出发的，突出个性化培训特色，参照培训主题相关理论建构，根据学员不同的背景、学习风格以及性别、年龄、生活和文化等个性差异，设计符合他们需要的课程。在互联网背景下，教师需求发生重大变化，那么个性化教师培训也应该进行相应的改革，满足教师的需求。然而，现实中的教师培训大多是"给予式"培训，这种培训极易陷入"灌输式"的泥淖，其表现就是大规模集体讲授式培训的盛行，培训缺乏规范的计划、组织与管理，以教育学、心理学、教育政策条文等为主要内容。讲座报告式的培训尽管在传递新信息、新观念和新思想等方面可以起到扩大视野、更新观念、形成新思想等作用，但无法促进教师能力的提升。教育理念或教学方法只靠机械接受和灌输，教师难以内化为自觉的行动。教师不满这种形式的培训，他们返校后不能有效地运用所学进行实践尝试和改变，大大降低了培训的效果。在不断的批评声中，学者们和培训机构开始反思并呼吁关注教师的实践和现实需求。教师培训的主体是教师，教师是成人，教师培训的本质就是成人学习，培训应该关注教师作为成人的学习特点。"成人学习的目的在于直接运用所学知识解决当前的现实问题，因而教育活动对成人而言应该是一个十分明确的学以致用的过程。成人学习者能够针对社会生活中的具体问题进行学习，并带有通过学习解决实际问题的强烈愿望。"因此，当培训不能满足教师的现实需求时，就会极大地削弱教师参与培训和学习的动机，从而影响培训的实际效果。教师的现实需求来源于社会角色的完善，即现实教学中问题的解决与绩效的提升。关注教师需求和实践的培训开始关注教师真实的课堂和教学问题，提倡多给一些案例的支持和方法经验的指导，使教师在方法经验的指引下尝试，在真实的情景中学习，在行动中反思，在实践中成长。

（二）教学方法的互动性品质

交互是教学活动的本质，个性化教师培训的教学方法强调互动与参与。在个性化教师培训课程中，培训者与参训教师通过多种形式的互动，实现共同发展。在互动学习中，培训者不是以绝对真理的拥有者和至高无上的权威凌驾于学员之上，学员也不是权威压制下驯服的羔羊。培训者与学员之间是一种平等的对话关系，一种"我—你"关系而非"我—他"关系，是各自独立的、完整的生命的"相遇"，这就使得参训教师的主体地位得到体现，培训者与参训教师共同获得了精神上的自由，获得了人的本真存在。在互联网通信技术的发展下，个性化教师培训的教学互动的平台和方式种类繁多。因此，在教学互动上，个性化教师培训的教学应该利用多种平台和方式的优势，相互补充，取得更好的培训效果。比如，网络直播更能调动教师的积极参与性；录播则能让教师自主控制播放，对知识点反复收听，还能随时随地学习，在公交车上、家里、咖啡厅等场所，只要有手机应用和网络，就可以观看课程。没有时间限制，也不必担心课程进度。而网络社群可以对参训教师们提出的问题实时答疑，面授则可以增强培训者的亲和力，增强培训者与学员之间的信任感。借助于多媒介的平台和方式，个性化教师培训效果得到最大化。

（三）教学情境的真实性品质

个性化教师培训是面向专业化和职业化的培训，与教学实践具有更加深切的、专门的联系，并且教师职业实践性强，教师培训的最终产出应体现在教学实践能力的提升上。教师作为有一定专业知识和实践经验的成人学习者，所学内容及学习方式应与其实践经验及面临问题相联系，才能唤起他们有效参与并可能内化为他们的知识与行为（张铁道，2018）。因此，"互联网＋"背景下个性化教师培训应以真实的实践任务为依托，在真实的情境中开展讨论和探究，这样才能满足参训教师对能力为本、教学实践能力提升的需求。

（四）教学环境的智慧性品质

教学环境是支持整个教学过程，对教学效果产生直接影响的因素。在"互联网＋"时代，教学环境应是一种能优化教学内容呈现、便利学习资源获取、促进课堂交互开展，具有情感知识和环境管理功能的智慧型教学环境。智慧教学环境区别于传统的课堂教学环境，是一种教员与学员通过互联网开展教学活动，利用计算机、多媒体、通信等技术，为学员提供丰富的学习资源，并能支撑多种教学手段和教学组织形式的个性化教学平台和空间。远程教学、开放教学、翻转教学、包括近年兴起的慕课、可汗学院、微课等都与智慧教学环境有关。通过互联网开展教学有很多优势，它可以打破教学地点、时间、进程上的约束，让学习者能利用碎片时间，根据自身的认知结构和学习需求进行自主学习；它可以承载极丰富的、可扩展的教学资源，支持多种辅助教学手段，呈现真实感强、动态的教学情境，实施开放的、多维度的教学活动。智慧教学环境包括"新学习空间"、"新学习支持工具"、"新评价技术"三个要素。"新学习空间"指运行于学习支撑服务平台之上，面向正式学习与非正式学习的虚拟空间（祝智庭等，2013）。常见的互联网学习空间有网络学习平台、移动学习平台、QQ空间、微信公众平台等。学习空间提供的服务可分为三类，分别为：承载满足用户需求的各种资源、工具、活动、关系等；支持网络教学活动的开展，促进师生互动交流；支持教师、学生、专家、技术人员等的交互联结（余胜泉等，2001）。"新学习支持工具"指提供学习支持服务的互联网工具，包括 QQ 群、微信群、视频会议系统、在线笔记、思维导图等。这些学习支持工具有以下功能：1）支持教学活动的开展，如视频会议系统；2）促进教师、学员、技术人员等互相交流，如微信群；3）支持协作学习，并存储学习过程中的数据，如有道云笔记。"新评价技术"指利用互联网技术评价学习效果。互联网培训学员众多，传统的纸笔测试耗时耗力，也不利于回收数据。因此，电子档案袋、学习分析、在线测评系统等颇受培训者青睐。而且，大数据和学习分析技术能把研修过程和行为数据化、直观化，以方便学情分析、成效评价和个性化、精准化服务。随着互联网信息技术的发展，有越来越多的信息技术，如无线接入、多点触控、分布式伺服、泛在计算技术、情境感知、物联网、云计算、便携式移动手持设备、可穿戴电脑技术等在个性化教师培训中具有巨大的应用前景。[①]

（五）教学评价的发展性品质

个性化教师培训评价应尊重参培教师的个体差异，根据培训情况，进行多方面、多角度的综合评价，判断每个个体的优势与不足，提出改进建议，促使参培教师全面和谐发展。评价将教师自评、小组互评和辅导教师评价相结合，除了结束时的试卷测验，还要注重过程评价，可采取作品评价、表现形评价和成长记录袋形式，跟踪教师培训过程和培训结束后在教学工作中的表现，将教师职业发展纳入评价，加强教师自我探索、深度发展。培训者应收集教师对培训项目各要素的反馈，进行项目评估，以便适时地进行调整、改进，最优化地实现个性化教育目标。

四 "互联网＋"背景下个性化教师培训"金课"教学境界的生成路径

良好的开端是成功的一半。任何事物都要经历一个从小到大、从弱到强的不断发展过程，对于个性化教师培训教学境界的追求更是如此。厘清了个性化教师教学境界的价值诉求，就能看清楚个性化教师培训的前进方向。要实现教学境界的顺利提升，还需要从教学内容、

---

① 刘强等：《教室教学环境的构成要素研究》，《现代教育技术》2016 年第 8 期。

教学方法、教学情境、评价手段等各个方面共同发力。

（一）基于培训需求，设计教学内容

在职教师的需求是培训设计与实施的驱动力和指明灯，而培训需求分析又是整个培训开展的基础，直接影响着培训课程的开发、培训模式和方法的选择、培训课程的实施与评价等过程。因此，以需为本的教师培训首先要做的是剖析教师的培训需求。对教师真实需求的分析也是对诸如"为什么培训、培训谁、培训什么和如何培训"等一系列培训的核心问题的追问，体现了专业化培训的应有之为。无可否认，教师培训需求分析的目的是了解教师的真实需求并在培训中予以满足，这同样是以需为本培训的基本原则。通过需求分析，了解哪些需求是通过培训能够解决的，哪些不能通过培训来解决；哪些是短期的需求，哪些是长期的需求；哪些是社会层面的，哪些是组织层面的，哪些是岗位层面的或者是教师个体层面的。社会、组织和岗位层面的需求表达的是外部对教师的期待，应与教师自身对教师工作的专业期望相结合。而培训者通过培训问卷和访谈等获得的教师对培训的需求，往往是教师感受到的对培训的主观愿望，这种主观愿望包含了教师对自我发展的期望，但也有可能其中一部分是不符合或者没有涵盖实际的客观需求。这里既有教师对自身专业发展认识的不足，也有与外部对教师期待层面的出入。因此，专业化的教师培训需要更细化地分析教师培训的真实需求。

（二）关注互动技巧，改善教学方法

个性化教师培训以促进教师个体自我发展为最终目的，通过互动对话的教学方法可以帮助教师反思教学实践中存在的不足，使教师学会自我反思，从而提高自己的教育科研能力，实现自我成长。然而，目前教师培训仍然主要保留着传统的"专家讲，教师听"的教学方法。由于教师的知识接受能力、注意力集中程度有差异，加之教学时间有限，未必每个教师都能及时消化培训的知识并接受新知识。在个性化教师培训过程中，参训教师不仅仅是被动吸收知识的受训者角色，而更多的应是以培训主体的身份积极参与其中。相应地，培训者从"培训组织管理者"转变为"研修活动的设计者、组织者和专业发展的引路人"。反映到培训的具体过程中，就要突出参训教师的实践参与，积极采用参观考察、实践操作、案例教学、专题研讨、小组讨论等成人喜爱的教学方法，培训者和教师一起讨论交流、观摩评析、共同学习。而且，互联网技术使教师根据自己的个性化需求选择课堂进度、教师、授课地点成为现实，这极大提高了教师培训的效果。

（三）基于真实任务，构建教学情境

"互联网＋"背景下个性化教师培训的课程教学具有真实性、实践性、任务性的特点。因此，以真实任务为驱动，构建教师培训的教学情境是提升教学境界的必要条件。在教学实践中，可以从以下几个方面进行突破：

首先，提出任务。"任务驱动"的特点之一就是围绕任务展开培训教学工作，任务不是目的，任务是手段，因此任务的设计、编写非常重要。任务的提出，一是必须紧密围绕并服从于培训目标；二是应落实到具体，尽量避免抽象和完全理论化任务；三是要使任务内容符合学员的实际需求；四是要考虑任务的过程性和连续性，对培训前、中、后各环节制定系列任务；五是要合理地提出任务数量，避免出现过多或过少的极端情况；六是要在培训前使学员明确培训任务，培训实施前组织学员对培训任务进行讨论和学习，使学员对培训任务有明确的理解，对完成培训任务有较好的把握。

其次，执行任务。"任务驱动"在提出具体的、有针对性的培训任务以后，更重要的是必须采取有效方式执行任务，促进学员自主学习并在此基础上完成任务。目前，"任务驱动"策略已经形成了"以任务为主线、教师为主导、学生为主体"的教学方式，明确提出培训者的"主导"作用和意识。在促进学员自主学习方面，普遍认为，合作学习能较大程度地促进学员的参与程度、提高学员的自主学习意识和能力，被人们誉为"近十几年来最重要和最成功的教学改革"。因此，在培训者的组织与引导下，培训中通过合作学习的组织与实施，促进学员主体参与培训活动并有效完成任务，是一种学员执行任务的有效方法。

最后，监控任务。在明确监控的目标是有效地激励学员主动学习、进行反思和自我评价的基础上，建立了较完善的培训任务监控体系：一是班主任全程跟班听课，对学员参与教学的情况进行观察与监

督；二是召开学员代表座谈会，了解学员完成培训任务情况和产生的问题，并及时解决和调整；三是积极应用档案袋，这是我们对学员学习任务进行监控的主要方式。学习档案作为评价工具也是以建构主义理论为基础的，教师档案袋是指用档案袋保存记录以文字形式呈现的、学员在一定时期的学习情况（培训任务完成情况），它不仅能够全面、真实地反映或说明学员在某一时期内所获得的知识、能力真实可见的呈现和存在的不足。更重要的是，它能够有效地激励学员主动学习，并对自己的学习进行反思和自我评价。

在以真实任务为驱动的教学情境中，通过细化培训的教学目标，以完成一个个具体的任务为线索，把教学内容有机地安排在每个任务之中，通过完成各个任务为参训教师创设学以致用、理论与实践相结合的平台，培养起参训教师创新意识和自主学习的习惯，引导教师去发现、去思考、去解决问题。

（四）依托智慧教育，设计教学环境

智慧型教学环境作为"互联网＋"背景下个性化教师培训的基础设置，是提升教学境界的必要环节。在电子和通信技术特别发达的今天，记录并保留学员的学习情况已经成为教学改革的重要途径，学习留痕和交流都变得特别便捷。比如，听课笔记、实验过程中的记录与交流、课时作业等，都可以通过上传和批改成为参训教师学习的家园。这个学习过程与一般的小组学习具有相同之处，不同在于特别强调思维留痕和学习交流。在互联网背景下，通过构建智慧学习、交互式学习的新型教学环境，建立以参训教师为导向、以培训专家为辅助的智慧教学模式，借助人工智慧提供精准推送的学习支持服务，实现教学最优化和学习定制化。在材料供给、学习记录、过程监督、教学互动中实现良性循环。智慧型教学环境的建设除了离不开物联网和云计算技术之外，还离不开基于大数据的学习分析技术，包括教与学过程的交互分析、教学资源的分析、学习者间网络的分析、学习者特征的分析、学习者行为与情感分析等。

（五）完善评价机制，激励自我成长

提高网络培训质量。加强研修平台建设，做到功能更加完善、界面更加友好、操作更加简便、运行更加安全；加强课程资源建设，使

课程资源更加贴近教学、贴近教师，更丰富、更优质、更实用；加强团队建设，管理团队要提升统筹力，技术团队要提升支撑力，课程团队要提升开发力，指导团队要提升执行力；健全研修评价体系和考核标准；强化在线指导，规范在线指导教师的职责，加强指导教师培训，特别要做好远程研修在线交流互动；树立品牌意识，要通过完善师资、资源、技术、质量、服务、管理等，树立远程研修品牌，搭建全省中小学教师终身学习的平台；拓展远程培训市场，通过与市、县教师进修学校合作，开展高中全员教师及初中、小学教师远程培训，把远程培训市场做大。

教学世界是属于人的世界，教学过程的复杂性和曲折性远非其他工作可比拟。教学境界的练成非一日之功，不可能一蹴而就，而是需要长期的探索和历练，其间也许会尝尽苦楚艰辛，也许历经山重水复，也许会踏破铁鞋。成功的愉快体验是建立在异常艰苦的求索基础之上的，没有"千百度"的"众里寻他"的过程，也很难见得有"蓦然回首"的惊喜。宗白华在《中国艺术意境之诞生》中论述"意境创造与人格涵养"的关系时指出："这种微妙境界的实现，端赖艺术家平素的精神涵养、天机的培植，在活泼的心灵飞跃而又凝神寂照的体验中突然地成就。"宗先生的论断对于我们追求并创造教学境界启迪至深。

第三节 "互联网＋"背景下个性化教师培训"金课"建设质量保障机制研究

课程作为教育最基本的细胞，承担着人才培养"最后一公里"的重任。如何提高个性化教师培训的课程质量一直是教师培训领域的研究热点，而"金课"建设正是保障"互联网＋"背景下个性化教师培训课程质量的重要抓手。

一 课程设计与开发保障机制

（一）教师需求分析

"在职教师的需求"是培训设计与实施的驱动力和指明灯。核心属类"在职教师的需求"包括能力为本、真实情境、弹性学习和专业导学四个层次，反映了教师对培训的四个核心需求。

需求一：能力为本培训。能力为本指在职教师期望培训能提升其教学实践能力。教师是个特殊的职业。他们期待理论提升，但更注重培训能否支持其教学实践能力的提升。在职教师是成人学习者，其独特的学习特点：一方面，在职教师学习目标明确，且学习目标与工作和生活息息相关；另一方面，在职教师丰富的个人经验，能帮助其将所学知识应用到工作实践。因此，很多学员期待"通过培训提升与工作密切相关的能力，这些能力能直接有益于以后的工作"。

需求二：基于真实情境的培训。真实情境指培训中建立真实的、与工作场景类似的学习氛围。情境认知理论认为，基于现实世界的真实情境是学习者学习的基本条件，任何脱离特定情境或场合的知识都是毫无意义的。学员期待"能够解决工作中的问题，多一些现场活动观摩，实现理论与实践结合"。

需求三：弹性学习培训。弹性学习是一种为学习者提供在哪里学、何时学和如何学的机会的教育理念和体制。学习者在学习的社会组织、学习内容、学习材料、师生互动、技术平台、语言使用和学习场所等方面有更大的选择性。成人学习的自我导向性强、工学矛盾突出，他们期待"能够在任何时间和地点学习，可重复学习课程内容，可自定步调"。

需求四：基于专业导学的培训。"专业导学"指具有丰富专业知识和经验的老师指导学员学习。在职教师期待在专家的指导下开展培训，导师有学术权威，能教授知识、解答疑惑；也可以陪伴学生、激励学生，消除学习孤独感。学员G在访谈中表示："导学老师既需要有丰富的理论知识，帮助我们进行知识构建；又需要有一定的实践经验，从实践应用的角度指导我们理解知识、应用知识。"

（二）教学策略设计

教学策略的设计，其宗旨是设计一种在任何时候都能为学习者提供有效的并产生可靠结果的教学环境，设计为不同的学习任务提供最优方法的处方成为教学上的要求，这些处方是建立在研究基础上的，并依据实践经验做出适当调整。教学策略设计应包含三类教学策略：第一类是教学组织策略，指教师培训教学的有关内容的组织方式、排列次序以及安排各种具体教学活动的策略；第二类是教学内容传递策略，传递策略就是有关教学媒体的选择、使用以及学生分组的策略，教学内容传递策略主要是指仔细考虑教学媒体的选择和教学的交互方式，以实现教学内容的有效传递；第三类是在前两类策略基本确定的前提下，如何对教学资源进行计划与分配的策略，即教学资源管理策略。

（三）学习策略设计

学习策略设计应是网络课程教学设计的重点。网络课程设计中应设计多种学习策略，以便学习者的学习能在以学员为主体中顺利开展。学生的学习是在大量信息的基础之上完成的，因此必须提供与学习任务有关的各种信息资源，提供互联网上的各种学习资源以及如何搜索利用这些资源的方法，这些都要通过学习资源的设计来完成。学习情景设计是指为学习者提供一个完整而又真实的问题背景，以此为支撑物启动网络教学，促使学生产生学习的需要；同时支撑物的表征、视觉本质又促进了网络学习共同体中成员间的互动、交流，即协作学习，驱动学习者进行自主学习。在网络课程设计中要提供必要的认知工具，常用的认知工具有六类：问题/任务表征工具、静态/动态知识建模工具、绩效支持工具、信息搜索工具、协同工作工具、管理与评价工具。学习者可以利用这些认知工具搜集并处理解决问题所需信息，表征自己的思想，表述知识和学习对象，通过某些认知工具自动完成或代替做一些任务以减轻认知活动。在进行学习策略设计时要根据网络学习的特点提供形式各异的学习策略，如自主学习策略、协作学习策略、基于资源学习的策略和案例学习策略等，充分体现网络学习的优势，以使学生有效地完成学习任务。

（四）课程结构设计

在教师培训课程内容结构上，在现阶段，可以采取单独设置与融合渗透相结合方式，按2：6：2（大致比例）的内容比例设置"核心素养研读"、"教学设计与实施观摩体验"、"拓展课程"，前两大模块组成核心课程，后一模块旨在提升教师综合素养的拓展课程。以下主要呈现前两个模块。

第一，"核心素养研读"模块。以学习任务前置、翻转培训的方式进行。培训前，让参培教师在中国知网上下载"核心素养"相关文献自主研读，形成基本认识。培训中，采用"专题讲座＋案例分析＋世界咖啡"主题会谈等方式，设置如下专题（例）：①专题讲座：学生发展核心素养的国际比较研究；②专题讲座：我国学生发展核心素养框架解读；③案例分析：基于学生发展核心素养视角下的教学转型；④世界咖啡：学生发展核心素养相关问题的讨论。可根据参培教师分组情况，分解出5至6个小问题，分组讨论后再进行梳理与提炼。

第二，"教学设计与实施观摩体验"模块。培训前，前置学习任务包括"一节教学设计"和"学科课程标准中的基本理念、核心概念和内容标准研读"。培训中，设置如下序列专题：一是教学观摩与研讨，主要方式是两名参培教师做教学观摩课——参培教师评课——培训专家从学科核心素养培养的视角对观摩课以及教师的评课进行深入分析，并给出指向学科核心素养培养的教学改进策略。二是课例研磨与教学体验，主要方式是参培教师独立修改教学设计——小组研讨教学设计——推选教师代表上课——专家引领教师从学科核心素养培养的视角听评课——教师完善教学设计、完成教学反思或教学设计意图。三是案例分析，如学科核心概念的理解与教学设计；读懂学生、读懂教材、读懂课堂，提高学生学科素养培育的有效性。

（五）评价方式设计

教师培训教学过程中的评价主要是形成性评价，对于提高教师培训质量来说，形成性评价比总结性评价更重要。形成性评价是指在某项教学活动过程中，为使教学活动开展得更好而不断进行的评价，它能及时了解阶段教学的效果和参训教师的学习进展情况、存在的问题等，以便及时反馈、调整和修改教学。这种评价要根据对不同参训教师学习过程的考察来实现，不能通过统一的简单测验做出评定。因此应及时对教师培训过程中存在的问题进行分析，并参考培训的教学任务与学习资源标准进行定量的测量与修改。

（六）课程开发设计

"互联网＋"背景下个性化教师培训"金课"课程的开发技术主要包括前台开发技术和后台开发技术两部分。前台开发技术主要指网络课程的呈现技术。这类网页编著工具主要有 Frontpage 2000 和 Dreamweaver 4.0。前者简单易用，利用其菜单还可编制部分 DHTML 语言，实现折叠式菜单和动画显示等功能；后者功能更强大，其独特的层的设置、行为库及时间轴等功能使网络课程的交互性大大增强。本网络课程主要采用这两种工具创建网页上的框架，插入文字、图像以及对应的超链接。引入的动画有 GIF 动画和 Flash 动画。

后台开发技术指服务器方的开发技术，实现对网络课程中众多数据的管理。ASP 是后台开发采用较多的一种技术。本网络课程的论坛模块、课程管理模块、资源模块、考试模块通过 ASP 编程实现，数据库利用 Access 开发，支持动态数据类型和动态协议，能够对各种数据资源进行不断的更新和维护。

二 课程运营保障机制

当前大量的培训仍停留在培训者向学习者以专题报告的形式传授知识，因此，有学者提出培训课程活动化的新思路。同时，我们也不能忽视"课程"一词的多方面内涵，因而必须关注学习者的活动、经历和体验，探索活泼、有效的课程实践方式，使教师个体在身体、认知、情感、思想等方面卷入群体活动。优化课程实施的形式，实现培训到研修的转变，需要注意以下几个方面：

（一）设计案例模块

培训课程多以专题模块为主要形式。为避免培训沦为注入式的讲授，我们规定必须以典型教学案例或教学中的具体问题为基础开发专题，培训者和学习者共同在案例分析和专题研究中完成学习过程。这样的专题模块有助于学习者解决教学中的难题，实现从培训到教学的迁移。

（二）开发实践课程

实践性课程主要指通过现场观摩、展示、研讨等方式展开的课程类型。我们主要采用三种方式进行组织。首先，组织优质课的观摩与研讨。组织骨干教师到中学进行现场课堂观摩与点评，这既是现场诊断的一种实践，也是"示范—模仿"模式的运用。我们还组织观摩全国优质课比赛实录，引导学习者开阔视野，拓展思路，在诊断与学习中提升自己。其次，组织教学技能与教学艺术展示，让学习者展示自己的教学风采，在讲课、说课和经验介绍中交流、对话和分享。最后，现场演示与演练。在"课程与信息技术的整合"专题中，主讲教师现场演示，介绍信息技术运用到课堂教学的途径和方法，学习者现场运用计算机操练，直接提高了信息技术运用的能力与素养。

三 组织管理保障机制

科学的课程组织管理制度，是保证培训实效的重要条件，同时也是课程建设的重点。"互联网＋"背景下个性化教师培训课程的建设需要各类专业人士参与。除课程负责人外，按照课程建设的不同阶段，课程组织管理团队可分为课程开发团队、课程运营团队以及课程管理团队三部分。

（一）课程开发团队

一般来说，课程开发团队主要包括学科教师、教学设计师、课程开发人员，负责课程的设计与开发。学科教师负责制定课程内容，教学设计师负责教学设计，课程开发人员负责课程制作及资源开发。

（二）课程运营团队

课程运营团队以辅导教师为主，负责课程运营中的教学以及学术性和非学术性服务，包括辅导教师、班主任、咨询教师。

（三）课程管理团队

课程管理团队主要负责课程进行协调与管理，并对课程服务平台的运行进行维护的人员。课程服务平台承担一流本科课程服务和数据安全保障的主体责任，配合开展课程审查和线上教学活动。要不断更新并提升技术和数据服务水平，监控和打击不良学习行为。加强课程平台间的交流与合作。

四 技术支持保障机制

"互联网＋"时代首先是以数字技术作为基础的。在"互联网＋"时代，个性化教师培训应最大限度地利用数字技术，促进培训过程中的每一个要素参与到培训中。

（一）网络系统管理支持

"互联网＋教育"具有灵活开放的特点，能够满足教师的个性化学习需要，可以作为个性化教师培训的有效手段。一方面，建构网络课程平台，突破地域和时间限制，实现优秀课程资源共享，教师可以按照自身需要选择学习内容，选择自己方便的时间学习，实现自主学习；另一方面，远程网络平台可以为学习者提供个性化学习服务，对学习行为进行指导和监督。写明各模块或专题的学习目标和要求，写明课程培养目标，方便参培教师自主选择学习路径，掌握学习进度和学习方式；为每个学习节点设置一次评价，及时反馈，方便教师调整学习策略和学习路径。建立电子学档，记录学习者学习活动的学习成果、互动情况、评价情况，了解学习需要和学习风格，评价学习效果。这些个性化学习服务，为教师自助学习提供了有力支持。

（二）学习分析技术支持

学习分析技术能持续采集学习者的学习行为数据，跟踪学习者的学习习惯、学习风格、学习基础等，并以此作为精准服务的依据，提供适合学习者的服务。目前学习分析技术主要应用于中小学和高校的在线学习。然而，"互联网＋"教师培训利用学习分析和大数据技术实现对教师学员的精准支持服务，将成为必然。与青少年学习者相比，教师作为成人在职学习者，更有差异性、多样化，更需要个性化的精准支持服务，如量身定做的提醒、推荐、干预指导等。

在过去三十年中，随着全球课程的发展，信息和通信技术被视为教学的关键"领先优势"之一。在互联网时代，大数据技术不断发展，在各领域得到了广泛应用，教师培训的数据收集整理分析能力显得尤为重要，在进行个性化教师培训时也应该顺应时代趋势，对个性化教师培训进行教学改革。在互联网背景下，强化连接与互动的互联网教学特征，完善互联网教学的运行机制，从而提高个性化教师培训效率。

五 考核评价保障机制

有效的课程考核评价机制是课程建设的动力，构建配套的多元化考核评价机制是"互联网＋"背景下个性化教师培训课程质量保障的关键。考核评价机制要有利于促进学生积极开展研究性学习、体验式学习和自主式学习。"互联网＋"背景下个性化教师培训课程质量考核评价机制应当包括下列要素。

（一）多元化的评价主体

教师培训质量评价主体应当包括参训教师、培训项目负责人、教师培训管理处、相关专家教授、参训教师所在学校等多个评价主体。

1. 参训教师

可以通过两种方法，采集参训教师对培训质量的评价。其一，由培训管理处设计网络问卷，采用李克特（Likert）五点量表，让参训教师进行网络匿名投票，统计换算参训教师整体满意度；其二，由培训管理处随机抽取 10% 的学员，召开座谈会或者个别访谈，征求参训学员对培训的意见和建议。

2. 培训项目负责人

项目负责人作为评价主体时主要针对各研修部承担的学科培训项目中参训教师培训的需求调研、培训方案、培训课程（包括理论与实践课程设计）、课时安排、师资选配、教学方法选择等进行自我评价。

3. 培训管理处

培训管理处作为评价主体时，主要依据教育部和省市教育厅有关培训文件精神的贯彻落实情况，对各个研修部的培训项目的方案及实施进行评价，撰写年度评价报告，对培训项目进行横向比较，排列等级。

4. 有关专家教授

有关专家是指由培训管理处聘请的高校专家、名校长、各学科特级教师、名师，以及培训教学委员会成员，以第三方的身份组成培训质量评价专家组，对项目整体实施情况进行评价。

5. 参训教师所在学校

参训教师所在单位根据参训教师在参训前和参训后在教学岗位上的表现、变化和所取得的成绩进行跟踪评价，主要由培训管理处进行学校参训教师的抽样调查，可以通过所任教班级学生问卷，或者与学校有关部门的电话访谈完成评价工作。

要积极探索线上和线下融合的方式，以及如何将形成性评价和终结性评价进行结合。学生的课程学习成绩要对平时学习和期末考试进行综合测评，由过程性考核和结果性考核组成，重在过程性考核。此外，在互动反馈方面，要形成双向交互的格局，如强化在线答疑功能，教师和学生能查看问题列表、讨论问题等；在作业管理方面，能够便捷地进行作业上传、下载、批改、统计等；在测试考试方面，包括从试题库生成试卷、自主答题、自动批阅等。

（二）多样化的评价方式

在互联网背景下，个性化教师培训是一种"线上＋线下"的混合式培训模式。"互联网＋"个性化教师培训质量评价体系的评价主体不再以单一的知识标准来评判课程，而更加注重对培训过程的监控和培训效果的跟踪，将课程对促进教师综合能力和素质的提高作为评价体系的基本指标，内容包括线上评价和线下评价。线上评价中将在线学习时间、完成习题正确率、互动参与率纳入评价体系，具体包括上线时间、课件内嵌问题、课后习题、讨论交流四种评价方式。其中的"讨论交流"包括在线互动、课外共享和论坛积分等。线下评价包括课程设计、论文报告、考试，不仅重视传统的随堂测试和结课考试，而且更加强调对课程设计的动手能力和协作能力的评价。通过线上评价与线下评价相融合的方式，能够及时反馈参训评价与反馈参训教师的学习效果。

（三）开放化的评价指标

"互联网＋"背景下个性化教师培训的学习过程和学习结果复杂多样，决定了众多不同的培训课程采用同一个标准的教学质量评价体系存在局限。为了提高教师培训课程质量评价体系的通用性，其评价指标设计需呈现出一定的开放性。教师培训课程质量评价体系的开放性主要体现在以下方面：其一，教师培训课程质量评价体系的指标设计可以设置必选指标和可选指标——必选指标是教师培训质量评价都会使用的评价维度，可选指标是大多数教师培训课程可能会用到的评价维度；其二，教师培训课程质量评价指标可以通过增加、修改、删除等方式调整；其三，评价指标的权重可根据实际培训需求而自主设定。

第九章 "互联网＋"背景下个性化教师校本培训建设

只有善于分析自己工作的教师，才能成为得力的有经验的教师。

——苏霍姆林斯基

教师校本培训是指基于学校教师，以学校为培训基地，以学校教师的需求和学校教学方针为中心的培训方式，目的是提升学校教师的专业化水平和教育教学能力。

第一节　个性化教师校本培训的理念与模式

"互联网＋"背景下个性化教师校本培训，与一般的校本培训相比较，它有着自身的特征。

1. 个性化教师校本培训是基于教师个人的教育实践问题。正如著名教育家李希贵所言："学校是一个知识型组织，每一位教师都是他自己那个领域的专业人士，每一个学科都有着不同于其他学科的独特规律，这就决定学校不可能有统一的权威。"校本培训的问题和对象不是来源于具有教师教育价值的普遍共性问题，而是来源于被培训教师本人的教育教学实践中的个性问题，具有明显的个性化、情境性、针对性和现实性。这就要求校本培训的内容，要从"共性问题"，全面转向有价值的、培训者自身感兴趣的"个性问题"。

2. 个性化校本培训是基于"互联网＋"背景下的混合学习与移动学习。随着手机移动端5G网络的到来，微信、微博的广泛普及与应用，给教师校本培训提供了移动、开放、共享的线上学习支持服务。教师可以利用碎片化的时间，通过手机、iPad等移动终端在有网络覆盖的任意地点利用网络新兴媒体进行线上学习和混合学习，同步或异步交流学习，解决疑难个性化问题，完成相关的培训任务。

3. "互联网＋"背景下个性化教师校本培训是为了促进教师的个性专业发展。校本研究的本质要求是促进本校教师的专业发展。"互联网＋"背景下个性化教师校本培训虽然也不排斥把促进教师个人的专业发展培训上升到具有一般校本培训的内容，但"互联网＋"背景下个性化教师校本培训并不把全校教师专业发展的共性作为自己的培训目的。因而，"互联网＋"背景下个性化教师校本培训同校本培训者的切身利益紧密联系起来，培训目的针对性明确具体，并同教师形成教学风格有着内在的联系，为教师个性化专业发展提供了内在的动力源泉。

一 "互联网＋"背景下个性化教师校本培训的理念

"互联网＋"背景下个性化教师校本培训理念贵在以坚持个性化的目标导向、实践导向与问题导向相结合，寻求针对性的培训，需要找准"个性化的靶心"精准发力。

（一）量身定制

量身定制是"互联网＋"背景下个性化教师校本培训的生命力所在。个性化教师校本培训应定位清晰，避免千篇一律、面面俱到的虚共性培训。突出亮点，有所为也有所不为。个性化是"互联网＋"背景下教师校本培训的基本思路。诸如构建基于教学案例的校本培训，构建基于教材分析的校本培训，构建基于行动研究的校本培训，构建基于名师工作坊的校本培训，构建基于教学反思的校本培训，构建基于校园文化的校本培训，构建基于综合实践课程开发的校本培训，构建基于乡土文化的农村教师校本培训，构建基于新手女教师的校本培训，构建基于专家教师的校本培训……只有"互联网＋"背景下个性化教师校本培训才能精彩纷呈。另外，"互联网＋"背景下个性化教师校本培训的名称也应具有个性化特征，如"网虫教师培训、教学闪客培训"等名称更能吸引教师的关注和合作兴趣。总之，

"互联网＋"背景下个性化教师校本培训个性化教育是通过对被培训教师进行个别化的综合调查、测试、研究、分析、考核和诊断，根据其个人培训需求、潜质特征等，对培训教师量身定制教育目标、教育方案、辅导计划和执行管理体系等校本培训。

（二）虚拟空间的个性化辅导

北京师范大学顾明远教授曾说："'人工智能＋教育'正在使教育发生重大的、可以说是革命性的变革。但是教育的本质不会变，教育是传承文化、创造知识、培养人才的本质不会变，立德树人的根本目的不会变。"同样，"互联网＋"背景下个性化教师校本培训促进教师专业发展的初心和根本宗旨不会变。对此，中小学教师专业发展虚拟共同体应通过深度合作不断增加、积累教师的临场经验与教育现场感，从而增长教师的实践智慧。对此，虚拟共同体建设的重点应转向中小学教师的深度合作，即构建知识体系的深度合作机制、用问题铺设教师思考的台阶、创设虚拟的教育教学情境等。加强成员间的彼此信任，做好共享和对知识产权的保护是共同体成员间深度合作的前提。在此基础上，虚拟共同体中零散的、孤立的、碎片化的事实、信息、细节、概念等浅层知识的共享可在共同体资源平台上完成，如相关优秀教师的教学视频、课件、教学设计等内容可作为载体存在于平台之上。深度合作则要求教师共享这些教学载体所承载境脉化的实践智慧、思维发展和教育情怀。虚拟共同体应预设虚拟情境中的挑战性议题，在共同体预设虚拟情境中的挑战性议题中，共同体成员可开展深度对话与讨论，相互补充、互相鞭策、彼此启迪，使议题在虚拟情境中不断拓展，个体思维不断连接群体智慧，不同教师的实践智慧和教育经验得以共享，从而使成员个体感悟到反思教学以及体验共享的快乐，从而促进教师学思结合、学以致用的深度学习。个性化教师校本培训在沟通教育对象、引导、辅导和激励时主要采用"面对面"、"一对一"、"即时反馈"等辅导手段，有利于启发参训教师独立思考能力、思维方法训练、学习方法训练、及时发现和解决问题能力、提高教师的学习兴趣和学习效率。

（三）本校教师既是参训者又是培训者

校本培训的受训主体是该校教学一线教师，而把校本培训问题的解决方案应用到教学实践中去，以此来改进教学实践的主体亦是本校的参训教师。因此，本校教师在校本培训中承担了双重角色。校本培训让培训者成为了参训者，把自己的教育教学实践当作研究对象，出现了培训者与参训者两类不同的活动的主体合而为一的特殊状态。这种状态使校本培训具有强烈的自我反思特征，促使参训者通过培训活动改变原有的教学理念，从而提高对教学活动的认知及改进课堂的能力。"互联网＋"背景下个性化教师校本培训本校每个教师都有自己的想法和表达方式，在校本培训的平台上都可以自主成立"媒体"，发布自己所要发布的内容，如关于教学的感悟，关于学校事务的观察评论，或者是对专业学问的探究与思考等。

（四）培训场域与工作场域融合

培训场域同工作场域之间本来就存在着千丝万缕的关系。"互联网＋"背景下个性化教师校本培训的多数参训者是本校教师，多数培训者也是本校教师，是现实工作场域的延伸。特别是校本培训的网络平台开启了同事之间通过互联网络实现的延时互动，论坛、博客等公共空间提供了群体之间互动的平台，重新定义了人们的培训场域与工作场域的融合范围，同事之间互动从"身体绑架"式的面对面互动转变为一行不长的文字或是生动的表情符号，甚至一条短暂的语音信息，从而尽可能地再现了沟通对象，实现一种以面对面的方式沟通互动的形式。一方面通过校本培训的网络平台提高了与实际生活中强关系群体的沟通效果；另一方面也扩大了线下校本培训场域的半径。但二者都秉承现场本位（siet－based）的立场，强调学校背景对事件的重要意义，选择"具体问题具体分析"的培训策略。

二　"互联网＋"背景下个性化教师校本培训的模式

目前校本培训缺乏周密的组织管理和科学的培训方案，例如校本岗前培训一般停留在校领导与新教师见面，介绍校史和学校目前发展情况，相关职能部门介绍相关政策，未形成符合学校、教师需求的校本培训，无法满足学校、教师的个性发展需求，同时制约了教师创新能力和专业素养的提升。如何使校本培训指向明确、效率提升，培训模式是一个亟待解决的问题。

（一）O2O（online to offline）校本培训工作坊模式

O2O最早可追溯到美国的商业模式，这种新型的商业模式即线上到线下，是指商家将互联网与线下的商务机会相结合，其核心是通过线上购买支付服务或商品，把线上不特定的消费者引导至实体店，在线下进行使用或享受服务。在互联网时代，传统的教师校本培训模式不断借鉴O2O模式，构建了O2O校本教师培训的新模式。

1. 找准定位

O2O校本教师培训工作坊将定位真正细分到学段、学科，这样才能更精准地抓住参训教师的需求。

2. 搭建平台

确定清楚自己的发展方向之后，就可以准备搭建自己的O2O校本教师培训平台，例如平台可以是学校的企业微信。校本培训可以借助现有的网络系统，搭建自己的O2O校本教师培训工作坊平台，通过公众账号一对一向每一个参训教师介绍校本工作坊最新的内容、模式、服务等信息，利用用户黏性实现"点对点培训"。

3. 提供培训服务

线上平台为参训者提供校本工作坊指南、培训服务、工作信息和分享平台，而线下校本工作坊则专注于提供服务。参训教师在O2O模式中的培训流程可以分解为五段：

第一阶段：引流

O2O校本教师培训线上平台作为线下培训决策的入口，可以聚集大量有培训需求的参训教师，或引发参训教师的线下培训需求。O2O平台常见的引流入口包括：培训动态、培训点评等。

第二阶段：转化

O2O校本教师培训线上平台向参训者提供培训的详细信息、便利服务，方便参训教师搜索、对比，并最终帮助参训教师选择线下培训、完成线下校本培训的决策。

第三阶段：培训

参训教师利用线上获得的信息到线下坊主接受服务、完成培训。

第四阶段：反馈

参训教师将自己的培训体验反馈到线上平台，有利于其他参训者做出培训决策。线上平台通过梳理分析参训教师的反馈内容,从而形成更完整的校本工作坊信息库,可以吸引更多的教师参训者使用O2O校本教师培训线上平台。

第五阶段:存留

线上平台为参训教师和校本培训工作坊建立沟通渠道,可以帮助校本工作坊维护参训教师间的关系,使参训教师成为校本工作坊的回头客。

(二)"线上+线下"双通道校本 3D 式培训模式

"线上+线下"双通道校本 3D 式培训模式是指以校为本的线上与线下混合式开展需求诊断(Diagnose)、差异分析(Differentiate)、立体培养(Develop)的"三位一体"培训。

1. 需求诊断

摸清教师专业发展需求是按需实施校本的关键。首先,深入诊断学校发展战略的需求。针对学校发展的战略需求、师资需求、学校定位进行深入分析,促进知行合一、学用结合,锤炼一支顾大局、善作为、勇创新的专业教师队伍。其次,分析教师个人专业发展需求并建立教师专业需求档案。

2. 差异分组

为了将组织的需求和个人的发展需求相融合,针对教师专业发展的不同阶段开展教师的校本轮训工作,确保培训实效性,运用"三分法"将参训教师进行差异化分班。

(1) 专业成长分班

教师职业发展最主要的三个阶段分别是关注生存、关注情境和关注学生三个阶段。其实这三个阶段的关键特征可以按时间的发展顺序来理解。首先是关注生存阶段,处于这个阶段的老师,多半刚入职或者是入职不久,初到一个新工作环境,觉得非常陌生,毕竟是新人,想给学校领导或其他同事留下一个好印象。理所当然,他们会把工作重心放在人际关系上。他们想融入这个大集体,融入大环境,希望领导能够赏识,同事们能够接纳,更希望学生能够喜欢,人际关系对于新老师而言,无疑是工作开始的第一步。其次是关注情境阶段,人际关系稳定、得到学生们的认可的时候,通常情况下,老师会把重心转移到教学本身，希望能够干好教书育人的本职工作，他们比较看中学生的成绩或分数，因为学生成绩提高了，自身工作能力就能得到认可，而且，老师的教学成绩也是日后升迁和评职称的重要依据，老师也希望能够在自己的岗位上蒸蒸日上，更上一层楼。最后，是关注学生阶段，处在这个阶段的老师，一般教学经验已经比较丰富了，且在职称上也可能已经是高级甚至是特级教师，因而他们没有渴望再往上升迁，自然教学成绩的压力也减轻了不少。与此同时，他们或许在思考，做了这么多年的教师，搞了这么多年的教育，究竟怎么做才对学生的帮助是最大的呢？慢慢地，他们也许会发现，教育更多地应该关于学生本人，而不仅仅是成绩和分数，对于一个学生来说，未来能走多远，能力是一个方面，而更多的是他们的道德素质。渐渐地，这些老师会把工作重心由关注学生学科知识向关注学生本人的内心世界转变，关注他们的个体差异性，因材施教，促进学生健康成长。相应地，教师可分为"新任班"、"提升班"、"专家班"。

（2）学科或学段专业分班

依照参训教师所处学段、所教学科，将参训教师进行分组。采用线上大班授课，线下小班研讨的形式，将不同学科或学段的参训教师合在一个大组中授课，再分小组进行专题研讨，大大提高了培训效率。既要有效突破专业壁垒，又要促进教师对业务的全面了解，也避免了因专业不同造成的研讨障碍。

（3）统一与分方向，分专题相结合。分析学校组织共性需求和个人发展需求，确定具体的教学方向。全体参训教师一致所需的培训为线下培训。差异化的需要在于"线上培训"。依据具体教学方向，定制化培训内容，实现按方向、按专题培训，提升培训实效。

3. "线下必修＋线上选修"课程设计精准提升能力短板

课程设计围绕四大培训方向进行，分别为共性需求的三个模块匹配必修课程，保证覆盖全员，为个性需求的模块匹配选修课程，实施差异化培训。必修课程以"师德修养"、"视野拓展"、"教学技能"为导向，设计相应的课程及内容，旨在强化参训教师的核心素养。选修课程以"个性化提升"为目标，比如为"新任组"、"提升组"和"专家组"设计差异化的培训内容，比如为"不同学段"、"不同学科"设计差异化的培训内容，比如为"不同方向，不同专题"设计差异化的培训内容，总之，精准提升参训教师不同的能力短板。

（三）"线上教师专业发展虚拟共同体＋线下教研室"双项结合的校本培训模式

教研室，是新中国成立以后学习苏联的直接组织和管理教学工作，并承担人才培养、师资队伍建设的基层教学组织，其职能也在不断地完善与拓展。研究室则是学校研究团队，鼓励跨学科的结合。二者之间不能很好地协调，就会出现相互扯皮或推诿的现象。

长期以来，线下教研室是培养青年教师的"摇篮"，部分青年教师是大学毕业后直接走上教学岗位，教学经验不足、教学技能亟待提升，需要专业经验丰富教师传、帮、带，教研室成员之间团结协作，有助于青年教师尽快站稳讲台。但教研室承袭了旧的模式，存在着一定缺陷。一方面，大多数教研室从教研室设置上看是按照专业及几门性质相近的课程而设置的。这种设置模式随着学科本身综合基础上的细化与发展，难以适应科学技术的快速发展，不利于新兴交叉学科的形成，不利于学科专业的发展和创新人才的培养。另一方面，由于学校行政管理部门长期与教研室之间多是命令与服从关系，教研室在很多时候承担着大量的行政工作，行政化倾向严重，没有履行到学术以及专业之"权"。在专业权力旁落的情况下，专业教研室只能是一个封闭的系统。而组织自身所具备的自我组织和自我活动能力等严重缺乏使得专业建设很难取得突破性的改革成果。而线上研究室则能实现跨学科合理利用师资资源，克服原有教研室划分过细的缺点，有利于学科课程之间知识的渗透，拓宽教师的知识面，使每一位教师都能成为教学、科研多面手，加强线上建设有助于灵活地组织教学，开发综合课程。线上研究室团队成员来自不同学科，能够多角度分析问题，因此具有更高的解决复杂问题的能力。线上研究室的构建应关注以下建设。

第一，构筑共同愿景。

时下，一些教师专业发展虚拟共同体受当下社会浮躁风气的影响，随波逐流，成员热衷于上项目、拼论文、秀磨课，表露出形式主义的盲从。这不仅导致虚拟共同体建设理想的丢失，更使教师专业信念追求出现倒退。对此，面对浮躁的外部环境，在发展虚拟共同体建设中，中小学教师一定要沉下心来，把心思用在构筑共同体成员的专业发展这一共同愿景上。共同愿景要基于共同体内部个人愿景，考虑不同教师专业发展的个体需求，在提升教师专业发展的共同宗旨中谋求个性的发展之路。共同愿景尊重共同体成员个体价值，才能保持感召力，发挥激励的作用。

第二，增进深度合作。

顾明远先生说："'人工智能+教育'正在使教育发生重大的、可以说是革命性的变革。但是教育的本质不会变，教育是传承文化、创造知识、培养人才的本质不会变，立德树人的根本目的不会变。"同样，中小学教师专业发展虚拟共同体促进教师专业发展的初心和根本宗旨不会变。对此，中小学教师专业发展虚拟共同体应通过深度合作不断增加、积累教师的临场经验与教育现场感，从而促进教师实践智慧的成长。对此，虚拟共同体建设的重点应转向中小学教师的深度合作，即建构知识体系的深度合作机制、用问题铺设教师思考的台阶、创设虚拟的教育教学情境等。加强成员间的彼此信任，做好共享和知识产权的保护是共同体成员间深度合作的前提。在此基础上，虚拟共同体中零散的、孤立的、碎片化的事实、信息、细节、概念等浅层知识的共享可在共同体资源平台上完成，如相关优秀教师的教学视频、课件、教学设计等内容可作为载体存在于平台之上。深度合作则要求教师共享这些教学载体所承载境脉化的实践智慧、思维发展和教育情怀。虚拟共同体应预设虚拟情境中的挑战性议题，在共同体预设虚拟情境中的挑战性议题中，共同体成员可开展深度对话与讨论，相互补充、互相鞭策、彼此启迪，使议题在虚拟情境中不断拓展，个体思维不断连接群体智慧，不同教师的实践智慧和教育经验得以共享，从而使成员个体感悟到反思教学以及体验共享的快乐，从而促进教师学思结合、学以致用的深度学习。

第三，商定的活动周期和主题。

一个组织如需具有可持续发展动力，必须有一个较为固定的活动周期、一个共同的互动时间、一个能让多数成员感兴趣的主题。例如，通过网站主题来吸引教师的浏览，建立稳定持续增长的点击率和浏览量，且掌握建立相应的浏览者的信息资源，借以相关活动安排来建立网站的会员制。再如，选题要针对目前学校、教师、学生等不同层面有待解决的问题进行鉴别与甄选，最后由线上教师专业发展虚拟共同体确定相关主题。

第四，提升情感认同。

虚拟共同体是一个结构化的网络学习型组织，稳定的秩序是虚拟共同体的目标之一，以群体的共识来影响个体的认同从而促进共同体的稳定是应然常态。法国社会学家埃米尔·涂尔干提出了集体意识的概念，并指出当集体意识弥漫于整个社会空间，其存在和运行取决于情感的发展与增减。因此，面对部分成员的黏性不高，构建情感认同软约束机制，有利于消解不良情绪、负能量因素、凝聚情感认同。第一，加强虚拟共同体成员间的信任感。相对于现实世界，网络的真实性较低，信息污染、信息泄露、信息不易受控等问题凸显。因此，加强共同体的信息安全和成员之间的彼此信任是群体凝聚认同的前提。第二，虚拟共同体提供丰富的情感支持，完善情感供给，拉近共同体成员与共同体的情感距离，拓宽情感纽带，搭建情感桥梁。第三，深化情感认同要加强愿景的认同。夯实教师专业发展虚拟共同体共同愿景的认知基础，将有利于深化情感认同。第四，合作、平等、有温度的共同体文化能够提升共同体的黏性。第五，适度缩小虚拟共同体的人数规模，有助于情感认同的升级。

总之，线上教师专业发展虚拟共同体＋线下教研室有效沟通、相互配合。使线上教师专业发展虚拟共同体＋线下教研室组合培训效能实现到最好，真正起到"1＋1＞2"的功效。

第二节 个性化教师校本培训的方式和方法

从教师自身的角度来看，传统的校本培训集中于打造一支合格、敬业的教师队伍，多关注教师群体的发展，较少关注教师个体的发展。在"互联网＋"背景下，个性化的教师校本培训应由以生存为中心向以发展为中心转变，通过一定的方式和方法使教师的专业饥渴盼望得到满足，促使现有校本培训由"熟练的教书匠"的水平向

"个性化发展导向"的培训迈进。

一 个性化教师校本培训的基本方式

个性化教师校本培训的基本方式主要指根据组织形式的不同，针对教师在教育教学和科研实战中遇到的难题进行个性化培训，能让教师对培训内容的理解更加到位，是持续提升教师教学和科研能力的重要途经。

（一）个体式培训

在"互联网＋"背景下，个体式培训主要是指以个人自主学习和自主探索为主要表现形式的培训。与其他培训方式不同，个体式培训的学习内容、学习方法、学习时间都是由教师自己决定的。从终身学习的角度来看，教师需要审视自己的专业成长路径，通过自主学习丰富自己的知识和经验，提高自我管理能力。教师专业发展是学习型社会赋予教师的历史使命，是完善教师培训体系的重要任务，是实现教师自我价值的内在要求。因此，应重视教师自主学习能力的发展，营造适合教师自主学习的环境，促进教师专业成长。

需要注意的是，在开展个体培训时，学校并不是培训的旁观者，学校应构建有利于教师自主学习的支持体系。一方面，可以将个人培训纳入学校的整体校本培训规划，防止教师个人培训内容的随意性和不确定性；学校应鼓励教师制订个人发展计划，使个人培训成为教师专业发展的内在动力和重要形式。另一方面，学校应努力为教师的个性化学习提供一定的环境和资源支持，以激发教师自主学习的积极性和主动性。然而，中小学教师普遍存在教学任务繁重、行政会议较多、激励评价机制不完善等问题，不利于教师自主学习。因此，学校应该让教师从形式大于内容、没有实际意义的会议和文案工作中解脱出来，让他们有时间和精力投入到学习中去，并在教师自我培训过程中提供必要的指导，帮助教师正确识别自主学习和工作之间的关系。在资源建设上，多渠道拓展学习资源，通过构建网络学习平台和科研社群等方式，利用微课视频、慕课、远程教育网络帮助教师开展自研式培训，构建有利于推动和促进教师自主学习的三维学校支持体系。在现实中实施个体式培训，可以制订教师的个人发展计划，整合其他培训方法，因为教师个人发展计划的制订过程是一个动态的过程，这一过程中，教师不断地明确自己的发展目标和实现手段。

（二）互助式培训

互助式培训是在教师自愿的基础上，通过校内或校际间的交流和学习，互帮互助，以促进教师专业成长的培训方式。互助培训的目的是调动教师专业成长的主体生长性，在增强教师合作意识和水平的基础上，增强教师的实践智慧。它的实质是一个开放、对话、合作、发展的过程。"独学而无友，则孤陋而寡闻。"身边优秀教师的资源挖掘、校内名师的智慧辐射、资深教师的精神传承，在同行之间展开有效对话、修炼教育的合力，可以让彼此的心灵世界更丰盈，让生命疆域更宽广，让教育生活更美好。学校可以每学年要求"种子教师"开展聚焦主题的教学展示，举办浓缩经验的微型讲座，参与链接实际的学术论坛，这些交流分享平台对全校教师而言是一次增智慧、暖心灵、塑人格的成长之旅，对参与教师也是一次将隐性经验显性化、将零散经验系统化的学习过程。

在互助式培训中，教师互助既可以是在同一所学校工作的教师互助，也可以是工作在不同学校教师之间开展的交流与合作。这种互助既可以通过学校的正式组织来进行，也可以通过非正式的途径来进行。一般来说，互助性培训包括定期研习班、集体备课、团队互助、信息交流、经验交流、专题研习班、在线对话等多种形式的培训形式。

1. 定期研讨班。研讨活动采取学习汇报、专题研讨、经验交流等形式。教师提出教育教学过程中的实际问题，其他教师参与讨论，可以交流经验教训或者分享彼此的心得体会以进行思想上的碰撞，教师在平等的交流中得到启发，这种形式也有利于解决教师教育教学过程中的实际问题。

2. 集体备课。除了频繁的接触和学习，集体备课和教研活动也是学校教师实现同伴互助的重要载体。通过集体备课，教师相互总结交流与反思，实现经验分享、信息交流等。学校每学期可以定期或不定期地举行教师集体备课活动。在新课程改革的实施中，如何处理教材、整合课程资源等问题尤其需要同伴之间的相互帮助和学习。在教研活动中，教学合作伙伴可以通过问题诊断、听评课等形式，对存在的问题进行讨论，寻找对策和研究解决方案。

3. 以老带新、结对帮扶。充分发挥优秀教师的带头作用，落实到人，促进青年教师和新教师的专业成长。学校可以将教学经验丰富、教学成果突出、具有示范和主导作用的老教师和新教师进行一对一帮扶，充分发挥传、帮、带作用。

4. 信息交换。教师外出培训回来后，组织教师进行汇报活动，做到资源共享，获取有价值的教育教学经验和信息。

5. 每月邀请"专家"或教研员、优秀教师来校进行信息沟通、经验交流、专题研讨和互相对话。

（三）师徒式培训

师徒式培训是指新教师与资深教师结成师徒，新教师通过对资深教师教学实践的观察和模仿，再加上资深教师一对一的具体指导，不断丰富提升自身的隐性经验，不断掌握专业技能和智慧的培养方法。同时，师徒培训也是新手教师与资深教师相互学习、相互纠正，以提高教学策略和教学效果的发展过程。师徒式培训作为促进新教师专业发展的重要形式，在国内外都形成了较为成熟的运作模式，并取得了良好的效果。

首先，师徒制为教师个性化成长提供了强有力的支撑和保障。相对于其他"一对多"的教师培训方式，师徒制在教师培训中实现了"一对一"和"多对一"，有利于新教师的个性化培训。其次，师徒制有利于新教师获得隐性知识，能有效地促进新教师的专业成长。显性知识可以通过语言传播，而隐性知识只能通过行为来表达。因此，要想学习优秀教师的教学经验、技能和智慧，就必须通过实践和直接参与的"教与学"方式来转移和获取。许多教学实践表明，通过师徒制，新手教师可以更有效地了解教学职业背后隐藏的经验，不断掌握专业技能和智慧，使自己能够尽快成长为一名优秀的教师。在实施师徒式培训时，学校应注意以下事项：一是制定规范的师徒式培训制度，明确新老教师的资格、职责和激励措施；二是资深教师应与新教师签订教学协议，以便对教学活动进行系统、有效、方便的监督检查；三是明确师徒式工作的重点是促进新教师正确、快速地完成教学任务，并在此基础上，引导新教师开展自我反思活动，从而提高其理论水平和综合素质。

在实施师徒制培训方式时，也必须处理好如下几对关系：

1. 个人指导和团队引领的关系。传统师徒制教师培训主要通过"一对一"的指导促进新教师的专业成长，在这种方式下，由于导师个人经验和教学智慧的限制，新教师的专业成长也受到一定的限制。现代师徒团队强调团队的引导，认为新教师的成长需要"博采众长"。因此，在实施师徒制培训时，在加强导师指导的同时，更要注重团队的引领作用，建立团队集体指导与资深教师指导相结合的培训机制。

2. 培训"形式化"与其内容实质间的关系。师徒制作为一种新型的教师培训方式，在实施过程中存在着"人为合作和表面合作"等不可忽视的问题。而在教师培训过程中，不仅要注重师徒制这一有效的培训形式的运用，更重要的是要从师徒制的本质出发，创建有效的师徒合作机制，真正促进教师的专业成长和发展。因此，师徒式培训应经过认真务实的思考、设计和实践，真正让培训工作的带教形式"活"起来、师徒互动"转起来"、培训主体"动起来"。

（四）校际式培训

校际培训是指在平等、合作、互动原则的基础上，由不同学校组成的教师之间相互合作的机制。校际式培训主要有两种合作类型：一种是中小学与地方高校、教师进修院校合作开展的校际培训项目；另一种是与兄弟学校之间开展的校际合作交流项目。

中小学与高校、教师进修院校合作开展的校际培训项目可以被认为是一种纵向交流项目，因为在现实中两者处于不同的地位，中小学一般把高等学校当作知识的生产和发源地。在这种"纵向协作"中，高等院校必须尊重中小学的选择，任何培训项目的实施都必须建立在科学分析中小学教师的个性化学习需求基础之上，形成"教育研究自愿者组合"。中小学与兄弟学校之间的校际合作与交流计划可以被视为横向交流计划。在一定程度上，他们处于平等地位，在平等协商的基础上进行培训，以充分利用各自的培训资源，促进校内培训的相互合作与交流。可以说，学校之间的差异和办学特色的存在是横向交流项目得以存在的基础。而要让这种横向交流项目得以持续发展，必须注意交流应该是双向的、互利的，而不是单纯的"扶贫"活动。

目前，校际式培训已经超越了两校合作的模式，出现了区域性合作的教师继续教育网络，这大大扩大了校本培训的资源。如教师工作坊旨在针对学科教学中的常见问题或教师专业发展的现实问题，许多来自不同地区、具有不同学科背景的一线教师基于共同兴趣、教学需求或专业发展需求，在坊主以及相关专家的引导下，通过对话形式的经验分享，围绕主题深度探讨，针对主题各抒己见，包括质疑、评价以及如何完善等，最终获得问题解决方案的培训形式，坊内学员可以交流意见、思想摩擦，实现知识迁移。但是发展区域性教师继续教育网络，应建立在合作学校自主、自立的平等基础之上，继续教育网络实施的培训规划和具体项目，应该由参与学校而不是由某个上级机关来制定，这是培训能够取得实效的重要前提。开展校际培训可以采用多元化的校本培训方式，但要考虑学校之间的差异和学校的特殊性。忽视学校之间的差异，忽视学校的实际情况的校本培训项目，对学校或教师的发展都不会产生理想的效果。

二　个性化教师校本培训的基本方法

教师校本培训的方法丰富多彩，在这里重点介绍几种常见的方法：案例研究法、反思总结法、主题研讨法、学术沙龙法、专家引领法等。

（一）案例研究法

案例研究法主要是指在实践中将真实的问题情境具体化，形成案例，让教师按照既定的培训目的进行思考、分析和讨论，从而提高教师解决实际问题的能力的一种培训方法。由于理论无法自动内化，因此我们需要在理论和实践之间架设一座桥梁——案例，帮助教师把在理论学习中学到的内容经过思考加以运用。

案例在职业培训中的应用起源于哈佛法学院。20世纪40年代，案例培训法被广泛应用于许多专业培训中，到了70年代，案例培训法逐渐应用于教育领域。案例研究方法的关键要素是案例本身的质量。所谓案例，就是教育教学过程中包含问题情境的典型事件。一个好的案例应该具备：真实性，即它来自真实的教学情境，真实可信；典型性，即具有特殊意义和一定的代表性；浓缩性，即包含丰富的信息，可以从多个角度呈现问题；启发性，即经过研究，可以引起讨论、辩论、反思，加深理解。

案例研究法的实施过程一般可以分为三步：

（1）案例的收集。说明个案研究对教师的意义，并让每一位教师讲述自己在教育教学过程中遇到的困难或困境；对问题进行分类，邀请教师单独撰写案例初稿，经过讨论、修改、筛选，最后总结成册。

（2）案例的研讨。案例讨论集中在以下问题：案例的难点是什么？什么信息是关键的？这个问题的解决方案是什么？最合适的决定是什么？如何实施？如何评估？通过开放式探索和多角度解读，运用头脑风暴法提出不同观点，寻求理论支持，最后总结出对问题的基本观点和建议。

（3）总结反思。对案例进行理论升华，实现理论与实践的有机结合。以往的教师培训往往注重知识原理，忽视案例的独特作用，容易使培训流于空泛。或者纯粹采取经验传授的方法，这又容易盲目地重复——两者都没有达到预期的效果。案例研究式培训让教师将一般原理和规则的知识应用到特殊案例的解剖分析中，从而达到新的理解水平。

一个案例研究通常没有固定的公式，没有固定的答案或结论，培训师和参与者都可以自由发言，甚至可以相互争论。这有利于激发学员的发散思维，培养创新精神和创造能力。但意见的碰撞或不同的观点，并不是漫无目的的胡言乱语，组织者在讨论过程中应予以必要的引导和把握。例如，可以提前设计一份案例讨论的作业表，包括相关背景说明、知识原理的链接、案例描述以及讨论过程中的注意事项，以保证讨论的质量。

（二）反思总结法

反思是教师成长的翅膀。教师只有不断反思，才能实现从经验型向学者型的转变。有很多方法可以鼓励教师反思自己的教学行为。常见的有：写课后笔记、课后总结、课后研究、师生讨论、用摄像机和录音机记录自己的课堂、课后反复复习、写教学日记等。

1. 实践性反思

实践性反思是通过实践反思来促进学习的内化。教师的实践实际上是反思和内省的过程。培养教师的实践能力和反思能力可以帮助教师更好地构建知识。一方面，教师与其他教师可以在讨论交流中产生自己与他人的思维碰撞的火花。另一方面，教师和学生之间的有效沟通尤为重要。教师和学生之间的对话是第一手资源和材料。学生是教师教学实践的直接经验者、最有力的评估者和参与者。在与学生交流的过程中，学生的声音通常是反馈我们教育教学方法改进的最佳来源。因此，通过与他人的实践性反思可以方便快速地提高教师的教学水平。

2. 录像反思法

在教学实践中，教师作为课堂参与者的角色往往不能直接看到自己的教育问题，造成了"当局者迷"的困惑。因此，通过微格教学等方式利用视频记录教师的教学活动，可以真正再现教师的教学活动，让我们从旁观者的角度来评价、反思和审视自己的教学模式，从而不断提升自身的教育教学能力。需要注意的是，教师对具体教学实践过程的自我反思，应该以自己的实际教学实践过程为基础，通过对课堂内外的逐步分析，对自己的教学计划、教学目标、教学策略和教育方法进行全方位的反思，可以使教师的教学过程更加优化和完善，从而可以在保证学生学习效率的基础上，强化教育目标，提高教育教学效果。

（三）主题研讨法

主题研讨法指在教育教学过程中以主题方式挑选出教师需要解决的教育教学问题，组织教师进行讨论，以解决教育教学中的难题，提高教师的专业能力和水平。

主题研讨法的一般程序是：

（1）征集、筛选问题。主题研究方法的核心是找到有价值性的研究对象。如果没有有价值的课题，那么研究就没有意义。对此，可通过多种渠道征求问题，找出教师最关心、最困惑的教育教学热点和难点问题。它们必须具有典型性和代表性，也必须是教师最感兴趣的问题。

（2）主题研讨的准备。在组织教师开展研讨之前，必须认真策划，"有备而来"。一是参与研讨人员的组成，要考虑研讨的范围、研讨的主题和学校的具体情况，参与者应具有代表性。二是确定参会人员后，各参加者针对研究主题查阅相关文献，并提前做好发言准备。三是选择一个好的研讨主持人。为了确保全面参与，研讨计划中最好明确每个参与教师的角色分工。角色分工的主要目的有两个：一是以任务"绑架"的方式确定"行为责任人"，实现全面参与和责任共享，有效避免个别教师主动"边缘化"青年教师、骨干教师承受重压的现象发生；二是根据研究的需要，进行角色分工，确保研究过程的完整性和规范性。考虑到学校环境的变化将不可避免地涉及复杂的人际关系等因素，因此，只要能达到上述三个目的，教研组长就可以根据本组的实际情况，灵活协调角色分工。

（3）召开研讨会。研讨会的召开要做到主题突出，避免话题分散。另外，理论要与实践相结合，避免空谈理论。

（4）成果提炼，交流"实收获"。研讨会结束后，要及时进行总结和提炼，形成书面材料，分发给相关人员，以达到成果分享的目的。成果的提炼就是让老师把自己做得好的地方说出来，写下来，其真正意义在于将教师的内化理解以结构化、层次化的方式外化，使隐性知识显性化。另外，培训之后，对于参训教师的研修成果，可在校内甚至区内平台进行展示，激发教师的学习热情，并把培训中的产出有效地应用到日常的教育教学工作中。

（四）学术沙龙法

学术沙龙是教师校本教研的方法之一，指学校依据教师的兴趣爱好和工作需要，定期或不定期通过各种形式的阅读报告会、经验交流会和研讨会等开展学术讨论。学术沙龙的基本程序是：

（1）确定学术沙龙的研讨主题，明确活动的重点。学术沙龙主题可结合教师在学校课题研究过程中遇到的真实问题，让教师在实战中提升教育科研素养。

（2）沙龙的准备工作（包括发言人、主持人、地点、时间、形式等）。沙龙的准备工作必不可少，它可以保证学术沙龙活动的顺利进行。

（3）学术沙龙召开，成果分享。通过学术沙龙，教师不仅从别人的经验分享中受益，还要学会分享，懂得分享，善于分享。在校本培训的过程中，教师不断观察、体会同事分享经验的过程，在了解他们所进行的教育教学和研究工作的同时，不断形成"空杯心态"，即将自己的空杯填满，同时乐于并善于把他人的空杯填满，增强自己的可持续发展力。在对教育教学中的问题进行探究时，教师通过对新技术、新知识、新方法、新管理的导入与转化，愿意放弃一些陈旧的知识，并在此过程中达到旧知识的净化。

（4）做好沙龙后的总结与拓展，使其在更大的范围内得以宣传和交流。教师之间根据以往的经验互相传授知识，通过共同学习，倒出自己杯子里的水装入其他同事的水，最终达到杯中常有新鲜的水的目的。有了这种不断质疑自己、否定自己、反省自己的心态，教师才能在不断进步中获得新的发展。

（五）专家引领法

虽然校本教学研究是以教师为主体进行的，是围绕学校的现实和问题展开的研究，但它不仅取决于学校的力量，还需要相关专业研究者的参与和指导。在中小学教学过程中，很多一线教师也希望与专家一起参与课题研究的整个过程，包括研究内容的梳理、具体方法的指导等，并希望专家与学科教师开展个别化的互动与指导，但对专家深入课堂的听课却不太欢迎，也不希望专家通过听评课进行研究指导。例如，不同的教师在教育科研成果的表达上有不同的困难，有的难以撰写案例、论文或叙事等体现课题研究过程的文章，有的不太会撰写课题开题报告或结题报告，还有的认为文献资料的搜集和读书笔记的撰写比较困难。这些难题仅靠教师的自我反思和同伴互助等较难实现，因此需要专家学者的专业引领。可以说，只有教育教学专家的参与和指导，才能保证校本教学研究的进一步发展。

传统意义上的专家引领一般有这样几种形式：一是听专家作全校性的辅导讲座或报告；二是专家深入课堂与教师一起开展听、评课活动；三是专家审阅教师撰写的案例、论文，并提出书面的修改建议。无论是哪种形式，教师基本都是被动地跟着专家的步子走，被动地接受专家给予的观点、聆听专家抛出的评论、完成专家布置的任务。而在互联网时代，教师不仅可以根据自己的研究进度查询文献资料，还可以根据自己的研究进度寻找专家，以平等互动的方式进行沟通与"头脑风暴"。个性化校本培训应力图改变"专家讲、学员听"的授受式方法，在邀请专家进行讲座式理论培训的同时，努力将其与教师的任务型教育教学实践活动相结合。例如，讲座中有关案例研究和叙事研究的所有案例，都可以取自教师志愿者提供的实际案例，由教师结合自己的提问修改而成。这可以最大限度地提高教师在信息处理、资料分析和解决问题过程中的教学能力。另外，专家引领法可以通过让教师学员自己来设计、实施课题写出报告，进行交流，让培训专家从旁指导，学员的积极性更高，体验也更深。

第三节　个性化教师校本培训的组织与管理

个性化教师校本培训是"互联网＋"背景下推动教师专业化发展的有效途径，无论在理论层面还是实践层面均具有较强的科学性和可操作性。随着新时代基础教育改革的不断深入，个性化教师校本培训在推进基础教育改革，满足教师学习、研究和自我价值实现方面起到重要作用。而科学合理的组织与管理则是个性化教师校本培训持续、系统、高效开展的基本保障。只有充分认识到实施个性化教师校本培训组织与管理的重要意义，明确各职能部门在培训过程中应该承担的责任，建立程序规范、运行合理的管理机制，才能使个性化教师校本培训的各种理念和规划措施得以全面实施。

一　个性化教师校本培训的组织

完善的组织系统，是个性化教师校本培训目标得以完成和实现的重要保证。所谓组织，就是人与人之间为了完成共同的目标而彼此分工合作、相互影响的活动系统。从我国校本培训的实践状况来看，虽然学校已经拥有了校本培训的权力，但对如何使用、如何发挥校本培训的效用还存在偏差。特别是在新时代"互联网＋"背景下，如何将信息技术与个性化教师校本培训深度融合，需要转变校本培训理念，明确组织分工，进行有效的组织安排。

(一) 转变校本培训理念

习近平总书记在党的十九大报告中指出"建设教育强国是中华民族伟大复兴的基础工程"。在全国教育大会上，习总书记进一步提出了"加快推进教育现代化、建设教育强国"的新要求。强教必先强师，2018 年，中共中央、国务院印发《关于全面深化新时代教师队伍建设改革的意见》。这是指引新时代教师队伍建设的行动指南，是凝心聚力推进教师制度改革的集结号，全面提高教师素质被提到重要的议事日程上来，如何培养一支数量充足、质量优良的教师队伍就显得尤为突出和迫切。"互联网 +"背景下，信息技术的普及与发展对于教师培训工作带来了巨大的影响。一方面，其冲击了以往的教师培训模式，有力地推动了教师培训模式的现代化变革。另一方面，其丰富了教师培训的内涵与方式，为教师培训的多样化和实效化开展提供了良好的科技助力。因此，我们应当正视信息技术之于教师培训模式的影响，依据信息技术特点，运用现代化思维手段，积极转变校本培训理念，从而增强该项工作的适应性与先进性，切实推动中小学教师职业素养与综合能力的发展。[①]

除了各级教育部门组织的教师院校培训外，大量的教师培训必须依靠校本培训。过去在谈到培训时，学校首先想到的是派遣教师出去，认为这是教育行政和培训学院的任务。事实上，教师成长和发展的真正主战场是在自己工作的学校。美国学者舍尔曼指出："对于专业人员来说，最难的问题不是应用新的理论知识，而是从经验中学习。"[②] 在教师的成长和发展中，教育和教学实践起着至关重要的作用。教师培训不能脱离教育实践，必须与学校的日常生活以及周围的学生紧密联系在一起。"互联网 +"背景下的个性化校本教师培训与院校培训相比，具有明显的优势。例如：充分利用网络资源，促进教师个性化专业发展；培训目标明确具体，直接服务于本校个性化教育改革工作；培训地点在学校内，可以节省培训费用；培训活动与日常

---

① 祁海航：《信息技术背景下教师培训模式变革的实践研究》，《科学咨询》（科技·管理）2020 年第 12 期。

② 胡小萍：《论校本教师培训的组织与管理》，《江西教育科研》2003 年第 12 期。

工作紧密结合，培训效果可以及时反馈，体现在教师的日常工作中；培训时间灵活多样，有利于解决工学矛盾；线上或者线下的培训都可以邀请学生的父母参加，有利于加强校外教育力量的结合。

在校本培训中，校长作为本校教师培养工作的第一负责人，要实行校长负责制。"互联网＋"背景下的个性化教师校本培训中，中小学校长们应改变旧的培训理念，充分理解新时代个性化校本师资培训的意义和价值所在，将其作为师资培训和提高的重要途径，作为学校的一项重要工作，在制订学校的总体工作计划时要综合考虑和安排，从而充分实施校本培训。

（二）建立健全培训机构

教师是学校最为重要的人力资源，教师培训又是促使现有教师资源增值的重要途径，因此，在组织教师培训工作时，必须充分重视，将其提升到一定的战略高度，建立并健全专门的校本教师培训组织机构。作为实现管理目标的手段之一，健全的组织机构可以整合资源、协调关系并交流信息，为校本教师培训的顺利实施奠定坚实的基础。在实施校本培训时，有必要在学校设立专门的教师培训部门，这个培训部门要作为一个独立的职能部门，在部门负责人的领导下负责组织和实施培训工作。同时必须注意的是，要建立明确的目标责任制，责任落实到个人，以防止出现推诿扯皮的现象。负责人可以是主管教学的副校长或校长，最好是主管教学的副校长。这样，既可以防止一把手校长陷入琐碎的培训事务中，又可以根据学校整体计划统筹安排校本培训活动。

校本培训专职负责人的具体职责应包括以下几个方面：第一，协助校长参与制定学校发展目标、教师培训目标相一致的校本培训规划，并具体负责校本培训规划的实施；第二，开发和利用互联网培训资源，推动学校培训文化的改进，建设开放式的培训信息系统；第三，与教师进修机构、高等院校专家、兄弟学校、家长保持紧密联系；第四，具体协调校内各相关机构的关系；第五，组织校本培训的评价。

在专门的校本培训机构建立以后，必须对机构的工作范围和职责要求做出清晰明确的规定，实现工作、职权和责任的有效统一，为校本培训的有效开展提供坚实的机构保障。此外，培训部门与其他职能部门之间的定期沟通以及横向协调也非常重要。而对于那些没有条件成立专门教师校本培训部门的规模相对比较小的学校，成立由主管校长或者科室主任，优秀教师和相关人员组成的培训项目小组，制订专门的培训计划，设计培训方案并实施，也不失为一种操作性较强的有效途径。培训小组可以赋予负责人更大的自主权，在培训中强调以参与者为中心，把培训中更多的自主权交还给参训教师，以调动教师们的培训积极性和主动性。

此外，校本培训的开展在由专人负责、专门组织部门协调管理的基础上，还需要明确各组织部门的职责。根据在校本培训中的参与程度，最需要明确职责的学校组织部门主要包括教务处、科研处、教研组和人事处。

1. 校本培训中教务处的基本职责应包括：

（1）具体组织教师培训需求调查；

（2）参与制定学校校本培训规划；

（3）具体负责实施与教学相关的校本培训项目，比如反思性教学、观摩课、研讨课等，并提供相关的培训教材或材料；

（4）负责协调教师参与校本培训的时间和场所，防止与教学工作发生冲突；

（5）参与制订教师个人发展规划；

（6）参与校本培训的过程评价，比如组织教师开设汇报课等。

2. 校本培训中科研处的基本职责应包括：

（1）负责收集教师校本培训的研究信息，为制订校本培训规划和实施校本培训提供建议；

（2）负责收集教育研究成果和实践的新做法、新经验，从而为校本培训提供信息资源；

（3）组织开展学校教育科研，以科研方式实施校本培训。

3. 校本培训中教研组的基本职责应包括：

（1）参与校本培训规划的制订，并根据校本培训规划和校本培训目标制订本学科教师培训计划；

（2）负责具体实施与本学科相关的校本培训活动，包括确定培训内容、方式、实践、场所、参训人员、培训者等；

（3）负责指导教师制订教师个人发展规划。

4. 校本培训中心人事处的基本职责应包括：

（1）从事校本培训档案管理，建立校外专家资源档案；

（2）设计与人事管理相配套的校本培训激励机制；

（3）及时掌握全校教师参与校本培训的情况，并作分析报告，为制订校本培训规划提供参考。[①]

（三）精心制订培训规划

培训规划是对未来培训行动的安排，是培训管理的基本组成部分。校本规划的制订和实施，是为了促进本校教师的专业发展水平不断提高，本校教师队伍建设迈向新台阶。校本培训规划可以划分为三个层面，分别为：学校层面的总体培训规划，部门层面的年度或学期培训规划，以及具体层面的特定的培训规划。首先，学校层面的总体培训规划着眼于学校顶层设计，是学校总体教育管理发展规划中的重要一部分。总体规划应根据学校整体改革和发展的目标和要求，制订个性化教师校本培训的五年规划。其次，年度或学期培训规划应更详细地安排本校的年度校本培训工作，为学校的总体培训规划服务。最后，在安排集中的统一培训活动之外，还应满足教师个性化培训的要求。如有一些学校对于刚入职的青年教师实施"五个一"的导师制培训项目：拜一位经验丰富的教授为师，主持一个科研项目，发表一篇核心论文，参编一本著作，讲一堂精彩的公开课，在青年教师中营造出"比学赶帮超"的良好的学习氛围。学校的个性化校本培训要以总体规划为指导，以年度培训规划为基础，目标明确，设计合理，可操作性强。

为了使校本培训规划能够达到预期的效果，一方面，有必要充分了解参训教师的需求，以便制订出切实满足参训教师需求的实用的校本培训规划。套用维果斯基"最近发展区"的理念，培训需求可以理解为参训教师的目前的专业发展水平与期望达到的专业发展水平之间的差距。那如何了解参训教师的培训需求呢？这就需要校本教师培

---

① 代蕊华：《教师专业发展与校本培训》，《教育科学出版社》2011 年版，第 134 页。

训机构做好充分的前期工作，通过调查问卷、教师座谈会、学校教务部门教学评估，以及学生评教等多种方式，了解教师在教学、科研以及个人自我实现等方面的需求，做到有的放矢。在制订个性化的校本培训方案时，必须要求作为培训主体的一线教师的参与，积极听取一线教师的真实想法，做到培训工作"以参训教师为中心"，提供有针对性的培训服务。此外，还应总结出教师专业发展上面存在的共性问题和普遍需求，在学校层面培训规划的制订当中要着重解决这些问题，将学校发展与教师发展有机融合。同时，培训规划发布后，应该宣传通知到位，确保参训的每一位教师都了解培训规划的文件精神，在规划的实施过程中，本着"公平、公开、公正"的透明原则，接受参训教师的实时监督。

（四）创建多元化校本培训评估体系

在"互联网＋"背景下，个性化教师校本培训是促进学校发展和教师的个性化专业发展的一种重要形式。高质量的培训内容和科学系统的管理是个性化教师校本培训得以实施的重要保障，除此之外，积极有效的培训评估体系也不容忽视。培训评估是学校培训管理人员与参加培训的教师之间进行情感交流的重要方式，最终的目的还是促进学校和教师个人更好的发展。有效的评价体系是指导教师积极参与培训，最终促进教师专业发展的一种途径。校本培训机构应当在校本培训负责人的领导下，根据学校的实际情况和学员的专业发展情况，建立健全考核评价机制。将自我评估、参训学员的相互评估以及校本培训机构的评估三者有机结合，保证评估结果真实有效。

要建立多元化的考核评估体系。培训效果的评估不再仅仅是组织培训的机构说了算，而是引入多种评估考核方式，如教师评价培训组织机构、学生评价教师、参训教师之间互评等形式，扩大评价维度。可以通过向教师发放调查表等书面评估形式和对教师进行个案访谈等口头评估形式，对校本培训的时间安排、内容设置、组织形式、经费投入等方面进行评价，以此来检验学校在实施校本培训过程中是否真正做到了以教师为中心，促进教师的个性化发展。校本培训的落脚点是通过促进教师的专业发展，转变教师的教学行为，以此来影响并带动学生学习行为的转变，以促进学生综合素养的全面提升。因此，学生学习行为的转变和学习效果的提升，也是评估的重要维度。同时，要注意定量评价与定性评价相结合，我们可以对教师培训的参与度以及培训人物的完成情况进行定量评估，并对参训教师在教学实践过程中个人专业发展取得的进步进行定性评估。

二 个性化教师校本培训的管理

个性化教师校本培训管理就是学校为提高校本培训的效果，对校本培训涉及的人、财、物、信息、时间等资源的合理调配活动。校本培训管理可以保证校本培训活动有序、有效、持续、系统的开展，是学校管理工作的一项重要内容。教师发展不是暂时性的工作，校本培训也不是一时之举，它需要持续的开展，并坚持追求质量。培训质量是校本培训存在的根本，而实现规范化的管理是实现培训质量提升的保障。因此，学校应根据国家教师继续教育的方针政策和法律法规，坚持依法治校，结合学校办校实际，建立健全合理的校本培训管理机制，使校本培训做到有章可依、规范开展。

（一）决策机制

科学合理的决策机制是校本培训得以顺利实施的前提保障。一方面，要强化第一责任人的责任意识和决策地位。在当前基层中小学的校本培训中，普遍采用校长负责制，校长作为决策者对校本培训工作的开展起着极其重要的作用。校长对于校本培训理念的接受程度，直接决定了校本培训开展与否，以及如何开展；校长对校本培训的重视程度决定了培训工作的深入程度和保障力度。所以，一些自上而下推行校本培训的地区，常常将"校长培训"作为启动环节首先落实，帮助校长掌握科学的校本培训理念，树立第一责任人的观念，成为校本培训的设计者和责任人。

另一方面，要建立一个民主开放的决策系统。除了第一责任人要担负起重大的责任外，校本培训还需要专家的指导和教师的积极参与。因此，校本培训应该有一个民主开放的决策体系，外部要有一个开放的专家干预机制，内部要有一个民主平等的对话机制。既有外部聘请的专家作为顾问，又紧密结合参训教师的实际培训需求，这样的决策机制才能保证培训决策的科学性和可行性。

（二） 保障机制

建立科学合理的保障机制，是落实校本培训规划和顺利实现培训目标的根本保证。

首先是制度保障。制度保障是指加强校本培训的制度建设，通过制定和执行相关制度来保障校本培训工作的落实。制度建设应包括：工作制度、管理制度、评价和奖惩制度等方面。制度建设应以国家相关的教育法规为政策依据，以地方教育行政部门对继续教育的总体规划为前提，以本校实际的校本培训工作为基础，将地域特色和学校特色有机融合。

其次就是组织保障。有必要加强校本培训机构的建设，以便有专门的组织和人员负责培训工作的实施。这不仅指培训组织的完善，还包括组织职能的充分发挥。培训管理机构内部应有合理的分工，具有明确的权利和责任；在工作中应有良好的协调与合作，使组织职能得到充分发挥。否则，无论组织有多健全，它都发挥不了应有的作用。

最后是资源保障。校本培训与其他形式的培训相比，培训成本较低，这也是校本培训的显著优势。但仍然需要必要的投资，如要提供培训所必要的硬件设施和基本的场所；协调好参训教师的上课、工作时间，使参训教师的培训时间得以保证，尤其是大量需要集中讨论和交流的时间，必须落到实处；整合校内外培训资源，如线上教育资源、院校教育资源等，并邀请专家介入指导，为培训提供更科学、更专业的理论支持。

（三） 激励机制

参训教师是否有强烈的参训欲望，是否发自内心地积极主动地参与培训是影响培训效果的重要因素。如果不能真正激发教师学习的积极性，就不能有效开展校本培训。为确保校本培训的效率和效果，应当建立有效的激励机制，充分调动教师的参训积极性，并维持和加强他们的学习动力。

校本培训的目标是营造一种持续学习的氛围，以促进全体教师的发展，因此教师的激励机制，不是仅仅引起少数教师的参训积极性，不能把参训教师作为孤立的个体来考虑，只调动他们中的某一个人的积极性，而应该在学校的整体背景下考虑如何追求教师群体的激励效果的最优化。因此，个性化教师校本培训的着力点不是个人动机，而是集体动机。建立学习型集体、学习型学校，鼓励教师开展团队学习，改革思维方式。学校可以根据本校教师的特点选择群体激励的方式，比如安排合作学习或培训的机会，设立团体奖等。

按照管理心理学的理论，根据激励手段的方向性，激励手段可分为外部激励和内部激励两种。目前，学校和教务管理部门在教师培训中主要采取外部激励手段，如建立奖惩制度，将培训成果与职称晋升、年度考核和奖金挂钩等，以期促进教师的继续教育。这种方法可能会在很短的时间内调节教师的学习行为，但却不能真正激发教师参与培训的内在热情。加强教师追求表面效应的行为很容易，但会引起一些教师对培训的抵制。因此，一个良好的校本教师培训激励机制应该建立在内部激励的基础上，这样才能真正使教师发自内心地发扬学习热情，并产生内部学习动机。有几种内部激励方法适合教师培训。比如可以建立学校发展目标，展现学校愿景，使教师在动机认可的情况下参加培训；还可以树立榜样，建立和宣传培训先进模范，激发教师参与培训的热情等方式，使教师具有紧迫感和学习改进的愿望，从而积极参与培训。

（四）调控机制

良好的校本培训调控机制，可以随时对校本培训规划实施过程中出现的问题进行沟通协调，是培训质量的重要保证。首先，个性化教师校本培训应建立畅通无阻的信息反馈渠道。不仅需要从教师那里收集各种相关信息，还需要从学生那里收集有关教师的反馈和建议，甚至包括家长与社会对学校教育和教学的观点与意见。这可以使培训更具针对性和现实性。同时，培训活动的有效性和问题也应有适当的反馈方法，这要求培训管理者建立一定的信息反馈机制和良好的工作方式。例如：设置校本培训意见箱、鼓励教师提意见；组织家长委员会，定期举行座谈会听取意见；对教师进行问卷调查，以了解参训教师对培训的宝贵意见和建议。

其次，实施培训管理的全过程控制。控制是学校管理员的基本管理活动，旨在确保实际工作与学校的计划保持一致，并具有将所有工作引导到标准运行轨道中的功能。在中小学校本培训的管理中，应从以下三个方面对整个过程进行控制：第一，前期控制。这是一种控制形式，可以在采取行动之前预见并为可能的情况做准备。它主要体现在校本培训的规划上，在充分了解所有信息的基础上进行需求管理，对可能的问题提出了预测措施，并在规划中清晰体现。第二，过程控制。这是对计划活动执行过程中实施的偏差的控制。培训活动的同步控制应通过跟踪过程和总结各个阶段来进行，以便及时发现问题并立即纠正。第三，绩效控制。这是一种控制行为，可以在计划完成后通过将其与目标进行比较并找到偏差来进行纠正。在校本培训管理中，主要表现是效果检测、总结和评估以及改进。

最后，对培训过程的反思和总结是实施校本教师培训必不可少的环节。总结反思是管理过程的终点，也是新一轮培训的起点。参训教师、培训组织和管理人员不管是在每次整体培训结束之后，还是在每个阶段培训结束之后，都应进行总结和反思。反思的方法可以是问卷调查、个人访谈、团体讨论和交流等，分享培训后的收获和感受，更重要的是，提出进一步改进培训的建议，以便及时调整培训活动，提高训练的有效性。培训组织者应注意培训过程的第一手反馈信息的积累，在收集各个方面的反馈信息的基础上，及时分析培训工作的优缺点，尤其要注意发现培训工作中的问题，并提出解决方案，以便改进未来的培训工作。

个性化教师校本培训在实际操作过程中存在地区差异和校际差距，需要广大理论研究者，教务管理部门和一线教师的共同努力，不断修正和完善，形成成熟的理论和实践体系。同时也应该明白，尽管个性化教师校本培训是新时代"互联网＋"背景下促进学校发展和满足教师需求的有效手段，但这只是教师继续教育和终身学习的有机组成部分，不能涵盖所有方面。要充分发挥"互联网＋"背景下个性化校本培训的优势，与其他继续教育形式有效结合，为促进教师队伍的专业发展发挥应有的作用。

参考文献

（一）中文

1. 经典文献

《毛泽东选集》第 1 卷，人民出版社 1967 年版。

2. 中文专著

北京大学教师教育中心：《中国名师工作室发展报告（2015）》，现代教育出版社 2016 年版。

陈金华：《智慧学习环境构建》，国防工业出版社 2013 年版。

陈茂建：《中小学教师远程培训问题研究》，厦门大学出版社 2015 年版。

陈世清：《经济学的形而上学》，中国时代经济出版社 2010 年版。

慈新新、王苏滨、王硕：《无线射频识别（RFID）系统技术与应用》，人民邮电出版社 2007 年版。

代蕊华：《教师专业发展与校本培训》，教育科学出版社 2011 年版。

单文经：《美国教育研究——师资培训及课程与教学》，台北：师大书苑公司 1998 年版。

丁茂战：《"互联网＋干部教育培训"理论与实践》，国家行政学院出版社 2018 年版。

傅璇琮等：《中国诗学大辞典》，浙江教育出版社 1999 年版。

葛道凯、张少刚、魏顺平：《教育数据挖掘：方法与应用》，教育科学出版社 2012 年版。

耿文侠、苏国安：《教师的专业素质》，河北人民出版社 2006 年版。

顾明远：《教育大辞典》，新疆出版社2003年版。

郭庆光：《传播学教程》，中国人民大学出版社2011年版。

黄美仪、王玉龙、蒋家傅、马莉、钟勇：《基于教育云的智慧校园系统构建》，北京邮电大学出版社2016年版。

焦建利、王萍：《慕课——互联网+教育时代的学习革命》，机械工业出版社2015年版。

教育发展与政策研究中心：《发达国家教育改革的动向和趋势》，人民教育出版社1986年版。

金焕：《经济学及应用》，中国劳动社会保障出版社2018年版。

金振江、宗凯、严臻、傅钟、张标标：《智慧旅游》，清华大学出版社2015年版。

康路晨：《一本书读懂大数据时代》，民主与建设出版社2015年版。

黎军：《网络教育概论》，清华大学出版社2011年版。

李田泽：《传感器技术设计与应用》，海洋出版社2015年版。

梁国平、杨驰：《教师培训的实践与研究》，北京邮电大学出版社2003年版。

温寒江：《师资培训概论》，北京师范大学出版社1989年版。

林崇德等：《心理学大辞典》，上海教育出版社2003年版。

林德宏：《科学思想史》，江苏科学技术出版社1985年版。

彭漪涟、马钦荣主编：《逻辑学大辞典》，上海辞书出版社2010年版。

申继亮：《新世纪教师角色重塑：教师发展之本》，北京师范大学出版社2006年版。

施良方：《课程理论——课程的基础、原理与问题》，教育科学出版社1996年版。

汤敏：《慕课革命：互联网如何变革教育?》，中信出版社2015年版。

唐思群、屠荣生：《师生沟通的艺术》，教育科学出版社2001年版。

王晨、刘男：《互联网+教育：移动互联网时代的教育大变革》，中国经济出版社2015年版。

王骏、周晓政、陈安民：《医学影像信息学》，北京大学医学出版社2014年版。

王水玉、徐晓光：《教师专业成长策论》，中国大地出版社 2004 年版。

王悦：《医药人力资源管理学》，中国中医药出版社 2009 年版。

王竹立：《碎片与重构：互联网思维重塑大教育》，电子工业出版社 2015 年版。

魏建培：《教师专业发展理论与实践》，科学出版社 2016 年版。

文辅相：《中国高等教育目标论》，华中理工大学出版社 1995 年版。

夏洪文：《教师信息技术基本技能》，重庆大学出版社 2013 年版。

夏基松、段小光：《存在主义哲学述评》，江苏人民出版社 1987 年版。

熊焰：《校本培训：教师专业发展》，广东高等教育出版社 2006 年版。

杨吉：《互联网：一部概念史》，清华大学出版社 2016 年版。

杨剑飞：《"互联网＋教育"新学习革命》，知识产权出版社 2016 年版。

杨现民、田雪松：《互联网＋教育：中国基础教育大数据》，电子工业出版社 2016 年版。

杨晓哲：《五维突破：互联网＋教育》，电子工业出版社 2016 年版。

燕庆明：《物联网技术概论》，西安电子科技大学出版社 2012 年版。

杨治良：《简明心理学辞典》，辞书出版社 2007 年版。

叶澜等：《教师角色与教师发展新探》，教育科学出版社 2001 年版。

易凌云：《互联网教育与教育变革》，福建教育出版社 2018 年版。

张豪锋、张水潮：《教育信息化与教师专业发展》，科学出版社 2008 年版。

赵海吉：《回到原点做教育》，光明日报出版社 2014 年版。

郑少峰：《现代物流信息管理与技术》，机械工业出版社 2015 年版。

郑志明、缪绍日、荆丽丽等编著：《金融数据挖掘与分析》，机械工业出版社 2015 年版。

钟启泉：《现代课程论（第 2 版）》，上海教育出版社 2006 年版。

周锡山：《人间词话汇编汇校汇评》，北岳文艺出版社 2004 年版。

3. 中文译著

［英］邓特：《英国教育》，杭州大学教育系外国教育研究室译，浙江
　　教育出版社 1987 年版。

［美］库伯：《体验学习：让体验成为学习与发展的源泉》，王灿明等
　　译，华东师范大学出版社 2008 年版。

［捷］夸美纽斯：《大教学论》，傅任敢译，人民教育出版社 1984
　　年版。

联合国教科文组织国际教育发展委员会：《学会生存——教育世界的
　　今天和明天》，华东师范大学比较教育研究所译，上海译文出版社
　　1979 年版。

［英］洛克：《人类理解论》，关文运译，商务印书馆 1959 年版。

［美］赫伯特·马尔库塞：《单面人》，左晓斯等译，湖南人民出版社
　　1988 年版。

［英］汤因比、［日］池田大作：《展望二十一世纪：汤因比与池田大
　　作对话录》，荀春生等译，国际文化出版公司 1985 年版。

［日］筑波大学教育学研究会：《现代教育学基础》，钟启泉译，上海
　　教育出版社 1986 年版。

4. 中文期刊

蔡慧英等：《创客教育教师准备好了吗——智能时代创客教师知识发
　　展的影响因素探析》，《远程教育杂志》2019 年第 3 期。

蔡伟：《建构以角色转换为核心的"全动型"教师培训模式》，《课
　　程·教材·教法》2011 年第 12 期。

陈洁：《新时代基于学生发展的核心素养的现实意义》，《中国职业技
　　术教育》2019 年第 25 期。

陈雷：《"人工智能＋教师教育"生态系统的初步探究》，《现代教育
　　技术》2019 年第 9 期。

陈霞：《以教师学习为中心的教师培训课程重构路向》，《教育发展研
　　究》2017 年第 18 期。

程明喜：《培育以教师学习为核心的校本培训文化》，《人民教育》

2019 年第 7 期。

崔允漷、邵朝友：《试论核心素养的课程意义》，《全球教育展望》
2017 年第 10 期。

董安美等：《学生高阶思维在翻转课堂的课堂互动中的发生路径》，
《现代教育技术》2019 年第 2 期。

董海霞：《论教师教育信念问题与危机的文化根源》，《当代教育科
学》2019 年第 4 期。

童莉：《模块课程：高中新课程结构的亮点》，《绍兴文理学院学报教
育教学研究版》2008 年第 2 期。

冯晓英等：《"互联网＋"教师培训 NEI 模式构建——基于扎根理论
的研究》，《开放教育研究》2019 年第 2 期。

葛晓杏：《场独立与场依存认知风格对口语教学的启示》，《考试周
刊》2010 年第 32 期。

管红增：《建构大数据　实现个性化学习——玉环县城关一中学习分
析系统建设案例》，《中国教育信息化》2015 年第 9 期。

何静等：《高职院校制订"课证融合"式教学计划的实践与思考》，
《职业技术教育》2007 年第 17 期。

胡小萍：《论校本教师培训的组织与管理》，《江西教育科研》2003 年
第 12 期。

黄金煜、郑友训：《自组织理论在教师专业学习中的应用》，《教学与
管理》2016 年第 12 期。

姬瑞海、李存霞：《中职教师"私人定制"培训模式的研究与实践》，
《职业》2018 年第 26 期。

江涛：《混合学习视域下学习支持服务机制研究》，《中国职业技术教
育》2016 年第 11 期。

姜波：《OBE：以结果为基础的教育》，《外国教育研究》2003 年第
3 期。

焦中明、温小勇：《欠发达地区农村教师信息素养与装备使用状态的
实证分析——基于江西省 1143 名农村中小学教师的调查》，《远程
教育杂志》2016 年第 6 期。

金久仁：《教授治学的应然性与实现路径研究》，《黑龙江高教研究》

2015 年第 11 期。

康翠萍：《师范性与学术性统一：高等师范教育运作的基本原则》，
《江苏高教》2001 年第 3 期。

李洁、马宁：《基于教学设计方案诊断的网络个性化培训模式研究》，
《中国电化教育》2014 年第 1 期。

李克东、赵建华：《混合学习的原理与应用模式》，《电化教育研究》
2004 年第 7 期。

李念平等：《TPACK 框架下教师新课程标准培训的设计与实施》，《教
学与管理》2019 年第 24 期。

李鹏、杨红萍：《"互联网＋教育"的实质与实践》，《教学与管理》
2019 年第 27 期。

李爽、喻忱：《远程学生学习投入评价量表编制与应用》，《开放教育
研究》2015 年第 6 期。

李文章：《美国特许学校发展的现实困境与政策应对》，《外国中小学
教育》2019 年第 9 期。

李志义：《"水课"与"金课"之我见》，《中国大学教学》2018 年第
12 期。

刘岸英：《自我概念的理论回顾及发展走向》，《心理科学》2004 年第
1 期。

刘敏、郑明月：《智慧教育视野中的学习分析与个性化资源推荐》，
《中国电化教育》2019 年第 9 期。

刘强等：《教室教学环境的构成要素研究》，《现代教育技术》2016 年
第 8 期。

祁海航：《信息技术背景下教师培训模式变革的实践研究》，《科学咨
询（科技·管理）》2020 年第 12 期。

刘述：《用户视角下在线学习平台体验研究》，《电化教育研究》2019
年第 10 期。

刘雄英：《师范生教育信念的养成——基于课程与教学论的视角》，
《教育与职业》2010 年第 24 期。

卢维兰：《成人学习理论对教师培训的启示》，《继续教育研究》2010
年第 1 期。

鲁沛竺、张世财：《学分制推进中小学教师自主专业进修的实效化策略》，《教育理论与实践》2019 年第 17 期。

罗超：《论教师培训的"高原现象"与应对策略——基于教师培训活动组织的视角分析》，《当代教育论坛》2019 年第 3 期。

吕啸等：《基于发展性评价理念的网络教学平台学习评价系统设计》，《电化教育研究》2011 年第 2 期。

马健生、李洋：《为每个学生提供适合的教育：何以不可能或何以可能——基于课程的教育功能的分析》，《北京师范大学学报》（社会科学版）2016 年第 6 期。

马英伟：《基于 Wikispaces 平台的"跨文化交际"课程在线协作学习模式研究》，《中国信息技术教育》2018 年第 11 期。

马志强、苏珊：《学习分析视域下的学习者模型研究脉络与进展》，《现代远距离教育》2016 年第 4 期。

孟薇薇：《信息爆炸时代的新概念——大数据》，《商品与质量》2012 年第 9 期。

敏宏志：《民族地区小学教师信息素养现状分析——以甘肃省甘南藏族自治州碌曲县为例》，《课程教育研究》2016 年第 11 期。

穆肃、王孝金：《在线学习中深层次学习发生策略的研究》，《中国远程教育》2019 年第 10 期。

牛丽娜：《成人学习动机理论在网络远程教育中的应用初探》，《中国电化教育》2004 年第 9 期。

曲铁华、龚旭凌：《新中国成立 70 年中小学教师培训政策的回顾与展望》，《河北师范大学学报》（教育科学版）2019 年第 3 期。

邵朝友等：《基于核心素养的课程标准研制：国际经验与启示》，《全球教育展望》2015 年第 8 期。

沈华伟：《"碎片化"学习的成因、影响及引导》，《教育评论》2015 年第 12 期。

史晖：《论教学境界》，《教育理论与实践》2010 年第 31 期。

宋立华：《中小学教师培训应具有的几点意识》，《中国成人教育》2011 年第 9 期。

苏美文：《在线课程与高校教学融合的有效性反思——评〈大规模开

放慕课怎样改变了世界〉》，《高教探索》2018 年第 12 期。

苏芃、罗燕：《技术神话还是教育革命？——MOOCs 对高等教育的冲击》，《清华大学教育研究》2013 年第 4 期。

孙洪涛、郑勤华：《教育大数据的核心技术、应用现状与发展趋势》，《远程教育杂志》2016 年第 5 期。

谭支军：《教师个人学习空间的构建——一种教师专业化成长新途径》，《成人教育》2015 年第 2 期。

汪文华：《"满意度"高≠培训效果好——教师培训效果评估思考》，《教育科学论坛》2011 年第 9 期。

王承博等：《大数据时代碎片化学习研究》，《电化教育研究》2015 年第 10 期。

王冬凌：《"以师为本"的教师培训模式：内涵与策略》，《现代教育管理》2010 年第 10 期。

王建中等：《大规模开放在线课程教学的成功之道管窥——以 Coursera "混合学习：对学生的个性化教育" 为例》，《现代教育技术》2014 年第 12 期。

王金涛：《"疑无路"，还是"又一村"——基于中小学校本培训现状的思考》，《中小学教师培训》2014 年第 12 期。

王晓丽等：《教材适切性评价指标体系的理论及实证研究》，《课程·教材·教法》2014 年第 10 期。

王艺娜：《乡村教师专业发展支持体系的困境及构建》，《教学与管理》2019 年第 16 期。

王永固、张庆：《MOOC：特征与学习机制》，《教育研究》2014 年第 9 期。

王泽：《网络环境下在校学习者特征模型的构建研究》，《中国电化教育》2010 年第 3 期。

王占魁：《教育理想是谁的理想》，《教育理论与实践》2011 年第 10 期。

文昌：《本刊执行总编朱敏对话国务院参事汤敏：新工业革命与网络教育 2.0》，《新经济导刊》2014 年第 6 期。

吴岩：《建设中国"金课"》，《中国大学教学》2018 年第 12 期。

肖起清：《论个性教育与创新教育的统一性》，《复旦教育论坛》2003
年第 3 期。

肖卫红：《培养大学生信息素养提高大学生自学能力》，《河南图书馆
学刊》2010 年第 3 期。

谢首军、陈庆庆：《建设思想政治理论课"金课"的标准与类型》，
《中国大学教学》2019 年第 2 期。

徐建华：《大数据时代教师培训效果评价方式转型》，《中小学教师培
训》2016 年第 7 期。

徐猛、汪翼：《"影子教师"培训的课程模型建构与实施——基于知
识建构与能力提升的视角》，《中小学教师培训》2014 年第 6 期。

杨晓平：《论职前教师专业成长的路径与策略——基于〈教师教育课
程标准（试行）〉的思考》，《教师教育论坛》2016 年第 5 期。

叶澜：《让课堂焕发出生命活力——论中小学教学改革的深化》，《教
育研究》1997 年第 9 期。

袁松鹤：《远程教育机构教师队伍建设与管理研究——以美国凤凰城
大学为例》，《中国远程教育》2019 年第 7 期。

袁秀英等：《实现高职教育"课证融合"需把握的八个关键》，《中国
职业技术教育》2010 年第 24 期。

张二庆、王秀红：《我国教师培训中存在的主要问题及其分析——以
"国培计划"为例》，《湖南师范大学教育科学学报》2012 年第
4 期。

张金磊等：《数据可视化技术在教学中的应用探究》，《现代远程教育
研究》2013 年第 6 期。

张静、陈佑清：《学习科学视域中面向深度学习的信息化教学方式变
革》，《中国电化教育》2013 年第 4 期。

张润芝：《大规模开放在线课程教师视频语言表达技巧影响因素研
究》，《电化教育研究》2018 年第 5 期。

张铁道、张晓：《研修评估：学员反馈：幼儿园新入职教师研修评估
报告》，《中国教师》2015 年第 15 期。

章家谊：《"以学员为中心"的教师培训课堂建构：理念与设想》，
《上海教育科研》2019 年第 7 期。

章泽昂、邬家炜：《基于云计算的教育信息化平台的研究》，《中国远程教育》2010 年第 6 期。

赵昌木：《创建合作教师文化：师徒教师教育模式的运作与实施》，《教师教育研究》2004 年第 4 期。

赵夫增：《互联网时代的在线社区生产模式研究》，《科学学研究》2009 年第 4 期。

赵海兰：《支持泛在学习（u–Learning）环境的关键技术分析》，《中国电化教育》2007 年第 7 期。

郑旭东等：《何去何从：当教育技术学遇到"MOOC"》，《现代远程教育研究》2014 年第 5 期。

郅庭瑾、马云：《个别化教学的公平意蕴及其实现路径》，《教育发展研究》2013 年第 12 期。

周浩波：《深化教师教育改革提高教师实施素质教育的能力和水平》，《辽宁教育研究》2001 年第 8 期。

周建标：《开设"菜单式"培训是公务员培训的新趋势》，《继续教育研究》2006 年第 1 期。

周清等：《基于贝叶斯网络的学生模型在测试系统的应用研究》，《计算机工程与科学》2008 年第 3 期。

周伟涛：《教学信息化应用的基层样本》，《中国教育报》2015 年 7 月。

周雪菲等：《创新实践性教师培训模式　为教师专业成长提升引航——黑龙江省教育学院教师培训实践性成果》，《中小学教师培训》2015 年第 1 期。

朱宁波、严运锦：《名师工作室中名师身份解析：回归、拓展和超越》，《教育科学》2019 年第 2 期。

朱胜晖、宁莎莎：《基于实践性知识生成的师范生实践课程改革研究》，《西北成人教育学院学报》2019 年第 1 期。

朱翔月、刘永权：《数字出版时代网络学习资源开发的挑战与机遇——以英国开放大学为例》，《北京广播电视大学学报》2015 年第 1 期。

朱旭东、宋萑：《论教师培训的核心要素》，《教师教育研究》2013 年第 3 期。

祝智庭、杨志和：《云技术给中国教育信息化带来的机遇与挑战》，《中国电化教育》2012 年第 10 期。

5. 学位论文

李松丽：《道德示范·技术理性·反思实践：20 世纪以来美国教师教育转型发展研究》，博士学位论文，河北大学，2019 年。

罗尧成：《我国研究生教育课程体系研究》，博士学位论文，华东师范大学，2005 年。

马欣研：《中小学教师信息素养研究》，博士学位论文，华东师范大学，2019 年。

郑旭东：《面向我国中小学教师的数字胜任力模型构建及应用研究》，博士学位论文，华东师范大学，2019 年。

6. 中文网站

360 百科：《物联网》，2013 年，https：//baike. so. com/doc/5327834 - 5563006. html。

admin：《互联网 + 教育：师生自主发展的新时空》，2015 年，http：//www. nuie. org/article - 210 - 1. html。

北理：《以 OBE 理念推动人才培养持续改进，北理工这样做》，2017 年，https：//www. sohu. com/a/208779725_ 154262。

国务院：《国务院关于积极推进"互联网 +"行动的指导意见》，2015 年，http：//www. gov. cn/zhengce/content/2015 -07/04/content_ 10002. htm。

国务院：《国务院关于印发促进大数据发展行动纲要的通知》，2015 年，http：//www. gov. cn/zhengce/content/2015 -09/05/content_ 10137. htm。

国务院：《教育部等五部门关于印发〈教师教育振兴行动计划（2018—2022 年）〉的通知》，2018 年，http：//www. gov. cn/xinwen/2018 -03/28/content_ 5278034. htm。

教育部：《关于深化中小学教师培训模式改革全面提升培训质量的指导意见》，2013 年，http：//www. moe. gov. cn/srcsite/A10/s7034/201305/t20130508_ 151910. html。

教育部：《关于印发〈教育部教师工作司 2016 年工作要点〉的通知》，2016 年，http：//www. moe. gov. cn/s78/A10/tongzhi/201603/t20160311_ 233029. html。

教育部：《国家中长期教育改革和发展规划纲要（2010—2020 年)》，2010 年，http：//www. moe. gov. cn/srcsite/A01/s7048/201007/t20100729_ 171904. html。

教育部：《国务院关于积极推进"互联网＋"行动的指导意见》，2015 年，http：//www. moe. gov. cn/jyb_ xxgk/moe_ 1777/moe_ 1778/201507/t20150706_ 192586. html。

教育部：《教育部　中国教科文卫体工会全国委员会关于印发〈高等学校教师职业道德规范〉的通知》，2011 年，http：//www. moe. gov. cn/srcsite/A04/s7051/201112/t20111223_ 180798. html。

教育部：《教育部　中国教科文卫体工会全国委员会关于重新修订和印发〈中小学教师职业道德规范〉的通知》，2008 年，http：//www. moe. gov. cn/s78/A10/s7058/201410/t20141021_ 178929. html。

教育部：《教育部办公厅关于印发〈2019 年教育信息化和网络安全工作要点〉的通知》，2019 年，http：//www. moe. gov. cn/srcsite/A16/s3342/201903/t20190312_ 373147. html。

教育部：《教育部关于大力加强中小学教师培训工作的意见》，2011 年，http：//www. gov. cn/gongbao/content/2011/content_ 1907089. htm。

教育部：《教育部关于印发〈教育信息化 2.0 行动计划〉的通知》，2018 年，http：//www. moe. gov. cn/srcsite/A16/s3342/201804/t20180425_ 334188. html。

教育部：《教育部关于印发〈特殊教育教师专业标准（试行)〉的通知》，2015 年，http：//www. moe. gov. cn/srcsite/A10/s6991/201509/t20150901_ 204894. html。

教育部：《教育部关于印发〈中等职业学校教师专业标准（试行)〉的通知》，2013 年，http：//www. moe. gov. cn/srcsite/A10/s6991/201309/t20130924_ 157939. html。

教育部：《中小学教师继续教育规定》，1999 年，http：//www. moe. gov. cn/srcsite/A02/s5911/moe_ 621/199909/t19990913_ 180474. html。

全国网络教师培训中心:《项目定制服务》,2018 年,https://custom.
　　enetedu. com/。

现代教育报:《课程超市、专属定制……这样的"花式"教师培训,你喜
　　欢吗?》,2018 年,http://www. sohu. com/a/234142459_ 100908. html。

中国教师研修网:《2014 年南通市中小学教师暑期全员远程培训》,2014
　　年,http://train. teacherclub. com. cn/dts/channel/2014nt_ 801/index.
　　html。

中华人民共和国教育部:《教育部关于印发〈幼儿园教师专业标准
　　(试行)〉〈小学教师专业标准(试行)〉和〈中学教师专业标准
　　(试行)〉的通知》,2012 年,http://www. moe. gov. cn/srcsite/
　　A10/s6991/201209/t20120913_ 145603. html。

后　记

　　"互联网+"背景下个性化教师培训是指依托互联网信息技术实现互联网与教师培训的深度融合，创造新的培训生态。"互联网+"背景下教师培训受时间、空间、语言文化和年龄的限制大大减弱，以共性化培训为主的格局将被颠覆。个性化教师培训将彻底改变教师培训的未来生态已经是一个毋庸置疑的事实。

　　本书是在我主持的国家社会科学基金教育学一般课题"'互联网+'背景下个性化教师培训研究"（BCA150024）课题研究的基础上完成的。书稿付梓之际，心怀感恩。

　　从课题立项到结项再到成书，是艰辛而痛苦的过程，承受着精神上的压力与煎熬，甚至有段时间我很累，很崩溃，很想放弃，但是几位同仁的帮助、鼓励，使我的研究得以继续。

　　感谢支少瑞、陈怡帆、孟攀、韩培庆、贺洪丽等老师，他们帮我做调研，收集资料，校对稿件。他们的帮助是对我研究顺利进行的有力支持，我会珍惜这份关心，这份默默的付出，这份同仁的温暖与情愫。

　　特别感谢河南师问源培创新教育科技研究院的技术支持。

　　由于自身水平的原因，研究仍有不少缺憾，望同仁和读者见谅。